التنمية المستدامة والأمن الاقتصادي
في ظل الديمقراطية وحقوق الإنسان

التنمية المستدامة والأمن الاقتصادي

في ظل الديمقراطية وحقوق الإنسان

الدكتورة

رواء زكي الطويل

أستاذة التنمية الاقتصادية المساعد

جامعة الموصل / العراق

الطبعة الأولى

1431هـ-2010م

المملكة الأردنية الهاشمية
رقم الإيداع لدى دائرة المكتبة الوطنية
(2009/9/4094)

338.9

الطويل، رواء زكي

التنمية المستدامة والأمن الاقتصادي في ظل الديمقراطية وحقوق الإنسان /رواء زكي الطويل.- عمان: دار زهران، 2009.

( ) ص.

ر.أ : (2009/9/4094)

الواصفات: / التنمية الاقتصادية // الاقتصاد /

- ❖ أعدت دائرة المكتبة الوطنية بيانات الفهرسة والتصنيف الأولية
- ❖ يتحمل المؤلف كامل المسؤولية القانونية عن محتوى مصنفه ولا يعد هذا المصنف رأي دائرة المكتبة الوطنية أو أي جهة حكومية أخرى.

المتخصصون في الكتاب الجامعي الأكاديمي العربي والأجنبي

دار زهران للنشر والتوزيع

تلفاكس : 5331289 – 6 – 962+، ص.ب 1170 عمان 11941 الأردن

E-mail : Zahran.publishers@gmail.com

www.darzahran.net

الفهرست

الموضوع

الفصل الثالث

التنمية المستدامة والامن الاقتصادي العربي

الفصل الرابع

التنمية المستدامة والبطالة

الفصل الخامس

التنمية الاجتماعية لغرض التغيير الاجتماعي

الفصل السادس

التنمية المستدامة و الاستقرار النفسي والاقتصادي والاجتماعي

وعلاقته بالتنمية الاجتماعية و الامن الغذائي

الفصل التاسع
استراتيجية التنمية الثقافية

الفصل العاشر
المرأة ودورها في التنمية المستدامة

الفصل الحادي عشر
توسع خيارات الناس في ظل التنمية المستدامة وحقوق الانسان

مقدمة:

ان التنمية المستدامة تعني تزويد الفرد بالخبرات والمعارف والاتجاهات الضرورية وكذلك تعويده على عادات مفيدة، فالمعارف والخبرات وحدها لاتكفي فلا بد ان يتعود الفرد على عادات لها علاقة بالمحافظة على الموارد وخصوصاً غير المتجددة وحسن توظيف الدخل والتفكير في الاخرين المحيطين به والتفكير في مستقبل الاجيال التالية، الانسان الحر سياسياً يمكنه ان يشارك في عمليتي التخطيط وصنع القرار، ويمكنه مع بقية المواطنين ان يضمن تنظيم المجتمع عن طريق توافق الاراء والتشاور بدلاً من تنظيمه عن طريق الاملاء من جانب الصفوة الاتوقراطية.

تنبع اهمية البحث من اهمية التنمية المستدامة كونها ليست مجرد دعوة لحماية البيئة فالتنمية المستدامة تعني مفهوماً جديداً للنمو الاقتصادي، مفهوماً يوفر العدل والفرصة للجميع وليس فقط للقلة المحظوظة دون مزيد من التدمير لمصادر العالم المحدود وقدرتها على التحمل، والتنمية القابلة للاستمرار :كما عرفتها الهيئة العالمية المعنية بالبيئة والتنمية هي التنمية التي تلبي احتياجات الجيل الحاضر دون الحد من امكانية تلبية احتياجات اجيال المستقبل.

ان التعريف الذي وضع في عام 1987 قد اكتسب رواجاً وتأييداً واسعين، وان كان اوئك الذين يستخدمونه قد لايكون لديهم دائماً تصوراً مماثلاً لما يعنيه هذا التعريف، والتنمية المستدامة عملية تصمم فيها السياسات الاقتصادية والمالية والتجارية وسياسات الطاق والزراعة والصناعة جميعاً بحيث تؤدي الى التنمية المستدامة اقتصادياً واجتماعياً وبيئياً. ان الاستهلاك الحالي لايمكن تمويله عن طريق المزيد من القروض الاقتصادية التي يجب ان يسددها اخرون.

ينبغي الاستمرار في العناية بصحة وتعليم السكان الحاليون من اجل عدم خلق ديون اجتماعية على الاجيال القادمة وينبغي عدم استخدام الموارد بأسلوب يخلق ديوناً بيئية عن طريق اساءة استغلال طاقة ارض على التحمل والانتاج، بصورة عامة يشمل ادنى حد من متطلبات تحقيق تنمية المستدامة القضاء على الفقر، توزيع اكثر انصافاً،

سكاناً اوفر صحة وافضل تعليماً، حكومة لامركزية تقوم على مزيد من المشاركة، انظمة اكثر عدلاً داخل الدول وبينها، بما في ذلك زيادة الانتاج للاستهلاك المحلي، فهماً افضل لتنوع العلاقات بين البيئة والكائنات الحية، وللحاجة الى حلول معدلة للمشاكل البيئية المحلية، ولمتابعة افضل للتأثير البيئي على نشاطات التنمية. ان الدول النامية بما تضم من بليون شخص يعيشون على هامش الفقر.ولا يستطيع هؤلاء ان يقبلوا ان يصاغ ماضيهم وحاضرهم في مستقبل غير مؤكد، كما لايستطيع ان يقبل هؤلاء ان تستحل الدول الصناعية للابد نصيباً يبلغ 85% من دخل العالم واستمرار انماطها في الاستهلاك الكثيف للطاقة.فهم يشيرون الى انه بالاضافة الى ترك تراث من الديون البيئية للاجيال المقبلة عن طريق التلوث واستنفاذ المصادر.فالجيل الحاضر مهدد بترك ميراث من الديون الاجتماعية اذا ما افتقر شباب اليوم الى مستويات من الصحة والتعليم والمهارة تمكنهم من مواجهة عالم الغد.

ان الوعي البيئي اليوم يبرز مجالات كثيرة وجديدة لصراعات محتملة بين الدول الصناعية والدول النامية، وبين حماية البيئة والنمو الاقتصادي وبين هذا الجيل والجيل المقبل. ومن السذاجة ان نفكر في امكانية حلها جميعاً، هذا الجدل يستمر لفترة طويلة في القرن المقبل وما بعده لكن مفهوم التنمية المستدامة يمكنه ان يقدم عدداً من المبادئ الموجهة. واول هذه المبادئ هو ان التنمية المستدامة يجب ان تعطي الاولوية للانسان ولحقوق الانسان.

حماية البيئة امر حيوي لكن (مثل النمو الاقتصادي) هي وسيلة لتشجيع التنمية القابلة للاستمرار، ان الهدف الرئيسي لجهودنا ينبغي ان يكون حماية الحياة البشرية والخيارات الانسانية وينطوي هذا على التأكد من ان الانظمة العالمية للمصادر الطبيعة قابلة للتطبيق على المدى الطويل، بما في ذلك تنوع اجناسها حيث ان الحياة بكاملها تعتمد على ذلك.

اما المبدأ الموجه الثاني هو الا يكون هناك اختيار لدى الدول النامية بين النمو الاقتصادي وحماية البيئة.فالنمو بالنسبة للبلدان النامية ليس بديلاً بل هو ضرورة،

والقضية ليست حجم النمو وانما نوعيته كما انه لايمكن ان يكون هناك تطوراً ضاراً بالبيئة اكثر من النمو السريع.ليس معدل النمو الاقتصادي هو الذي يمكننا من قياس الاثر الذي يتركه ذلك النمو على البيئة.

ان تكوين الناتج المحلي الاجمالي هو مزيج المنتجات بالاضافة الى انواع عمليات الانتاج، هذا وحده هو الذي يبين لنا ما اذا كان التأثير العام على البيئة ايجابياً ام سلبياً فما من الناحية المثالية ينبغي قياس الدخل من حيث قيمته الصافية بعد خصم قيمة استهلاك رأس المال المادي ورأس المال البشري، ورصيد الموارد الطبيعية.

تنشأ المشاكل البيئية عندما يتم تجاهل استهلاك الموارد الطبيعية لمجرد انها من غير سعر، وتحتاج الدول النامية الى زيادة سرعة معدلات نموها الاقتصادي ولكن عليها ان تتبنى استراتيجيات تحترم قدر الامكان البيئة المادية.ويعني هذا استخدام تقنيات مختلفة عن تلك التي استخدمتها الدول الصناعية في الماضي، أي استراتيجيات لاتتطلب طاقة مكثفة وتكون سليمة بيئياً، وتريد الدول الصناعية ايضاً ان تستمر في النمو ولكن ينبغي ان يأخذ قدر اكبر من هذا النمو شكل تحسين نوعية الحياة اذا ما كان المقصود هو عدم وضع المزيد من الضغوط على قدرة الكوكب الطبيعية على الاحتمال.

اما المبدأ الموجه الثالث فهو ان يتعين على كل دولة ان تحدد اولوياتها البيئية الخاصة بها والتي غالباً ما ستكون مختلفة اختلافاً شديداً في البلدان الصناعية عنها في البلدان النامية وتعتبر الدول الصناعية تلوث الجو خطراً على الصحة ولكنها اكثر اهتماماً بصورة عامة بتردي نوعية الحياة، وهذا عدم توازن بين البشر وبقية العالم الطبيعي وكثيراً ما تمتد اهتمامات هذه الدول الى المستقبل البعيد، فهي تهتم بمشاكل مثل الدفء العالمي وتدمير طبقة الاوزون.

ويمكن عزو الكثير من هذه المشاكل الى الافراط في استغلال الموارد الطبيعية، اما في الدول النامية فينصب اهتمامها على نوعية الحياة بدلاً من الحياة نفسها فما يشغل هذه الدول امور فورية كالمياه الملوثة، تهديد الحياة، وتعرية الاراضي تهدد الرزق، والفقراء عادة ما يفتقرون الى القوة المالية اللازمة للمحافظة على بيئتهم الطبيعية

وتجديدها وتعويضها. فقـد اصـبحت دورات تنـاوب المحاصيل اقصر ـ فأقصر ـ بـينما يـزرع المزيـد مـن الاراضي الهامشية.ففي 1984 كان ما يقدر بنحو 135 مليون شخص يعيشون في مناطق متأثرة بالتصـحر (بزيادة قدرها 57 مليون نسمة عما كان في 1977).وهكذا فعنـد الطـرف الادنى لمقيـاس الـدخل يصبح الفقر في عدائه للبيئة مماثلاً تماماً للوفرة التي تبددها المجتمعات الغنية.

الفصل الأول

أثر التنمية المستدامة على
الاجيال في ظل الديمقراطية وحقوق الانسان

مقدمة الفصل الاول :

ان التنمية المستدامة تعني تزويد الفرد بالخبرات والمعارف والاتجاهات الضرورية وكذلك تعويده على عادات مفيدة، فالمعارف والخبرات وحدها لاتكفي فلا بد ان يتعود الفرد على عادات لها علاقة بالمحافظة على الموارد وخصوصاً غير المتجددة وحسن توظيف الدخل والتفكير في الاخرين المحيطين به والتفكير في مستقبل الاجيال التالية.

الانسان الحر سياسياً يمكنه ان يشارك في عمليتي التخطيط وصنع القرار، ويمكنه مع بقية المواطنين ان يضمن تنظيم المجتمع عن طريق توافق الاراء والتشاور بدلاً من تنظيمه عن طريق الاملاء من جانب الصفوة الاتوقراطية.

ان تاريخ اقطارنا منذ نهاية الحرب الاولى حتى اليوم، يرينا كيف افرغت دساتير من مضامينها التي هي من مصلحة الشعب وكيف زورت انتخابات نيابية او اجريت استفتاءات مزيفة، وصدرت قوانين تهدد حقوق الشعب وحقوق الانسان وحرياته الاساسية المقررة له في الدستور، ان بعض الاقطار العربية لها دستور للحكم، ولكن صدور دستور لقطر ما لايعني ان الحكم في تلك الدولة اصبح ديمقراطياً، فالحكم الديمقراطي يحتاج الى حق مستمر بالطاقة والجهد والذكاء.

ان العبرة في احكام الدستور والمبادئ التي يقوم عليها والمؤسسات التي يقيمها- حتى اذا كان ذلك سلمياً – تبقى في تطبيق احكام الدستور تطبيقاً اميناً، فبعض اقطارنا لادساتير لها، وبعضها الاخر لها دساتير ولكن معطلة، وبعضها الاخر لها ايضاً دساتير استثنائية تفرغ الدساتير الاصلية من مضمونها، فلا يمكن ان يتسم الحكم الديمقراطي بالكمال، فهو يتطلب تجديداً صبوراً وبحثاً مستمراً عن افضل توازن بين جماعات المصالح والاولويات الاجتماعية المتعارضة، ولكن هذه العمليات يمكن ان تضمن كون التنمية متمحورة حول الناس.

لقد تلقت الامانة العامة لجامعة الدول العربية دعوة من السكرتير العام للامم المتحدة في اوخر عام 1967(مذكرة رقم 234 في 1967/12/15) وبناءآ على هذه الدعوة عرضت الامانة العامة مذكرة (رقم 1510 بتاريخ 1968/2/5) على مجلس الجامعة في دورته الخمسين، فأصدر قراره رقم 2343 في ايلول/ سبتمبر 1968 والذي نص على الموافقة على انشاء لجنة عربية دائمة لحقوق الانسان في نطاق الجامعة حسبما تضمنه تقرير الامانة العامة (قرار رقم 2443 في 1968/9/3)، فقد كافحت المجتمعات في شتى انحاء العالم لعدة قرون من اجل بناء توافق اراء من خلال نظم التداول والتفاوض.

لقد دعت الامانة العامة الى مؤتمر عربي اقليمي لحقوق الانسان عقد في بيروت مابين 2-10 كانون الاول / ديسمبر 1968. هذا المؤتمر الذي عقد من اجل صوغ المبادئ الرئيسية لحقوق الانسان العربي، اصدر بياناً تضمن: دعم العمل العربي المشترك في مجال حقوق الانسان على الصعيدين القومي والدولي وتأييد جهود تحقيق السلام العالمي، والاشادة ببطولة الشعب الفلسطيني، وشكر للدول التي تؤيد الشعب الفلسطيني، ودعوة الدولة المساندة لاسرائيل للتخلي عن هذه المساندة، ومطالبة الامم المتحدة بموقف حازم ضد اسرائيل.

وبعدها اصدر المؤتمر ثمانية قرارات تضمنت، استنكار العدوان الاسرائيلي على اربد، والتنديد لاسرائيل لاعتقالها ثلاث سيدات فلسطينيات، والثالث وهو المتعلق بممارسة البلاد العربية لحقوق الانسان، ويتكون من ثلاث فقرات، فقرة تؤكد على ماورد في الاعلان العالمي لحقوق الانسان، وفقرة ترجو الامين العام للجامعة عقد مؤتمر خبراء شؤون اجتماعية لوضع ميثاق للعمل الاجتماعي، وفقرة تدعو لحلقة دراسية لدراسة ما توصل اليه هؤلاء الخبراء، اما الرابع فهو يدعو لانشاء اللجنة العربية الدائمة لحقوق الانسان وانشاء لجان وطنية تتعاون مع اللجنة العربية.والقرارات من الخامس الى الثامن تتحدث عن اهدار الاستعمار لحقوق الانسان في فلسطين وعن المقاومة العربية في فلسطين ووضع خطة اعلامية ومعاملة

الانسان العربي في فلسطين، وحقوق المدنيين الفلسطينيين والرأي العام العالمي وموقفه من قضية فلسطين.

هكذا بدا العمل العربي المشترك حول قضية حقوق الانسان، وهكذا وضع الاباء المؤسسون مفهومهم لحقوق الانسان العربي، انه الانسان الفلسطيني المحروم من حقوقه الانسانية على ايدي الاستعمار والصهيونية. اما الانسان العربي غير الفلسطيني، فمشكلته تحتاج الى لجنة من خبراء الاجتماع والى لجنة تدرس مادرسته اللجنة الاولى، فالنظم السياسية على الصعيد الوطني تستند بدرجة اكبر الى حكم الاغلبية فقد ادى تزايد وجود الدولة القومية وتزايد مستويات التكامل الاقتصادي والاجتماعي الى اشكال من الحكم مبنية بدرجة اقل على توافق الاراء وبدرجة اكبر على خلاصة مجموع اصوات الافراد.

ان الجميع يدرك مأساة حقوق الانسان في الوطن العربي، فتوفر الحد الادنى من حقوق الانسان هو الاساس لبناء أي نظام ديمقراطي، ويجب الا نقتصر على تحليل هذا الوقع المؤلم، بل ينبغي ان تكون لدينا رؤية واضحة فيما يتعلق بكيفية تغيير هذا الوقع بأن يواجه الموقف من الناحية العملية، وقد رأت مسيرة التنمية الاقتصادية والاجتماعية والنور في مختلف اجزاء الوطن العربي، وان بعض مخططات التنمية العربية بدات في اواخر الخمسينات واوائل الستينات من القرن العشرين، وقد وضعت وفق فلسفات تأثرت بالايديولوجيات السائدة.

وقد يتبادر الى اذهاننا تساؤل هل ينبغي ان نكافح من اجل الوصول الى توفير حقوق الانسان دفعة واحدة. أم ان الواقع يتطلب منا ان نكافح من اجل هذه الحقوق وانتزاعها حقآ حقآ، او تحقيق اجزائها جزءآ جزءآ، لقد تحققت في الثلاثين سنة الماضية بعض الحقوق خصوصآ في المجال الاقتصادي والاجتماعي لوضع المرأة وحقوق العمال مثلآ، وهذا على الاقل في بعض البلدان العربية وهناك قضايا في حقوق الانسان تمس الوطن العربي ككل وبعضها تقتصر اثاره في حدود كل قطر على حدة.

ان التنمية المستدامة صفة يجب ان تتصل بالمجتمع وليس بالفرد، ويتطلب هذا وضع مخططات تنموية ذات بعد زمني كبير ويتجاوز الخمس والعشر سنوات، مخططات تأخذ في حسابها وضع تصور لشكل المجتمع في قرن قادم او حتى اكثر مع تقدير لمساهمة مختلف المتغيرات وخصوصاً ذات الطبيعة العالمية.

مشكلة الفصل الاول:

بتتبعنا الانظمة الاقتصادية السائدة في الساحة العربية في عمومها، نجد اقطاراً منها لاتزال تعاني من بقايا الاوضاع والعلاقات المتخلفة عن النظام الاقطاعي الذي كان متبعاً في الماضي.ونجد بعض الاقطار الاخرى الاكثر تطوراً، ما تزال تتبع في انظمتها الاقتصادية سياسة الاقتصاد الحر على مستويات متدرجة من الاخذ بها على صورتها المتطرفة او على صورة ملطخة بعض الشيئ.ونجد في بعض الاقطارملامح رأسمالية الدولة تحت شعار الاشتراكية وفي الوطن العربي تفاوت في ملكية الناتج المحلي الاجمالي العربي وفي الدخل القومي العربي ولا سيما بين الاقطار النفطية الريعية التي تستحوذ على 68% من الناتج المحلي الاجمالي العربي المقدر بنحو 589 مليار دولار عام 1998 مقابل 32% للاقطار غير النفطية.

كما ان أقطاراً أخرى بدأت منذ سنوات تنهج في تنظيم اقتصادها ومن ثم في تكوينها الاجتماعي النهج الذي تقوم به اسس ومبادئ الاشتراكية، ان حصيلة الاوضاع الاقتصادية كانت، اقلية تملك واغلبية فقيرة وطبقة متوسطة ضعيفة، والملاحظ ايضاً، ان الفروق الاقتصادية بين الطبقة العليا المالكة والطبقة الثالثة التي لاتملك، ازدادت اتساعاً في عدة اقطار مما ادى الى التفاوت في اعداد السكان والكشافات السكانية والمساحات والتباين في ملكية الثروة وعدم التكافؤ في مستويات النمو الاقتصادي في اقطار الوطن العربي. وان الخطورة في ذلك هو تعميق واقع احتواء البلدان العربية في النظام العالمي الجديد وما يترتب عنه مزيد من التشويه ولافقار للبيئة وللاقتصادات العربية وخلق المزيد من المشاكل الاقتصادية المستعصية.

يشير لاسكي الى مشكلة الفقر في المجتمع من زاوية اخرى فيقول :اذا بدأ الاقتصاد في مجتمع ما يتأزم ويتدهور، فهنا تصبح الحرية في خطر، فالفقر يولد الخوف والخوف يربي الشك.وهنا يبدأ الحاكمون بالخشية من الحرية، ولانهم يشعرون بأن المحكومين لم يعودوا في يسر- وانهم لم يعودوا يؤمنون بأساليبهم في الحكم وانهم –أي المحكومين- يتطلعون الى شيئ جديد، ويتوقون الى اوضاع تمكنهم من القضاء على العوز.فاذا لم يعمل الحاكمون على اصلاح النظم الاقتصادية بالطرق السليمة العواقب، اضطروا الى اخفات صوت المحكومين القلقين بالقوة ولجأوا الى العنف ليتمكنوا من المحافظة على سلطانهم وامتيازاتهم.

ان هذا الوضع هيأ التربة الاقتصادية والاجتماعية والسياسية اللازمة لافراز وضع مترد على مختلف الاصعدة، والخطورة لا تكمن في الواقع العربي المترد فقط، بل في طبيعة الحلول التي تطرح. ان هذا يزيد من قهر الانسان العربي، ويزيد البلدان تهميشآ وابتعادآ عن مسيرة الحضارة الانسانية، لقد شكلت الادبيات الدولية قوالب نظرية ومفاهيم بالغة التجريد تنتفي عبرها الفوارق والخصوصيات.

اهمية الفصل الاول:

تنبع اهمية البحث من اهمية التنمية المستدامة كونها ليست مجرد دعوة لحماية البيئة فالتنمية المستدامة تعني مفهومآ جديدآ للنمو الاقتصادي، مفهومآ يوفر العدل والفرصة للجميع وليس فقط للقلة المحظوظة دون مزيد من التدمير لمصادر العالم المحدود وقدرتها على التحمل، والتنمية القابلة للاستمرار :كما عرفتها الهيئة العالمية المعنية بالبيئة والتنمية هي التنمية التي تلبي احتياجات الجيل الحاضر دون الحد من امكانية تلبية احتياجات اجيال المستقبل.

ان التعريف الذي وضع في عام 1987 قد اكتسب رواجآ وتأييدآ واسعين، وان كان اوئك الذين يستخدمونه قد لايكون لديهم دائمآ تصورآ مماثلآ لما يعنيه هذا التعريف، والتنمية المستدامة عملية تصمم فيها السياسات الاقتصادية والمالية والتجارية وسياسات الطاقة والزراعة والصناعة جميعآ بحيث تؤدي الى التنمية المستدامة

اقتصادياً واجتماعياً وبيئياً. الاستهلاك الحالي لايمكن تمويله عن طريق المزيد من القروض الاقتصادية التي يجب ان يسددها اخرون.

ينبغي الاستمرار في صحة وتعليم السكان الحاليون من اجل عدم خلق ديون اجتماعية على الاجيال القادمة وينبغي عدم استخدام الموارد بأسلوب يخلق ديوناً بيئية عن طريق اساءة استغلال طاقة ارض على التحمل والانتاج، بصورة عامة يشمل ادنى حد من متطلبات تحقيق تنمية المستدامة القضاء على الفقر، توزيع اكثر انصافاً، سكاناً اوفر صحة وافضل تعليماً، حكومة لامركزية تقوم على مزيد من المشاركة، انظمة اكثر عدلاًداخل الدول وبينها، بما في ذلك زيادة الانتاج للاستهلاك المحلي، فهماً افضل لتنوع العلاقات بين البيئة والكائنات الحية، وللحاجة الى حلول معدلة للمشاكل البيئية المحلية، ولمتابعة افضل للتأثير البيئي على نشاطات التنمية.

ان الدول النامية بما تضم من بليون شخص يعيشون على هامش الفقر.ولا يستطيع هؤلاء ان يقبلوا ان يصاغ ماضيهم وحاضرهم في مستقبل غير مؤكد، كما لايستطيع ان يقبل هؤلاء ان تستحل الدول الصناعية للابد نصيباً يبلغ 85% من دخل العالم واستمرار انماطها في الاستهلاك الكثف للطاقة.فهم يشيرون الى انه بالاضافة الى ترك تراث من الديون البيئية للاجيال المقبلة عن طريق التلوث واستنفاذ المصادر.فالجيل الحاضر مهدد بترك ميراث من الديون الاجتماعية اذا ما اقتقر شباب اليوم الى مستويات من الصحة والتعليم والمهارة تمكنهم من مواجهة عالم الغد.

ان الوعي البيئي اليوم يبرز مجالات كثيرة وجديدة لصراعات محتملة بين الدول الصناعية والدول النامية، وبين حماية البيئة والنمو الاقتصادي وبين هذا الجيل والجيل المقبل. ومن السذاجة ان نفكر في امكانية حلها جميعاً، هذا الجدل يستمر لفترة طويلة في القرن المقبل وما بعده لكن مفهوم التنمية المستدامة يمكنه ان يقدم عدداً من المبادئ الموجهة. واول هذه المبادئ هو ان التنمية المستدامة يجب ان تعطي الاولوية للانسان ولحقوق الانسان.

حماية البيئة امر حيوي لكن (مثل النمو الاقتصادي) هي وسيلة لتشجيع التنمية القابلة للاستمرار، ان الهدف الرئيسي لجهودنا ينبغي ان يكون حماية الحياة البشرية والخيارات الانسانية وينطوي هذا على التأكد من ان الانظمة العالمية للمصادر الطبيعة قابلة للتطبيق على المدى الطويل، بما في ذلك تنوع اجناسها حيث ان الحياة بكاملها تعتمد على ذلك.

اما المبدأ الموجه الثاني هو الا يكون هناك اختيار لدى الدول النامية بين النمو الاقتصادي وحماية البيئة.فالنمو بالنسبة للبلدان النامية ليس بديلاً بل هو ضرورة، والقضية ليست حجم النمو وانما نوعيته كما انه لايمكن ان يكون هناك تطوراً ضاراً بالبيئة اكثر من النمو السريع.ليس معدل النمو الاقتصادي هو الذي يمكننا من قياس الاثر الذي يتركه ذلك النمو على البيئة.

ان تكوين الناتج المحلي الاجمالي هو مزيج المنتجات بالاضافة الى انواع عمليات الانتاج، هذا وحده هو الذي يبين لنا ما اذا كان التأثير العام على البيئة ايجابياً ام سلبياً فما من الناحية المثالية ينبغي قياس الدخل من حيث قيمته الصافية بعد خصم قيمة استهلاك رأس المال المادي ورأس المال البشري، ورصيد الموارد الطبيعية.

تنشأ المشاكل البيئية عندما يتم تجاهل استهلاك الموارد الطبيعية لمجرد انها من غير سعر، وتحتاج الدول النامية الى زيادة سرعة معدلات نموها الاقتصدي ولكن عليها ان تتبنى استراتيجيات تحترم قدر الامكان البيئة المادية.ويعني هذا استخدام تقنيات مختلفة عن تلك التي استخدمتها الدول الصناعية في الماضي، أي استراتيجيات لاتتطلب طاقة مكثفة وتكون سليمة بيئياً، وتريد الدول الصناعية ايضاً ان تستمر في النمو ولكن ينبغي ان يأخذ قدر اكبر من هذا النمو شكل تحسين نوعية الحياة اذا ما كان المقصود هو عدم وضع المزيد من الضغوط على قدرة الكوكب الطبيعية على الاحتمال.

اما المبدأ الموجه الثالث فهو ان يتعين على كل دولة ان تحدد اولوياتها البيئية الخاصة بها والتي غالباً ما ستكون مختلفة اختلافاً شديداً في البلدان الصناعية عنها في البلدان النامية وتعتبر الدول الصناعية تلوث الجو خطراً على الصحة ولكنها اكثر

اهتماماً بصورة عامة بتردي نوعية الحياة، وهذا عدم توازن بين البشر وبقية العالم الطبيعي وكثيراً ما تمتد اهتمامات هذه الدول الى المستقبل البعيد، فهي تهتم بمشاكل مثل الدفء العالمي وتدمير طبقة الاوزون.

ويمكن عزو الكثير من هذه المشاكل الى الافراط في استغلال الموارد الطبيعية، اما في الدول النامية فينصب اهتمامها على نوعية الحياة بدلاً من الحياة نفسها فما يشغل هذه الدول امور فورية كالمياه الملوثة، تهديد الحياة، وتعرية الاراضي تهدد الرزق، والفقراء عادة ما يفتقرون الى القوة المالية اللازمة للمحافظة على بيئتهم الطبيعية وتجديدها وتعويضها.

فقد اصبحت دورات تناوب المحاصيل اقصر فأقصر، بينما يزرع المزيد من الاراضي الهامشية.ففي 1984 كان ما يقدر بنحو 135 مليون شخص يعيشون في مناطق متأثرة بالتصحر (بزيادة قدرها 57 مليون نسمة عما كان في 1977).وهكذا فعند الطرف الادنى لمقياس الدخل يصبح الفقر في عدائه للبيئة مماثلاً تماماً للوفرة التي تبددها المجتمعات الغنية.

هدف الفصل الاول:

يهدف البحث الى دراسة الابعاد الاقتصادية والاجتماعية والسياسية واثارها على هيكل الاقتصاد الوطني التي تضمن تحقيق الكفاءة الاقتصادية وعلاقاتها بالمحافظة على البيئة والتنمية المستدامة ضماناً لحصة الاجيال القادمة من الموارد الطبيعية والرفاهية الاقتصادية وعلى وجه الخصوص في البلدان النامية التي تكون معظم اقتصادياتها لاترقى الى اقل مستوى في تحقيق المنافسة والكفاءة الاقتصادية، فضلاً عن ضعف دور الدولة في ادارة الاقتصاد الوطني.

رغم ما تتمتع به هذه الدول من افضلية بيئية عن غيرها من دول العالم المتقدم، الا ان ضعف الحماية البيئية ودفاعاتها قد يجعلها وسيلة للاستغلال والتحلل البيئي

المستقبلي الذي يعرض اجيالها المستقبلية الى مشاكل بيئية متعددة قد لايعاني منها الجحيل الحاضر في هذه الدول.

الديمقراطية وحقوق الانسان وجهان لعملة واحدة:

الديمقراطية التي نحن بصددها هي الديمقراطية اللبرالية، او تلك التي تقترب منها شكلآ ومضمونآ، والديمقراطية اللبرالية هذه هي نظام الحكم وطريقة الحياة وان كان يسهل الخلط بينهما الفكرة الديمقراطية والفكرة اللبرالية.فاذا كانت الفكرة الديمقراطية تعنى عملياً بوضع السلطة السياسية في ايدي الاكثرية، فان الفكرة اللبرالية تعنى في المقابل بوضع القيود على السلطة الاكراهية للدولة وبتأمين رقعة محمية من الحياة الخاصة للفرد، محمية من تدخل القانون والرأي العام على السواء.

الديمقراطية بمفهومها اللبرالي هي الديمقراطية الوحيدة التي عرفها وجربها العالم في العصر الحديث، هذا اذا ازحنا جانبآ التلاعب بالالفاظ وخلط المفاهيم، فمثلآ المركزية الديمقراطية هي ديمقراطية في اللفظ وديكتاتورية في المضمون، هي دكتاتورية الحزب الوحيد الحاكم، او اللجنة المركزية او المكتب السياسي او الامين العام وليس هناك من الادلة ما يبرر او يثبت الادعاء اللينيني الذي مفاده ان الديمقراطية اللبرالية هي في نهاية التحليل دكتاتورية الاقلية او الطبقة الرأسمالية ضد الاكثرية [1]، او الطبقة العاملة [2].

ثمة تساؤل ماهي حقوق الانسان وعلى أي اسس يتم تحديدها، ما معنى ان يكون لشخص ما حق او حقوق، وماذا يفرض ذلك على الاخرين او على السلطة الحاكمة، وما هي الطريقة الفعالة لحماية هذه الحقوق في حال الاعتراف بها.ماهي العلاقة بين الحقوق وطبيعة نظام الحكم القائم او المرغوب فيه، هذه الاسئلة تناقش عادة في نطاق الفلسفة السياسية وفلسفة الاخلاق وفلسفة القانون.لتوضيح بعض النقاط النظرية الهامة والمتعلقة بالتمييز بين الحقوق السياسية والمدنية من جهة والحقوق الاقتصادية والاجتماعية والثقافية من جهة اخرى.

مع ان الديمقراطية اللبرالية ولدت من او مع اللبرالية الاقتصادية فـان الواحدة مـنهما منفضـلة منطقياً عن الاخرى، اللبرالية الاقتصادية قد تسود في ظل نظام حكم استبدادي مثلآ اسبانيا في عهد فرانكو، بينما قد يكون السعي حثيثآ نحو تحقيق الاشتراكية او القدر الكبير مـن العدالـة الاجتماعيـة في ظل نظام حكم ديمقراطي لبرالي مثل السويد او النمسا.

ان هذا الفصل النطقي ضروري لتحديد علاقـة الاتصال العمـلي بيـنهما [3]، وان اثبـات العدالـة الاجتماعية تفترض او تتحقق فقط عـن طريق الالغـاء التـام والشـامل للحريـة الاقتصادية ولاقتصاد السوق، حين تعد النفوس من بين الذين لايقرون بوجود تناقض بين الديمقراطية اللبرالية من جهة وبـين متطلبات التنمية الاقتصادية والاجتماعية او متطلبات العدالة الاجتماعية من جهة اخرى.

الديمقراطية اللبرالية هي نظام للحكم وطريقة للحياة على حد سواء وهناك سمات مشتركة رغـم اختلاف الصيغ والاشكال لجميع انظمة الحكم الديمقراطية، مـن بينها الاعـتراف الدسـتوري بـالحقوق والحريات الاساسية للمـواطن، سياسـية ومدنيـة وحمايتهـا مـن اعتـداءات السـلطة الحاكمـة. وتـداول السلطة عن طريق الانتخابات الدورية، الحرة والسرية والعامة.والفصل بين السـلطات الرئيسـية الـثلاث مع التركيز على استقلال القضاء. ومبدأ سيدة القانون والمساواة امامـه وطـرق دعمـه بأنظمـة للرقابـة والمحاسبة والمتابعة.وحماية الاقلية من طغيـان الاكثريـة.والمشاركة الشعبية في صناعة القرارات عـلى المستويات المختلفة بما يتطلبه ذلك من اللامركزية ومن توزيع للمهام والصلاحيات [4].

ان الديمقراطية كطريقة حياة قامت وما زالت على مجموعة مـن القيم والمبادى لايتسع المكـان هنا لحصرها وتبيان اوجه ترابطها واهمها الفردية، التسامح [5]، والحياد القيمي [6] والعقلانية، والمسـاواه امام القانون [7].

التنمية المستدامة:

تمتلك بعض الدول النامية القدرة تشكيل وتخطيط وتنفيذ وادارة بـرامج البيئـة، ولـدمج هـذه البرامج في جهودها للتنمية البشرية الشاملة ويشاهد مثل هذا العجـز غالبـاً كأحـد العقبـات الرئيسية التي تعيق سياسات وبرامج للتنمية البشرية [8].ويعني تعزيـز القـدرة الوطنيـة للوفـاء بهـذه الاغـراض تـدريب النـاس، صنـاع القـرار مؤهلـون، مـديرون وموظفـون متخصصـون لاغنـى عنهـم علـى جميـع المستويات، لكن هذا يعني خلق قدرات لها كفاية ذاتيـة لتشـكيل ادارة سياسـة وبيئيـة، ولا يكفي ان تطالب المنظمات والدول الكبيرة الدول الصغيرة منها بالاهتمام بالفقراء، دون تقديم العون اللازم لفعـل ذلك [9].

ولتوليد ودمج تقنيات مناسبة ولتطوير وعي اجتماعي ودعم للقضايا والمشاكل والفرص، يستدعي بناء القدرة على التنمية التزام وطني اساسي ومستمر في كل دولة ودعم دولي.مثل هـذا الـدعم الـدولي من مصادر ثنائية او متعددة الاطراف الى جانب التعاون بين الدول النامية يصبح ضروريـاً علـى مـدى فترة طويلة من الزمن، فالاضافة الى ذلك ينبغي ان يمتد الدعم الخارجي الى ابعد بكثير مـن المسـاعدة التقنية لتضم تحويل للمصادر الرئيسية في شكل استثمار وتمويل قروض، وينبغي ان تكـون الاولويـة في البلدان النامية للاستثمار الموارد البشرية حتى لاتصبح اوجه القصور في رأس المال البشري عائقـاً للتنميـة او عاملا يؤدي الى ابقاء الناس في حالة فقر مطلق [10].

قد تصبح المساعدة الفنية هي حجر الزاوية للتمهيد لتحويل المصادر وللمسـاعدة في تشـكيل وتطبيق المساعدة المالية الخارجيـة. مـن الصعب تـقدير تكلفـة سـد احتياجـات بناء القـدرات، لكـن الواضح هو ان الانتـقال الى انماط من التنمية قابلة للاستمرار بصـورة اكبر يتطلب جهود هائلـة مـن جميع الدول لتـقدير متطلبات مثل هـذه الجهود ينبغي القيام بتـقييم اكثر تفصيلاً لهـذه الاحتياجـات وعلى اساس مثل هذا التـقييم يمكن تصميم برامج بناء للقدرات اكثر تنظيماً، ويمكن تمويـل مثل هـذا البرنامج لبناء القدرات عن طريق نافذة لمنشأة البيئة العالمية او أي تمويل عالمي يتم الانفاق عليه من

جانب مجلس التنمية الاقتصادية التابع للامم المتحدة، مع العلم ان أي دولة غنية اليوم او مؤسسة مالية لا تغامر باقراض الدول الفقيرة متعضة من تجربة مشكلة المديونية التي تفجرت عام 1982 بامتناع بعض الدول المدينة عن تسديد الديون ⁽¹¹⁾.

من اجمالي المبلغ المتوفر 10- 15% ينبغي ان تخصص بالكامل لبناء وتعزيز القدرات المحلية، ويمكن ان يضم البرنامج ثلاث برامج فرعية⁽¹²⁾:

1. التخطيط الاداري البيئي :لمساعدة الدول النامية على اعداد الاجزاء الخاصة بها في جدول اعمال ⁽²¹⁾ وهو البرنامج العالمي للتنمية المستدامة، سيكون الهدف الرئيسي ـ لهذا البرنامج الفرعي هو تأسيس القدرة في الدول النامية لتخطيط وادارة البيئة داخل اطارها التخطيطي الشامل ⁽¹³⁾.

2. نافذة لبناء القدرات : لتوفير المصادر للدول النامية من اجل برامج بناء قدرات خاصة تعزيزآ لجدول الاعمال ⁽²¹⁾ ويمكن ان تستهدف هذه البرامج خاصة بناء المؤسسات ووضع السياسات والتشريعات، كما انها قد تساعد الدول النامية على انشاء البنية التحتية الادارية والتنظيمية المناسبة لتنفيذ برامج وسياسات تنمية مستدامة⁽¹⁴⁾.

3. شبكات التنمية المستدامة:لتشجيع التعاون بين الدول النامية عن طريق تبادل المعلومات والسياسة المجربة للتنمية المستدامة، في مسح اجراه برنامج الامم المتحدة الانمائي، اكد اكثر من 100 دولة نجاح مجلس التنمية الاقتصادية في الامم المتحدة يعتمد على قدرة الدول النامية لتخطيط وادارة بيئتها الخاصة وعلى جدول اعمال للتنمية المستدامة⁽¹⁵⁾.

كان المراد بالتنمية هو توسيع الخيارات امام الناس في ان تحقق ذلك ليس فقط للجيل الحالي بل ايضآ بالنسبة للاجيال القادمة.ينبغي ان تكون مستدامة ويأتي اعظم خطر يهدد التنمية الاقتصادية والبشرية المستدامة من التهاوي السريع للفقر واستنزاف البيئة اللذين يهددان الجيل الحاضر والاجيال القادمة⁽¹⁶⁾. يعيش حوالي 1.4 بليون من سكان العالم البالغ عددهم 53 بليون نسمة في حالة فقر وهناك تقديرات اخرى تشير

الى ان ضم الذين يعيشون على هامش الكفاف وليس لديهم سوى الحد الادنى من الضروريات يزيدون عدد الفقراء الى ما يقرب من بليونين[17].

هؤلاء الفقراء مهددون اكثر من غيرهم بمخاطر البيئة والصحة التي يسببها التلوث، عدم وجود مساكن ملائمة، سوء الصرف الصحي، ماء ملوث، عدم توفر الخدمات الاساسية.كثير من هؤلاء المحرومين يعيشون كذلك في مناطق معرضة لخطر وجود خلل في العلاقة بين البيئة والكائنات الحية بها. فحسب احد التقديرات 80% من الفقراء في امريكا اللاتينية و 60% في اسيا و 50% في افريقيا يعيشون في اراضي هامشية، منخفضة الانتاج وذات حساسية شديدة للاستنزاف البيئي بما في ذلك الارض القاحلة، التربة الخفضة الخصوبة، والمستوطنات العشوائية[18].

ان استنزاف البيئة الذي يقع نتيجة لاستغلال الاراضي الهامشية للحصول على خشب الوقود وانشطة حياة الكفاف، او لانتاج محاصيل نقدية، يزيد من حدة الفقر.كما ان ذلك يهدد صحة ورفاهية اولادهم.وعندما تطغى المحاصيل النقدية على نشاط الكفاف يزداد تهميش الفقراء ويدفعون نحو اراض هامشية بيئية[19].

ضوابط حماية حقوق الانسان وحريته وعدم الاعتداء عليه:

ان الحرية هي حق للمواطن في مواجهة سلطة من السلطات- وضعت لها بعض الدساتير الديمقراطية ضوابط هي قيود على سلطة الدولة من شأنها ان تحميها وتحول دون اعتداء عليها، ورد الامر الى وضعه الدستوري السليم اذا ماوقع شيئ من ذلك، وفيما يلي بعض هذه الضوابط[20].

- حريات وحقوق عامة مطلقة لايجوز للمشروع تقييدها: تنص بعض الدساتير على حريات وحقوق عامة لايجوز تقييدها ولو بتشريع يقره البرلمان[21].

- حريات وحقوق عامة يجوز تنظيمها بقانون لابمرسوم ان تحديد حرية من الحريات الدستورية او تنظيم حق من من حقوق العامة للافراد، مما نص

الدستور على ان يكون تحديده او تنظيمه بقانون، لايجوز ان يتم عن طريق مرسوم بقانون[22].

- قانون جنائي لايتعدى على حرية او حق للانسان بغير مبرر مشروع لصالح المجتمع وحماية الحريات والحقوق بالقانون الجنائي يوجد اتجاهين لذلك اولهما اسس يقوم عليها القانون الجنائي بحيث لايتعدى على حق الانسان بدون مبرر مشروع لمصلحة المجتمع[23]. اما الاتجاه الثاني فهو حماية الحريات والحقوق العامة بقانون الجنائي ويقصد بهذا ان يقرر القانون كون افعال معينة تشكل اعتداء على حرية او حق عام للمواطنين او الشعب، جريمة يفرض لها عقاباً [24].

- ابط وسلطات محددة للحكم العرفي والطوارئ: يجب ان لاتعلن الاحكام العرفية الا في حالة الحرب، او عند وقوع اضطراب جسيم يخل بالامن اخلالاً خطيراً او بشرط اساسي هو العجز عجزاً تاماً على المحافظة على الامن الا باتباع هذا الطريق[25].

- محكمة عربية لحماية حقوق الانسان: ان احدى الوسائل لتطوير الاوضاع في الوطن العربي في ناحية تيسير ممارسة حقوق الانسان فيه[26]، هو انشاء محكمة عربية لحماية حقوق الانسان[27].

- هيئة الدفاع عن حقوق الانسان: من المفيد ان تتألف هيئة عربية غير حكومية للدفاع عن حقوق الانسان في الوطن العربي يكون مقرها خارج الاقطار العربية.

- التحرر من الامية وتوعية المواطنين سياسياً واجتماعياً للتمسك بحقوقهم والدفاع عنها: فالتحرر من الامية هو احد المداخل لتوعية المواطنين بالتعرف على حقوقهم والتمسك بها [28]، اما وسائل التوعية السياسية والاجتماعية فهي كثيرة، نذكر منها تدريس مواثيق حقوق الانسان في جميع مراحل الدراسة من الابتدائية الى الدراسات العليا.

الحقوق السياسية والاقتصادية والاجتماعية :

لقد اعتمدت اتفاقات دولية كثيرة بشأن الحقوق المدنية والسياسية ومن بين تلك الاتفاقات اعلان الامم المتحدة العالمي لحقوق الانسان. والعهد الدولي الخاص بالحقوق الاقتصادية والاجتماعية والثقافية والمواثيق الاقليمية لحقوق الانسان التي اعدتها افريقيا واوربا والدول الامريكية، ومشاريع المقترحات الموضوعة بهذا الشان من اجل الدول العربية والدول الاسيوية [29].

ومن الممكن تجميع هذه الحقوق في خمس مجموعات عريضة تعكس قيماً مشتركة بين جميع الثقافات والديانات وجميع مراحل التنمية :سلامة الفرد الجسدية، سيادة القانون، حرية التعبير، المشاركة السياسية، تكافؤ الفرص، وهذه المجموعات الخمس يمكن ايضىـ ربطها بمؤسسات المجتمع الرئيسية التي تحمي او تنتهك حقوق الانسان، ومن ثم فان الهيئة التشريعية مسؤولة عن المشاركة السياسية والفرع التنفيذي مسؤول عن تكافؤ الفرص ويوضح جدول -1- مثالآ عن الحرية السياسية وهو المرأة والديمقراطية متمثلآ في المشاركة السياسية في الحكومة على المستوى الوزاري وعلى المستوى دون الوزاري.

جدول-1-

المرأة الديمقراطية، المشاركة السياسية في الحكومة

البلد	المجموع (بالمئة) 1995	على المستوى الوزاري (بالمئة) 1995	على المستوى دون الوزاري (بالمئة) 1995
الاردن	1. 6	3. 2	0
الامارات العربية المتحدة	0	0	0
البحرين	0	0	0
تونس	5. 3	3. 4	6. 5
الجزائر	1. 6	0	3. 0
جزر القمر	2. 5	6. 7	0
جيبوتي	1. 4	0	1. 7
السعودية	0	0	0
السودان	0. 8	0	1. 2
سوريا	3. 7	6. 8	1. 6
الصومال	0	0	0
العراق	0	0	0
عمان	3. 7	0	4. 2
قطر	1. 7	0	2. 5
الكويت	6. 0	0	9. 4
لبنان	0	0	0
ليبيا	0	0	0
مصر	2. 2	3. 2	1. 7
المغرب	1. 2	0	1. 9
موريتانيا	4. 7	3. 6	5. 0
اليمن	0	0	0
مجموع الوطن العربي	2. 0	-	2. 0
جميع البلدان النامية البلدان الاقل نمواً افريقيا جنوب الصحراء	7. 67 7. 0 7. 7	7. 7 8. 6 7. 9	8. 5 7. 7 9. 0
البلدان الصناعية	10. 8	12. 6	11. 3
العالم	8. 7	9. 1	9. 6

ان الكثير لاسيما في البلدان النامية يضنون ان دليل الحرية ينبغي الا يكون قاصرآ على الحياة السياسية، وهم يؤكدون على الاهمية الخاصة للحقوق الاقتصادية والاجتماعية، الحق في الغذاء مثلآ او في التعليم ويشيرون الى الاعلان العالمي لحقوق الانسان (الذي اعتمد في عام 1948) الذي يؤكد في الواقع على كل من الحقوق السياسية والحقوق الاقتصادية والاجتماعية[30].

بالنسبة للكثير من الناس لاتقل الحقوق الاقتصادية والاجتماعية اهمية عن الحرية السياسية، ان لم تكن تفوقها فهم يقولون ان الحق في التصويت اقل قيمة بالنسبة للشخص الذي يتضور جوعآ او للشخص الامي[31].

والواقع ان الديمقراطية السياسية تظل هشة دائمآ التي تضمن الحقوق الاقتصادية الاساسية وهم يقولون ان الحقوق الاقتصادية والاجتماعية ينبغي ان تدرج في أي دليل للحرية. ومن الصحيح قطعآ ان أي تعريف شامل للتنمية البشرية يجب ان يتضمن الحقوق الاقتصادية والاجتماعية وكذلك الحقوق السياسية. ولكن هل ينبغي قياس هذه الحقوق معآ، ان دليل التنمية البشرية محاولة لقياس الحقوق الاقتصادية والاجتماعية.ويمكن لدليل جديد للحرية السياسية وان ينظر بالتحديد الى الحقوق السياسية ومن ثم فان المسألة هي ما اذا كان ينبغي بقاء الدليلين منفصلين ام انهما ينبغي ان يدمجا معآ في دليل اجمالي[32].

فمن المرجح ان يكون دليل التنمية البشرية مستقرآ الى حد كبير على مر الزمن، نظرآ لان المنجزات الاقتصادية والاجتماعية -كتلك التي تتعقبها مؤشرات الصحة او التعليم تتحرك ببطء نسبيآ[33].اما الحريات السياسية فانها يمكن ان تتذبذب بسرعة شديدة، من انقلاب داخل القصر الى الانقلاب التالي او من نظام شمولي الى نظام تعددية الاحزاب.ولنشاهد سرعة التغيير الذي حدث في هاييتي وزامبيا والجزائر وحيث ان منجزات دليل التنمية البشرية لن تتأثر كثيرآ في المدى القصير بالتغيير السياسي فانها تقدم صورة اصبح اذا عزل دليل التنمية البشرية عن الهزات السياسية لدليل الحرية السياسية.

ويختلف الدليلان ايضاً من ناحية جوهرية اخرى فدليل التنمية البشرية يعتمد اساساً على الموارد المالية لاي بلد بينما لايعتمد دليل الحرية السياسية على تلك الموارد.فالبلدان لاتحتاج الى فرص رقابة على الصحف او الى تعذيب السجناء لمجرد انها فقيرة، ولكن البلد الفقير الذي احرز تقدماً كبيراً من حيث الحرية لايمكنه ان يأمل في أن يرى هذا التقدم منعكساً في شكل تحسن هائل في ترتيبه في دليل مدمج كدليل التنمية البشرية. ولهذه الاسباب من الافضل عدم دمج الدليلين وينبغي بالاحرى استخدامهما كأساس لطائفة من المقارنات والتحليلات مثيرة للاهتمام، وذلك من اجل دراسة الحالة الاجمالية للتنمية البشرية الديمقراطية اما في بلد واحد او في طائفة من البلدان[34].

توصيات الفصل الاول :

خرجت الدراسة بالتوصيات التالية:

1. قد يعتقد البعض ان المشكلة في العقل العربي نفسه وفي القوالب الذهنية التي تهيمن عليه، فالعقل العربي وقع فريسة سائغة لمذهبية قاتلة موروثة ومكتسبة، هي في صميمها معادية للاستيعاب الفكرة الديمقراطية.
2. ان الحقوق المطلوب حمايتها هي الحقوق السياسية والمدنية او الحقوق والحريات الاساسية، اما الحقوق الاقتصادية والاجتماعية فيتم البت بأمرهما عن طريق الاحزاب والنقابات وعن طريق المشاركة الشعبية في بلورة الاهداف الوطنية وتحديد اولويات واليات تحقيقها.
3. ان الحصول على الحقوق السياسية هو المقدمة الاولى والشرط المسبق لتحديد مفهوم متفق عليه للعدالة الاجتماعية، فالنضال من اجل دولة الرفاهية يقترض نظامى ديمقراطياً يحصل فيه المواطن على حقوقه وحرياته الاساسية.
4. ان الديمقراطية اللبرالية، نظاماً للحكم وطريقة للحياة هي الحصن المنيع والمرفأ الامن الذي تأوي اليه وتستقر فيه الحقوق والحريات الاساسية للمواطن، السياسية والمدنية.

هوامش ومصادر الفصل الاول:

1- د. برهان غليون واخرون، حول الخيار الديمقراطي، دراسة نقدية، مركز دراسات الوحدة العربية، بيروت، 1994، ص173.

2- ان هذا التلاعب بالالفاظ وهذا الموقف المنحاز لايشفعان ولا يساعدان في السعي الجاد من اجل التعرف الى الديمقراطية سماتها ومقوماتها بصورة افضل واعمق.

3- وكل ما يمكن ان يقال بصورة مسؤولة في هذا المقال هو ان الديمقراطية بالمفهوم اللبرالي تتطلب حدآ ادنى من الحرية الاقتصادية، حدآ ادنى ربما لايكون متعارضآ مع متطلبات التحول نحو الاشتراكية.

4- د. سعيد زيداني، الديمقراطية وحماية حقوق الانسان في الوطن العربي، مركز دراسات الوحدة العربية، بيروت، 1994، ص174.

5- **Herbert Marcuse ,Repressive Tolerance, in: Robert Paul Uuolf , Boston ,Beacon Press, 1965.**

6- **R.M.Maclver, The Deep Beauty of The Golden Rule ,in :John Roy Byrr and Milton Goldinger ,philosophy and Contemporary Issues ,2nd ed ,New york: Macmillan Publishing co., 1976**

7- **John Dewey, Democracy and Educational Administration, in :Burr and Goldinger, p.265-269**

8- تقارير التنمية البشرية، برنامج الامم المتحدة الانمائي.

9- د.محمود خالد المسافر، اشكالية التناقض بين وصفات صندوق النقد الدولي ووصايا اجتثاث الفقر في الوطن العربي، الندوة العلمية لقسم الدراسات الاجتماعية في بيت الحكمة، بغداد، 2002، ص288.

10- **The world Bank ,1995,investing in people, The world Bank in action ,Washington. D.c1995,p5.**

11-

- د. فؤاد مرسي، صندوق النقد الدولي، قمة الرأسمالية العالمية في مواجهة البلدان النامية، مجلة المنار، مطابع الاهرام، القاهرة،1989، ص 30.
- تقارير التنمية البشرية، برنامج الامم المتحدة الانمائي.
- د. السيد محمد بدوي، علم الاجتماع الاقتصادي، دار المعرفة الجامعية، الاسكندرية، مصر، 1983، ص359-387.
- جورج قرم، التنمية البشرية المستدامة والاقتصاد الكلي، حالة العالم العربي، سلسلة دراسات التنمية البشرية، الامم المتحدة، 1999، نيويورك، ص14.

12-

- د. سعيد زيداني، الديمقراطية وحماية حقوق الانسان في الوطن العربي، مركز دراسات الوحدة العربية، بيروت، 1994، ص184.
- د. برهان غليون واخرون، حول الخيار الديمقراطي، دراسة نقدية، مركز دراسات الوحدة العربية، بيروت، 1994، ص171-190.

13- فالحرية عن العرب كانت مكتسبآ بديهياً لايستدعي فتح جبهة للمطالبة بها فقد منحت الصحراء العرب حرية التعبير والاجتماع والتنقل والتجارة والملكية حتى صارت من سجاياهم، فلم يكن احد يملك الوقوف امام حرية النقد والتعبير حتى لو بلغت حد التطاول.

-14

– د. علي خليفة الكواري واسامة عبد الرحمن واخرون، الخليج العربي والديمقراطية، مركز دراسات الوحدة العربية بيروت، 2002، ص136.

– عبد الرحمن الكواكبي، الاعمال الكاملة للكواكبي، اعداد وتحقيق محمد جمال طحان، سلسلة التراث القومي، مركز دراسات الوحدة العربية، بيروت،1995، ص484-494.

– فاتسلاف هافل، كتاب مفتوح الى غوستاف هوساك، دار الجديد، بيروت،1990، ص437.

15- د.محمد جابر الانصاري، الديمقراطية ومعوقات التكوين السياسي العربي، مجلة المستقبل العربي، السنة 18، العدد 203، بيروت،1996، ص4.-12.

15- فان ماهو من الديمقراطية من ماهو ليس منها ليست عملية مداهنة بقدر ما هي مقاربة وذلك لايجاد نموذج للديمقراطية يحافظ على اهدافها وينسجم مع ثقافتنا وقيمنا وثوابتنا الاجتماعية.

16- سيكون من اصعب المهام في النظرية وفي الممارسة امام الديمقراطيين الاسلاميين، في وضع الحدود التمييزية الفاصلة وعدم الفصل المطلق بين الدين والسياسة في الاسلام.

-17

– د. عدنان ياسين مصطفى، شبكات الامان الاجتماعي العربية الفعل، والتحدي، دراسات اجتماعية، بين الحكمة، العدد 5، العراق،2000، ص49-67.

- ليلى الخواجة، انعكاسات العولمة على التنمية الاجتماعية العربية، ورقة عمل مقدمة الى ندوة منتدى اقليمي : العالم العربي والعولمة تحديات وفرص، تونس، 1999، ص3.

18- The world Bank ,1995,investing in people, The world Bank in action ,Washington. D.c 1995,p5.

19- United Nations ,Human Development Report.

20- د. حسين جميل، حقوق الانسان في الوطن العربي، المعوقات والممارسة، مركز دراسات الوحدة العربية، بيروت،1987، ص535.

21- د.عبد الرزاق احمد السنهوري، مخالفة التشريع للدستور والانحراف في استعمال السلطة التشريعية، مجموعة مجلس الدولة للاحكام القضاء الاداري، السنة 3، القاهرة،1952، ص53.

22- السنهوري، المصدر السابق، ص52.

23- حسين جميل، الاعلان العالمي لحقوق الانسان والقانون الجنائي، معهد البحوث والدراسات العربية، جامعة الدول العربية، القاهرة، 1972، ص160- 161.

24- وابرز هذه الافعال هي التدخل في عملية الانتخاب او الاستفتاء بقصد التأثير في نتيجة أي منهما خلافاً لحكم الدستور او القانون، والاعتداءعلى سلطة البرلمان بتعطيله او وقف القرارات التي اصدرها خلافاً لاحكام الدستور، وقف الدستور لحله او بعضه او تعديل احكامه دون اتباع القواعد والاجراءات المقررة في الدستور ومخالفة احكام الدستور، والمخالفة العمدية للقانون، تولي سلطة عن غير الطريق الذي رسمه الدستور او القانون، التعذيب، يجب النص في القانون على ان هذه الجرائم لايسري عليها التقادم.

25- A.V.Dicey ,Introduction to The Study of The Low of The Constitution ,Macmillan ,Lodon, 1959,p.228.

26- د. حسين جميل، حقوق الانسان في الوطن العربي، المعوقات والممارسة، مركز دراسات الوحدة العربية، بيروت،1987، ص539-540.

27- والسبيل الى ذلك هو ان تنظم جامعة الدول العربية ((اتفاقية بشأن حماية حقوق الانسان والحريات الاساسية في الوطن العربي))ترتبط بها الاقطار التي توافق وتصادق عليها.وينص في الاتفاقية على تشكيل ((لجنة ومحكمة)) تتلقى اللجنة الشكوى ضد انتهاك حق او حرية منصوص عليها في الاتفاقية وتجري التحقيق فيها.واذا اثبتت الشكوى لديها، فانها تحاول ان تتوصل الى تسوية ودية بشأنها مع الدولة المشكو منها واذا لم تتوصل الى هذه التسوية فانها -أي اللجنة -تطلب من الدولة المشكو منها اتخاذ اجراء معين خلال مدة تعيينها لتصحيح الوضع الذي نشأ عن مخالفة الاتفاقية.واذا لم تستجب الدولة المشكو منها الى طلب اللجنة، احالت القضية الى (المحكمة) لاصدار قرار بشأن الشكوى، ويكون حق اللجوء الى المحكمة هو (اللجنة) و (قطر من الاقطار العربية المصادقة على الاتفاقية) و (شخص طبيعي او جماعة من الافراد او منظمة او هيئة غير حكومية).

28- د. حسين جميل، دور الجامعة العربية في انشاء محكمة عربية لحماية حقوق الانسان،، مركز دراسات الوحدة العربية، بيروت،1983، ص349-387.

29- ويبين تحليل هذه الصكوك وجود اختلافات اقليمية في بعض النواحي، ولكن الحقوق المكرسة في هذه الوثائق تبين وجود قدر كبير من التطابق بينها في معظم النواحي.

30- وقد اكدت ايضاً على الحقوق الاقتصادية والاجتماعية صكوك مثل العهد الدوليالخاص بالحقوق الاقتصادية والاجتماعية والثقافية الذي اعتمد في عام 1966 واعلان الحق في التنمية الذي اعتمد في عام 1986.

31- د. رواء زكي يونس الطويل، متطلبات الممارسة الديمقراطية والتغيير الاجتماعي، مجلة دراسات دولية، مركز الدراسات الدولية،27، بغداد،2005، ص13- 26.

32- هناك سببان رئيسيان لابقائهما منفصلين: اولاً لان دليل التنمية البشرية ودليل الحرية السياسية يعملان على نطاقين زمنيين مختلفين اشد الاختلاف.

33- د. رواء زكي يونس الطويل، التنمية البشرية وحقوق الانسان، مؤتمر حقوق الانسان في المجتمع العربي، كلية العلوم الاجتماعية، جامعة مؤتة، للفترة 9-2005/5/12، ص9-16.

34- **United Nations ,Human Development Report.**

الفصل الثاني

الامن المائي والتنمية المستدامة

الحصص المائية حسب الاستخدامات:

إن معدل موارد المياه المتجددة سنوياً في الوطن العربي حوالي 350 بليون م3 (حسب بيانات معهد الموارد العالمية لسنة 1992) وتأتي نسبة 35% منها (أي 125 بليون م3) عن طريق تدفقات الانهار من خارج المنطقة إذ يأتي عن طريق نهر النيل 56 بليون م3 وعن طريق نهر الفرات 28 بليون م3 وعن طريق نهر دجلة وفروعه 3.8 بليون م3، والى جانب المياه السطحية والجوفية المتجددة توجد موارد جوفية كبير غير قابلة للتجدد وتتفاوت دول المنطقة فيما يتوافر لها من مياه قليلة الملوحة كما تتفاوت في مساحة شواطئها على مياه البحر.

وأكبر نصيب من جملة الموارد المائية في الوطن العربي تحصل عليه الزراعة المروية كما في الجدول -1- الذي يوضح النسب المئوية للمياه في الاستخدامات الرئيسية بالوطن العربي.

ويمكن أن يرتفع نصيب الزراعة ليصل الى 99% كما في السودان، وفي جميع البلدان العربية الاخرى بنسب عالية (فيما عدا البحرين والكويت وقطر والمملكة العربية السعودية التي تعتمد على موارد مياه غير تقليدية) حيث يزيد في تلك البلدان نصيب الزراعة عن 50% وقد يبلغ 80% أو يزيد في اثنتي عشر دولة.

وبالنظر الى الجدول يمكن استنتاج ما تحتاجه القطاعات المختلفة ويتبين أن معدلات استهلاك المياه على مستوى المنطقة العربية هي 6.9% للاستخدام المنزلي، 5.1% للقطاع الصناعي، 88% للقطاع الزراعي.

أما الجدول -2- فيبين أن الزراعة والصناعة تستخدمان 163 بليون م3 من المياه سنوياً (حسب احصائيات الصندوق العربي 1992) وصل اجمالي استخدامات المياه الى حوالي 174 بليون م3 موزعة حسب الموجود في الجدول -2-.

جدول -1-

توزيع حصص المياه على القطاعات المختلفة في الوطن العربي بالنسب المئوية

الدولة	الاستخدام المنزلي	قطاع الصناعة	قطاع الزراعة
الجزائر	22	4	74
البحرين	60	36	4
جيبوتي	28	21	51
مصر	7	5	88
العراق	3	5	92
الاردن	29	6	65
الكويت	64	32	4
لبنان	11	4	85
ليبيا	15	10	75
موريتانيا	12	4	84
المغرب	6	3	91
عمان	3	3	94
قطر	36	26	38
المملكة العربية السعودية	45	8	47
الصومال	3	صفر	97
السودان	1	صفر	99
سوريا	7	10	83
الامارات العربية المتحدة	11	9	80
اليمن	4	2	94

المصدر :

- الامن الغذائي في الوطن العربي، قسم النبات في جامعة الامارات العربية المتحدة، 2000، ص117.

نجد من الجدول -2- أن نصيب الفرد من استهلاك المياه كان 791.95 م3 وهو ما يعادل 54% من نصيب المياه المتجددة المتاحة (1460 م3).

جدول -2-

اجمالي استخدام المياه حسب القطاعات في الوطن العربي

القطاع	النسبة المئوية	الحجم بليون م3	نصيب الفرد م3
منزلي	6.9	11.24	51.10
صناعي	5.1	8.31	36.83
زراعي	88.0	154.68	703.10
اجمالي	100.0	174.23	791.95

المصدر :

- مجلة (الزراعة والتنمية) دورية تصدرها المنظمة العربية للتنمية الزراعية 1986، 1993، الخرطوم، السودان.

ترشيد استخدام المياه والتنمية المستدامة :

تقع مساحات كبيرة من الاراضي الزراعية في المنطقة المدارية وشبه الاستوائية ذات الطقس الدافيء شتاءاً والذي لا يعتبر مناسباً لانتاج محاصيل المنطقة المعتدلة كالقمح والشعير والذرة الشامية، ويقع جانباً آخر من الاراضي حول حوض البحر المتوسط وفي المناخ المعتدل المناسب لانتاج الحبوب، إلا أن تدني معدلات هطول الامطار وغياب الانهار يحد من استغلال الامكانات المتاحة في هذه المناطق.

وتتعرض الاراضي في كل من العراق وسوريا والسودان والصومال الى عوامل التعرية والانجراف بفعل ضعف الغطاء النباتي، كما تسبب الزراعة المروية في سوريا والعراق الى تملح جزء كبير من الاراضي الجديدة المستصلحة بسبب سوء ادارة المياه وعدم وجود نظام صرف جيد، وللتخلص من مشكلة التملح يقوم العراق بزراعة

الارض مرة كل سنتين، وتفقد سوريا سنوياً حوالي 5000 هكتار بفعل التملح[1]، وتؤدي عملية حراثة الاراضي الجدبة ذات الامطار المحدودة والرعي الجائر لمناطق البادية الى تعرية وانجراف التربة الزراعية في عدد من الدول العربية، اضافة الى عامل الجفاف المستمر في السهل الافريقي وعدم وجود زراعة أدى الى تدهور أيضاً في التربة الزراعية يقدر بحوالي 15 مليون هكتار في السودان.

وتعاني بعض الدول العربية المطلة على البحر المتوسط من تزايد أثر ملوحة البحر مثل ليبيا وارتفاع نسبة الملوحة في الماء الارضي مثل جمهورية مصر العربية، وقد أدى التزايد السكاني الى تحول جزء كبير من الاراضي الزراعية الخصبة الى مساكن والى تحول جزء كبير منها من أراضي للزراعة مرتفعة الاسعار للتجارة.

لقد انخفض نصيب الفرد من الاراضي الزراعية من 3600 م2 في الفترة 74-1978 الى 2700 م2 عام 84-1988 على مستوى الوطن العربي، فقد أدى الاستثمار الكثيف للاراضي الزراعية في بعض المناطق الى استنزاف خصوبتها وظهور نقص العناصر الكبرى والصغرى مما يتطلب اعادة دراسة المعادلة السمادية، كما تهدف بعض الدول العربية الى قيام استثمارات كبيرة في مناطق شبه جافة مثل السعودية وليبيا ومصر وسوريا سببت ضعفاً كبيراً في المخزون الجوفي من المياه وارتفاع تكاليف الاستثمار، كما زادت من ملوحة التربة، لذا وجب اختبار المحاصيل المناسبة وفق مبدأ تكاليف الفرصة البديلة **Apportanity cost**.

لقد كانت الاهداف السابقة للسياسة الزراعية هي زيادة المتوفر من المياه للري والتحكم في الفيضانات وحفر الآبار واقامة الحواجز والحفائر لتجميع مياه الامطار وكل هذه الجهود التي بذلت تعتبر حلولاً للمشكلة من ناحية العرض وبظهور الندرة في المياه كمشكلة يتعين وضع السياسات اللازمة لمعالجتها من ناحية الطلب على الاستخدامات، ويشكل ذلك ايجاد طرق بديلة للري مثل الري بالتنقيط والري بالرش.

وفي حالة توفر البدائل في الري لا بد من تفعيل آليات السوق كأداة لتقييم كل بديل للحكم على مدى ملاءمته لحالة معينة، هذا بالاضافة الى الاستخدام بشكل عام

وفق قانون العرض والطلب، للحد من اهدار هذه السلعة المهمة، ولكي يكون من الممكن تقدير تكلفة انتاج المحاصيل على الوجه الصحيح وفقاً لمبدأ الفرصة البديلة.

ففي بعض البلدان أخذت بمبدأ تسعير مياه الري كما في سوريا والسودان، ويؤخذ سعر ثابت على وحدة مساحة الارض المروية(2). وإذا كان تسعير مياه الري وسيلة مناسبة وعملية للاقتصاد وفي استخدام مياه الانهار، فإن مياه الآبار التي تستغل فيها مخزونات مائية متجددة تثير اشكالاً من نوع آخر، وهذا النمط من الري مستخدم بتوسع في العديد من البلدان العربية مثل ليبيا والاردن وسوريا والسعودية.

واستناداً الى تجارب الامم الاخرى فمن الضروري موازنة معدل استغلال مخزون المياه الجوفية بمعدل تغذية هذا المخزون من المصادر الطبيعية المختلفة، أما في حالة المخزونات غير المتجددة فيكون من أهداف السياسة الزراعية التحكم في استغلال المخزون لاطالة عمره بقدر الامكان، ولهذه الاغراض يمكن تسعير استخدام المياه الجوفية بأجهزة قياس حجم المياه المستخدمة.

إن ندرة المياه من المشاكل التي تعاني منها الزراعة العربية وخاصة زراعة الحبوب، ويتوقع أن تصبح المشكلة أكثر حدة في المستقبل القريب، مما يتطلب سياسة مائية حكيمة، تكون جزءاً من السياسة الزراعية لادارة هذا المورد الحيوي للزراعة.

فإن نصيب الفرد المتوقع من الموارد المائية المتوفرة من المصادر المحلية المتجددة ومن مصادر خارج حدود الدولة هو 1000م3 للفرد كحد أدنى، والذي يجب توفره كي لا يكون هناك قيد على التنمية في أشكالها المختلفة، كما يعتبر توفر 2000م3 من المياه الحد الادنى الذي توفره لكي لا تتعرض الدولة لنقص في المياه أحياناً خاصة في فترات الجفاف. وباعتبار الموارد المائية من المصادر المحلية، يتوقع أن تكون كل الدول العربية باستثناء الصومال دول تعاني الندرة في المياه، أما إذا أخذنا في الاعتبار أن الموارد المائية من خارج الحدود فستتحسن الصورة لبعض البلدان(3).

الصعوبات والمعوقات التي يعاني منها القطاع المائي في الوطن العربي :

1- ضعف البنية المؤسسية والهيكلية اللازمة للتعامل مع قضايا الموارد المائية وهذه تؤثر على كفاءة استعمال المياه في جميع القطاعات المستهلكة للمياه من زراعة وصناعة ومياه شرب كما أنها تؤثر على برامج تنمية وادارة وترشيد المياه.

2- عدم وجود خطة شاملة متكاملة للربط بين الموارد المائية المتاحة والآثار البيئية والنشاطات الاجتماعية والاقتصادية.

3- عدم التعاون والتنسيق على المستوى القطري والقومي بين المؤسسات المعنية بترشيد واستخدام الموارد المائية.

4- ضعف التمويل المخصص لتنمية الموارد المائية والتي تحتاج اليها الدول للبرامج العلمية والفنية والتقنية.

التقسيمات المختلفة للموارد المائية في الوطن العربي:

تدرج الموارد المائية في الوطن العربي ضمن التقسيمات التالية :

1- مياه الامطار.

2- المياه السطحية الدائمة والموسمية.

3- المياه الجوفية.

4- الموارد المائية غير التقليدية.

مياه الامطار :

هي أحد المصادر الرئيسية للمياه السطحية ويزيد هطول الامطار في الوطن العربي على الشريط الساحلي خاصة على شريط البحر المتوسط والمرتفعات الجبلية وهي مورد هام في كثير من البلدان العربية لذا فهي تعتبر من الخصائص الرئيسية للزراعة

العربية وتشغل الزراعة المطرية نحو 80% من الرقعة الزراعية العربية – ويزيد معدل هطول الامطار في المناطق الاستوائية العربية.

ويقدر الوارد المطري في العالم العربي بحوالي 2282 مليار متر مكعب في السنة منها حوالي 1488 مليار متر مكعب تتساقط بمعدل 300 ملم أو أكثر سنوياً على مناطق تشكل 20% من مساحة الوطن العربي ونحو 406 مليار متر مكعب تتساقط على مناطق أكثر جفافاً تتراوح أمطارها بين 100 ملم و 300 ملم سنوياً، وتجدر الاشارة الى أن تزايد أهمية مياه الامطار في الوطن العربي للاسباب التالية :

1. ندرة المياه السطحية من الانهار والوديان والينابيع في كثير من الدول العربية.

2. زيادة تكلفة تحلية مياه البحر.

3. الاحتياج الى تقنيات متقدمة وخبرات خاصة مع استخدام مياه التنقية أو المياه العادمة وهذه قد لا تتوافر في عديد من البلدان العربية.

إن معدل سقوط الامطار في معظم البلدان العربية لا يزيد عن 100 ملم سنوياً بل أنها لا تتجاوز 50 ملم سنوياً في عدد من هذه البلدان كما يتسم الهطول المطري في المنطقة العربية بالتذبذب وعدم الانتظام وهذا يؤثر على نوع الزراعة وانتاجيتها وعلى طبيعة جريان المياه السطحية والجوفية المتجددة. ورغم قلة الامطار فإن هناك كميات كبيرة تذهب هدراً خلال المواسم المطيرة التي تسبب أيضاً مشاكل أخرى كانجراف التربة وبالتالي تلف المحاصيل الزراعية، وعليه فقد أصبح الحديث عن الامن المائي يتصدر أوليات مصالح دول الشرق الاوسط ومنها المنطقة العربية والتي بدونها لا يمكن تحقيق أمنها الغذائي وبالتالي أمنها القومي، وإذا كان مفهوم الامن القومي العربي يعني ما تقوم به الامة في حدود طاقاتها للحفاظ على كيانها ومصالحها في الحاضر والمستقبل مع مراعاة المتغيرات المحلية والدولية[4].

جدول -3-

المجموع السنوي للامطار في الوطن العربي

البلدان العربية	كمية الامطار السنوية ملم
اليمن (1992)	400.3
الامارات	3631.4
الاردن	1939.8
البحرين	191.7
تونس	4222.0
الجزائر	10440.0
جيبوتي (1981)	273.3
السعودية (1994)	1532.4
السودان	9730.0
سوريا	3514.8
الصومال (1990)	6315.8
العراق	292.3
عمان	793.9
قطر	7741.6
الكويت (1994)	33.0
لبنان	2419.5
ليبيا	928.2
مصر	361.6
المغرب	7131.7
موريتانيا	2814.0

المصدر :

- الكتاب السنوي للمنظمة العربية للتنمية الزراعية، الخرطوم، السودان.
- الامن الغذائي في الوطن العربي، جامعة الامارات العربية المتحدة، 2000، ص111.

والامطار هي مصدر جميع مياه الانهار الموجودة في البلدان العربية كما تنبع هذه الانهار من خارج الحدود السياسية للبلدان العربية وهي نهر النيل في حالة السودان ومصر والفرات ودجلة في حالة كل من سوريا والعراق والسنغال بالنسبة لموريتانيا ونهري جوبا وشبيلي في حالة الصومال.

وهناك تباين كبير بين البلدان العربية في معدل هطول الامطار ومدى تذبذبها من عام لآخر، كما أن الامطار قد تتركز في مناطق محدودة من كل بلد عربي خاصة في المناطق الجبلية في سوريا ولبنان وفلسطين والاردن والعراق ولبنان واليمن والسعودية كما تشمل تلك الاراضي المكسوة بالغابات كما في حالة جنوب السودان.

ويمكن تقسيم البيئات الزراعية في الوطن العربي وفق معدل هطول الامطار في العام كما في الجدول -4-.

جدول -4-

البيئات الزراعية في الوطن العربي

البيئة الزراعية وفق معدل هطول الامطار في العام	نسبة المساحة الى المجموع	ملاحظات
أقل من 100 ملم صحراوية أو شبه صحراوية	66.4	لا تصلح لأي نوع من الزراعة إلا إذا توافرت المياه للارض التي يمكن استصلاحها
100-300 ملم قاحلة الى جافة	15.6	لا تصلح لأي نوع من الزراعة المستقرة إلا أنها تصلح لانتاج غطاء نباتي طبيعي يصلح للمراعي في معظم البلدان العربية سيما تلك التي تقع في بيئة البحر المتوسط
300-600 ملم شبه جافة الى جافة	10.2	تصلح لزراعة المحاصيل الموسمية الشتوية والاشجار المثمرة ما عدا التي تحتاج الى ري دائم في البلاد التي تسود فيها بيئة البحر المتوسط وقد تصلح للمحاصيل الموسمية أو الاشجار في بعض مناطق البلدان العربية
600 ملم فأعلى شبه رطبة الى رطبة	7.8	تصلح لزراعة المحاصيل السنوية الشتوية الموسمية وكذلك الاشجار المثمرة ما عدا التي تحتاج الى ري دائم
المجموع	100.0	

المصدر :

- كتاب الامن الغذائي العربي ومستقبله، صبحي القاسم، 1989.
- الامن الغذائي في الوطن العربي، المصدر السابق، ص112.

ويمكن أن تساهم مياه الامطار بدور فعال في تحقيق الامن الغذائي العربي بطريقتين :

1. الإنتاج الزراعي في المناطق التي تهطل فيها الامطار بصفة مستقرة ومباشرة كل عام.

2. تلك المساحات التي تهطل فيها الامطار بصورة غير مستقرة ويمكن استخدام الري التكميلي معها بواسطة مياه آبار أو مياه التنقية والتحلية.

وتبرز أهمية الامن المائي العربي لما تبقى من عقد التسعينات وخلال القرن القادم من الزمن نظراً للصلة الوثيقة بين الامن المائي العربي والامن الغذائي العربي وبخاصة إذا ما علمنا أن الغذاء غدا سلاحاً فعالاً يستخدم في العلاقات الدولية ويترك آثاراً على السياسة الداخلية والخارجية للدول وبخاصة الدول العربية، ومن أجل حماية الامن الغذائي العربي وعدم فسح المجال لحالة الاختراق المعادي فلا بد من حماية المصالح المائية العربية وتحقيق التنمية المطلوبة للموارد المائية العربية وبالتالي تحقيق الامن الغذائي العربي والذي يشكل السياج الواقي للامن الاقتصادي القومي[5].

المياه السطحية الدائمة والموسمية وفرص تنميتها :

ونعني بالمياه السطحية الدائمة تلك التي تتوافر بالانهار دائمة الجريان مثل أنهار النيل ودجلة والفرات والبحيرات الطبيعية الدائمة، أما المياه السطحية الموسمية فهي تلك الموجودة في الاودية الموسمية. وتنبع الانهار في الوطن العربي خاصة الكبيرة منها من خارج حدود الوطن العربي ومن مناطق ذات أمطار غزيرة وثلوج أو بحيرات. ويقدر الجريان السطحي لتلك المصادر بحوالي 352 مليار متر مكعب ويقدر الجريان السطحي الذي يتولد داخل الوطن العربي بحوالي 191 مليار متر مكعب، أما الجريان السطحي ذو المنشأ الخارجي فيقدر بحوالي 161 مليار متر مكعب. ويتواجد بالوطن العربي عدد من الاودية الموسمية وتجري هذه الاودية عادة لفترات محدودة سنوياً

تتراوح من بضع ساعات الى عدة أشهر وذلك تبعاً لظروف الهطول المطري وفي بعض المناطق الجافة تفيض مرة كل عدة سنوات.

فتعبير المياه السطحية يقصد به الانهار والوديان الدائمة والموسمية والينابيع أما المياه السطحية المتاحة فيعني معدل الكميات التي تم حصرها من جميع المصادر السطحية في كل بلد والتي يمكن التحكم بها واستعمالها بعدة طرق نذكر منها الآتي[6] :

1. طرق مباشرة وذلك بحصرها في قنوات وترع كبيرة مبطنة مكشوفة أو مغطاة ثم توزيعها على قنوات ري أصغر الى المزارع.

2. تخزين تلك المياه في سدود ثم استعمالها وقت الحاجة في الزراعة والصناعة والشرب ومن اندفاع المياه يمكن تشغيل توربينات لتوليد الكهرباء.

3. تجميع تلك المياه في سدود ترابية كتغذية المياه الجوفية.

4. تجميع المياه السطحية بواسطة سدود ترابية تحيط بالاراضي الزراعية ثم استخدامها لزراعة الارض في الاوقات المطلوبة.

تقليل الفقد من المسطحات المائية :

تتعرض المسطحات المائية وقنوات الري الى فقد كبير نتيجة التبخر في المناطق القاحلة وقد لا يدرك الكثيرون قيمة هذا الفقد حيث أنه غير مرئي بينما قد يكون هذا الفقد من البحيرات الصغيرة أكبر من تلك المستخدمة في الإنتاج الزراعي. لذا فمن المهم تقليل التبخر لزيادة المتاح من المياه وبالتالي تزيد السعة المخزونة بدون اقامة أي انشاءات جديدة كما أنه بالمقارنة نجد أن تكاليف تقليل التبخر أقل من تكاليف جمع وتخزين كمية مماثلة من المياه من مصادر أخرى.

ويكون التبخر على أشده في الفترات الجافة التي يكون فيها استعمال المياه على أشده لذلك فإن التحكم في التبخر أثناء الموسم الجاف حتى ببعض المواد القصيرة

العمر سيكون له أكبر الاثر في المناطق الصحراوية القاحلة، وكذلك فإن تقليل التبخر من المسطحات المائية المحدودة يؤدي لتقليل تركيز الاملاح التي تحدث نتيجة التبخر.

وفي المرحلة الحالية فإن تقنيات تقليل التبخر تقتصر على المسطحات المائية الصغيرة مثل البحيرات الصغيرة والخزانات والواحات والموارد المائية الصغيرة. ومن الناحية العملية فإن البحيرات الكبيرة والانهار ما زالت بعيدة عن متناول التكنولوجيا لأنه يصعب جداً تصميم نظام لتقليل التبخر يستطيع أن يقاوم الرياح الشديدة والعواصف والفيضانات.

ومن الطرق التي أستخدمت لتقليل التبخر نجد ما يلي :

1. المعاملة بالكيماويات السائلة :

يمكن لهذه المواد الكيماوية تكوين طبقة سميكة على سطح المياه مثل بعض الكحولات الاليفاتية (كحول الاسيتيل) وهي لسيت مرتفعة الثمن (تتطلب حوالي 60 غم لكل هكتار مسطح مائي) كما أنها لا تعوق نفاذية الاوكسجين الى المياه كما أن تلك المواد المرشوشة ليست سامة للاسماك أو الانسان. ومشكلة هذه المواد هي الاحتفاظ بطبقة مستمرة (غير متقطعة) على سطح الماء.

2. استعمال الشموع :

حيث أن الشمع مادة جيدة لتقليل أو منع التبخر فيتم تكوين وحدات من الشمع التي تطفو على سطح الماء ومع حرارة الشمس فإن هذه القطع تصبح لينة وتطفو على السطح لتكون طبقة مستمرة مرنة[7].

3. الوحدات الصلبة :

وهي مواد تطفو على سطح الماء وتؤدي الى تقليل مساحة السطح المعرض للتبخر وهناك مواد تحت الاختبار مثل البوليستيرين والشمع والمطاط والبلاستيك كمعوقات للتبخر ويقوم الباحثين بتجربة مواد عاكسة للضوء لتقليل سخونة الماء فمثلاً وجد أن

صفائح البوليستيرين القابلة للتمدد تكون عازلة بشدة وبسمك وغير مرتفعة الثمن 2.5 سم، كما يمكن استخدام مادة مطاطية من البيوتيل الرغوي والمرتفعة الثمن نوعاً وهاتين المادتين ذات فعالية لمدة طويلة حتى عشر سنوات وذات كفاءة في تقليل التبخر بنسبة 80-90%.

4. الخزانات المملوءة بالرمال :

يمكن التحكم في التبخر بملء الخزانات الطبيعية للماء بالرمال والصخور المفككة الغير متماسكة فيخزن الماء في المسام التي بين الحبيبات مع ابقاء سطح الماء على مسافة 30 سم تحت السطح لحمايته من التبخر وتستطيع تلك الخزانات الممتلئة بالرمال تخزين المياه لمدد طويلة أطول بكثير من الطرق التقليدية المفتوحة للتخزين.

ويمكن تشييد سدود صغيرة ممتلئة بالرمل في المناطق الصحراوية لجمع المياه التي تستخدم كميات شرب للحيوانات ويمكن سحب الماء من تلك السدود بعمل أنابيب سفلية لصرف تلك المياه من خلال جدار السد.

المياه الجوفية :

زاد الاهتمام باستخدام المياه الجوفية نتيجة تطور المعدات والآلات ووسائل الحصول عليها بالرغم من أن حفر الآبار قد عرفه الانسان منذ آلاف السنين بالطرق اليدوية، وما زالت المعلومات المتوافرة عن الموارد المائية الجوفية في البلدان العربية محدودة وإن كان استخدام الاقمار الصناعية في بعض البلدان العربية قد وفر مزيد من المعلومات الموثوق بها عن مدى توافر المياه في الخزان الجوفي بها – أما الطرق التقليدية فتشمل معظمها الدراسات المائية في الطبقات المتوسطة التي لا يتجاوز عمق الحفر فيها عن 600 متر. وحسب احصائيات 1996 فقد قدر المخزون الجوفي في المعقدات الجوفية الاساسية بحوالي 7734 مليار متر مكعب، ويحظى الاقليم الاوسط بأكثر من

83% من المخزون الكلي المتواجد في الاقطار العربية كما أن التغذية الجوفية تقارب 42 مليار متر مكعب سنوياً.

ومعظم الموارد المائية والجوفية يتم سحبها من خزانات جوفية مشتركة بين أكثر من دولة من دول المنطقة وبعضها يقع ضمن خزانات مائية غير متجددة ونظراً لاستنزاف المياه الجوفية في عدد من المناطق العربية نتيجة تجاوز معدلات السحب الآمن فقد ارتفعت نسبة الملوحة من هذه المياه حتى أصبحت غير صالحة للاستخدامات الزراعية.

ويعاني الوطن العربي بشكل عام من وجود نقص في موارده المائية نتيجة لوقوع أراضيه في الاقليم الجاف وشبه الجاف وأن أكثر مناطق الوطن العربي جفافاً هي المناطق الصحراوية حيث تشكل المناطق التي تستلم أقل من 100 ملم سنوياً نحو (67.2%) من مساحة الوطن العربي، بينما المناطق الرطبة التي تستلم من 1000-1800 ملم سنوياً تشكل نحو (2.1%)[8]. ومصادر الموارد المائية العربية هي (مياه الامطار، المياه السطحية، المياه الجوفية)، وتتفاوت أهمية هذه المصادر من قطر عربي الى آخر – فبعض أقطار الوطن العربي تعتمد على موارد المياه السطحية كالعراق ومصر في حين تشكل المياه الجوفية المورد الاساسي لأقطار أخرى كالمملكة العربية السعودية لتطمين حاجاتها المائية لمختلف الاستعمالات – أما من حيث كمية الايراد المائي فيتباين بين أقطار الوطن العربي، فأقطار تمتلك رصيداً جيداً، في حين أن أقطار أخرى تعاني من ندرة في مواردها المائية.

إن جمهورية مصر العربية تتصدر قائمة أقطار الوطن العربي من حيث الموارد المائية المتاحة فيصل الوارد السنوي الى (73.4) مليار متر مكعب سنوياً تليها جمهورية العراق حيث يبلغ الايراد المائي السنوي المتاح (69.7) مليار متر مكعب في حين يبلغ الايراد السنوي لدولة قطر (0.032) مليار متر مكعب سنوياً[9].

الموارد المائية غير التقليدية :

ويقصد بها مياه الصرف الزراعي والصحي والصناعي وتحلية المياه المالحة وتستخدم مياه الصرف الصحي في عديد من البلدان العربية وما زالت استعمالات هذا النوع من المياه قاصرة على ري بعض الزراعات كالاشجار المثمرة أما بالنسبة لاعادة استخدام مياه الصرف الصحي الزراعي فتأتي مصرــ على رأس قائمة الدول المستخدمة لهذا النوع من المياه حيث تستخدم أسلوب الري السطحي، أما جملة المياه المحلاة المستخدمة في العالم العربي فهي حوالي 2 مليار متر مكعب سنوياً (حسب احصاء 1996) وما زالت استخدامات هذه المياه موجهة أساساً الى احتياجات الشرب والصناعة.

ويوضح الجدول -5- أن نقص المياه في الوطن العربي له أهمية كبرى وخاصة في المناطق التي تتزايد سكانياً وتنمو حضارياً ويمكن القول بأن دراسة المياه تعد أساساً لمعالجة مشكلات الوطن العربي كنمو سكان الحضر المطرد وما يرافقه من تطور صناعي، وتركز سكاني كثيف، كما أن دراسة الموارد المائية للاقليم الجغرافي العربي تعد الوسيلة المثلى في تحديد موارد الامن الغذائي العربي. لذا أصبح الحديث عن الامن المائي العربي يتصدر أولويات مصالح المنطقة العربية وبدونها لا يمكن تحقيق أمنها الغذائي وبالتالي أمنها القومي، وتبرز أهمية الامن المائي العربي خلال القرن الحالي من الزمن نظراً للصلة الوثيقة بين الامن المائي العربي والامن الغذائي العربي، وبخاصة إذا ما علمنا أن الغذاء غدا سلاحاً فعالاً يستخدم في العلاقات الدولية ويترك أثره في السياسة الداخلية والخارجية للدول وبخاصة الدول العربية. لذا فقد تم بيان الامكانات المائية العربية المتاحة ومن ثم الاحتياجات المائية الحالية للاقليم الجغرافي العربي.

جدول -5-

الموارد المائية التقليدية المتاحة ونصيب الفرد منها في الوطن العربي

القطر	الموارد المائية التقليدية المتاحة (مليون متر مكعب في السنة)			عدد السكان (ألف نسمة)		نصيب الفرد من الموارد المائية المتجددة (متر مكعب)	
	سطحية	جوفية	مجموع	1993	2025	1993	2025
الامارات	130	120	250	1710	2800	146	89
البحرين	000	90	90	540	1000	167	90
الجزائر	12400	6660	19060	27080	51800	704	368
السعودية	3210	2340	5550	17505	40400	317	137
العراق	71000	2000	73000	19920	46300	3665	1577
عمان	1430	960	2390	1700	4700	1406	509
قطر	000	60	60	599	700	107	86
الكويت	000	160	160	1433	2800	112	57
ليبيا	220	4320	4540	5040	12900	901	352
الاردن	700	280	980	4152	10800	236	91
تونس	2630	1730	4630	8570	13400	509	325
جيبوتي	200	000	200	490	1200	408	167
السودان	20440	1300	21850	27420	60600	797	361
سورية	16200	5600	21800	13400	35300	1627	617
الصومال	8160	3300	11460	9480	23400	1209	490
فلسطين	4000	130	4130	1628	-	-	-
لبنان	4800	3000	7800	2900	4500	2690	1733
مصر	55500	3420	58920	56430	93500	1044	630
المغرب	20300	10000	30300	26069	47500	1162	638
موريتانيا	5800	1500	7300	2240	5000	3259	1460
اليمن	3500	1400	4100	13200	43200	371	143
المجموع	230730	48730	279100	241466	492800	1156	566

المصدر : جامعة الدول العربية، الامانة العامة (وآخرون)، التقرير الاقتصادي العربي الموحد، أعداد متفرقة. والمركز العربي لدراسات المناطق الجافة والاراضي القاحلة، مجلة الزراعة والمياه بالمناطق الجافة في الوطن العربي، أعداد متفرقة.

الخصائص الاساسية للموارد المائية العربية :

- وجود تباين مكاني بين أقطار الوطن العربي من حيث حجم الموارد المائية المتاحة للاستثمار بين أقطار فيها وفرة مائية وأقطار تعاني عجزاً مائياً.

- وجود تباين زمني للتصاريف المائية والاحتياجات المائية فأنهار الوطن العربي تتصف بخاصة انفعالية لا تتطابق مع مواسم الاحتياجات المائية.

- إن الجزء الاكبر من الموارد المائية العربية السطحية تأتي من خارج الوطن العربي (منابع أنهار النيل – دجلة – الفرات) فحوالي 46.5% من الموارد المائية السطحية لكل من مصر ـ والسودان تأتي من خارج حدود الوطن العربي.

- تباين السياسات المائية لأقطار الوطن العربي بين سياسات مائية تدعم الامن المائي العربي وبين سياسات مائية تهتم بشكل مباشر أو غير مباشر في فتح ثغرة في سياج الامن المائي العربي ومن ثم الامن القومي العربي.

- غياب مفهوم التكامل المائي العربي بوصفه أحد الدعائم الاساسية لتحقيق الامن الغذائي والامن المائي العربي[10].

الامن المائي العربي والتنمية المستدامة:

وتبرز أهمية الامن المائي العربي خلال القرن الحالي من الزمن نظراً للصلة الوثيقة بين الامن المائي العربي والامن الغذائي العربي وبخاصة إذا ما علمنا أن الغذاء غدا سلاحاً فعالاً يستخدم في العلاقات الدولية ويترك أثره في السياسة الداخلية والخارجية للدول، وبخاصة الدول العربية. ومن أجل حماية الامن الغذائي العربي وعدم فسح المجال لحالة الاختراق المعادي فلا بد من حماية المصالح المائية العربية وتحقيق التنمية المطلوبة للموارد المائية العربية وبالتالي تحقيق الامن الغذائي العربي والتي تشكل السياج الواقي للامن الاقتصادي القومي.

وعليه تدرس مشاكل عديدة للمياه في الوطن العربي من قبل المنظمة العربية للتنمية الزراعية مثل تسعيرة المياه المتبعة لأغراض الاستهلاك الآدمي، والزراعة هل هي جزئية أم كاملة أم لا توجد أساساً، النظرة الى سياسة المياه المستقبلية في القطر المعني من ناحية تحقيق أعلى معدلات الامن الغذائي، أعلى معدلات التنمية الاقتصادية، مشكلة ندرة المياه، ارتفاع الملوحة، انخفاض معدلات سقوط الامطار، الاسراف في استخدام المياه المتاحة، عدم السيطرة على الموارد المائية المحلية كما هو الحال في فلسطين حيث تسيطر اسرائيل على المياه، وفي العراق حيث تسيطر تركيا على منابع دجلة والفرات، تحلية المياه، استخدام مياه الصرف الصحي، ملوحة الاراضي وانجراف التربة، مياه الآبار والينابيع، تقنين استخدام المياه باستخدام أساليب الري الحديثة بالري بالرش والتنقيط ... الخ[11].

ولهذا لا يمكن فصل الامن المائي العربي عن الامن القومي العربي. إن الاهتمام المتزايد في الوقت الحاضر بدراسة الامن القومي العربي قاد الى اكتشاف جوانب جديدة فيه غير الجانب العسكري والسياسي والاجتماعي والاقتصادي ومنها الجانب المتصل بالامن المائي العربي، فهو بحق حالياً مثار اهتمام الباحثين في الشؤون الاستراتيجية، فالامن المائي يطرح نفسه كمشكلة اقتصادية يتطلب حلولاً والامن المائي العربي يطرح نفسه كمشكلة عسكرية تتطلب جواباً سياسياً وعسكرياً[12].

وبناءاً على ما تقدم يمكن القول بأن الامن المائي العربي من الاهداف القومية الملحة نظراً لأهمية الموضوع وعلاقة ذلك بالامن الغذائي العربي ويمكن تحقيق ذلك من خلال اجراء مسح شامل للموارد المائية في الوطن العربي بغية توضيح صورتها الحالية المتاحة، ويتم ذلك من خلال تجميع المعلومات والاحصاءات للموارد المائية السطحية والجوفية على النطاق القطري والقومي، من أجل وضع سياسة مائية صحيحة تعتمد على التخطيط المبرمج للاحتياجات المائية المستقبلية وفقاً للمفاجآت المائية الطائشة غير المحسوبة والتي تنسحب على أمننا الغذائي وقوتنا الاقتصادية[13].

وقد أثبتت الدراسات امكانية توفير جزء كبير من المياه المتجددة في الزراعة أو في الصناعة أو الشرب عن طريق ترشيد استخداماتها بطريقة علمية ووضع هياكل

مناسبة لتعريفة المياه وعن طريق منع التسرب والهدر واستعمال أساليب الري الحديثة (ري بالرذاذ، ري بالتنقيط)، وعن طريق صيانة شبكات الري ومنشآته ودراسة امكانية استغلال مياه الصرف الزراعي والصرف الصحي والاستفادة من المياه الجوفية التي تتسرب الى البحر واستخدام هذا الفائض في تنمية مناطق زراعية جديدة.

ولرفع كفاءة استخدام مياه الري، يجب التنسيق بين الدول المشتركة في الموارد المائية ووضع سياسة محددة لتوزيع المياه وخاصة مياه الانهار، كما يجب وضع تشريعات مائية عربية ودولية للحفاظ على الحقوق المائية العربية، فضلاً عن دراسة احتياجات القطاع الزراعي من المياه المتاحة وتحديد المقنن المائي للمحاصيل لتقليل الهدر والاهتمام باقامة شبكات للصرف الزراعي للحد من ضرر تملح التربة والذي يسبب خروج مساحات كبيرة من الزراعة سنوياً في كل من العراق وسوريا.

إن ترشيد استخدام المياه وتطبيق الطرق الحديثة في الري وحسن ادارة المياه وتقليل الهدر والفاقد سيؤمن كميات إضافية من المياه تسمح باضافة حوالي 20% من الاراضي المروية، وبمعدل 2% في كل سنة.

إن عملية ترشيد المياه بمفهومها التكاملي هي الملاذ الرئيسي في توفير موارد مائية إضافية تغطي جزءاً من الطلب على مدى عقود محدودة، فإذا كانت الزراعة تستهلك أكثر من 90% من اجمالي المياه المستخدمة وأن ما يقارب من 76% من اجمالي المساحة المروية في العالم العربي تسقى بالري السطحي بكفاءة لا تزيد عن 40%، تتبين أهمية ترشيد استخدامات المياه في الزراعة باستخدام التقنيات المتقدمة التي يجب أن تتراوح الكفاءة الهندسية لاستخدام المياه بين (80% - 90%) اضافة الى الزيادة الكبيرة في المردودات التي قد تتراوح بين (100% - 200%) في حالة استخدام المدخلات الاخرى بشكل صحيح مما يمكن الدول العربية من بلوغ أعلى مردود تحقيقاً للامن الغذائي، وقد حققت بعض الدول العربية نجاحاً كبيراً في هذا المجال وخاصة في دول الخليج والاردن[14].

والجدول -6- يوضح الاحتياجات المستقبلية للموارد المائية المتاحة على مستوى أقطار الوطن العربي.

جدول -6-

الاحتياجات المائية المستقبلية مليار متر مكعب / سنة

القطر	الاستخدامات الحالية				الاستخدامات المستقبلية			
	مدنية	صناعة	زراعة	مجموع	مدنية	صناعة	زراعة	مجموع
مصر	8	5	49.32	55.1	6.86	3.9	61.5	72.26
العراق	0.58	2.24	39.5	42.32	1.52	7.13	52.1	60.57
سوريا	0.4	1.04	6.9	8.7	1.5	5.2	18	24.7
السودان	0.765	0.240	15.83	16.84	1.15	0.50	24.1	28.16
السعودية	0.82	0.15	1.7	2.68	1.82	1.05	3.24	6.11
الصومال	-	-	-	-	-	-	-	-
المغرب	0.3	0.2	7.5	8	-	3.2	30	33.2
الجزائر	3	-	5.8	8,8	-	-	-	-
لبنان	0.04	0.15	0.65	0.84	0.37	0.45	1.5	2.32
موريتانيا	0.001	0.003	0.716	0.732	-	-	-	-
تونس	0.30	0.48	0.78	-	-	-	-	-
ليبيا	2.27	-	1.51	-	-	-	-	-
اليمن	0.027	0.009	1.730	1.766	0.748	0.925	2.48	5.199
فلسطين	-	-	-	-	-	-	-	-
عمان	0.078	0.033	0.420	0.540	0.189	0.266	0.42	0.876
الامارات	0.081	0.013	0.207	0.301	0.32	0.01	0.40	0.729
البحرين	0.013	0.166	0.2	0.075	0.015	0.126	0.21	-
الكويت	0.75	0.008	0.130	0.888	0.057	0.05	1.15	1.275
قطر	0.004	0.002	0.043	0.043	0.003	0.003	0.05	0.068

المصدر :

- الصندوق العربي للانماء الاقتصادي والاجتماعي، جامعة الدول العربية، التقرير الاقتصادي العربي الموحد.
- المنظمة العربية للتنمية الزراعية، الكتاب السنوي، الخرطوم، السودان.

البدائل المائية المختلفة :

أشارت دراسة تضمنها التقرير الاقتصادي العربي لعام 1997 الى أزمة المياه في الوطن العربي[15].
وتوقعت الدراسة أن تتفاقم هذه الازمة مع مرور الزمن في محاولة تأمين الغذاء وأن هناك بعض
التغييرات المحتملة فيما يخص تنمية الموارد المائية والسياسات الحالية خلال العقود المقبلة من عام
2000 وحتى عام 2025. وهناك مجموعة بدائل يمكن الاعتماد عليها :

البديل الاول : الاعتماد على الموارد المائية الحالية والتي ستبقى على نفس المستوى البالغ 175
مليار متر مكعب حتى عام 2025 مع مواصلة السياسات المائية الراهنة حيث من المتوقع تصاعد كمية
العجز المائي الذي سوف يقفز من 102 مليار متر مكعب عام 2000 الى 313 مليار متر مكعب عام
2025 فيما تتراجع نسبة الاكتفاء الذاتي من الغذاء الذي سينخفض خلال الفترة ذاتها من 65% الى
30%.

البديل الثاني : الاعتماد على حالة تنمية الموارد المائية الى أقصى ـ ما هو متاح عام 2025 مع
المحافظة على السياسات المائية الحالية حيث من المنتظر انخفاض العجز المائي مقارنة بنتائج البديل
الاول الى 92 مليار متر مكعب عام 2000 والى 227 مليار عام 2025 كما سيحدث تحسن على صعيد
نسبة تأمين الغذاء التي ستنخفض بدرجة أقل من 65% الى 49% خلال الفترة نفسها.

البديل الثالث : الاعتماد على حالة تنمية الموارد المائية الى اقصى ما هو متاح بالاضافة الى تحسين
كفاءة الاستخدامات من 50% الى 70% وتشير التوقعات الى أن العجز المائي سيكون في حدود 82 مليار
متر مكعب عام 2025 ليحدث تحسن كبير في انخفاض العجز المائي بمقدار 113 مليار متر مكعب مقارنة
مع نتائج البديل الثاني في نفس الوقت الذي ترتفع فيه نسبة تأمين الغذاء من 65% عام 2000 الى 82%
عام 2025.

جدول -7-

مستقبل معالجة أزمة المياه في الوطن العربي

	عام 2010	عام 2025
الحل الاول :		
الطلب على المياه	363	510
العجز المائي المتوقع	172	313
نسبة تأمين الغذاء	%47	%30
الحل الثاني :		
الطلب على المياه	363	510
العجز المائي المتوقع	135	227
نسبة تأمين الغذاء	%58	%49
الحل الثالث :		
الطلب على المياه	242	340
العجز المائي المتوقع	31	82
نسبة تأمين الغذاء	%90	%82

المصدر :

التقرير الاقتصادي العربي الموحد، جامعة الدول العربية.

ووضعت الدراسة بعض التوصيات والتي تحسن من الموقف المائي لدول الوطن العربي وأهمها :

1. ايجاد حلول لقضايا المياه العربية المشتركة مع دول الجوار بالتوصل الى اتفاقات دولية لاقتسام هذه الموارد بشكل رسمي ومرضي لجميع الاطراف المعنية.
2. وضع استراتيجيات واقعية لاستثمار المخزون المائي الجوفي في مشروعات عربية مشتركة.
3. تنمية صناعات تحلية المياه في الدول العربية مع الاستفادة من التجربة الفريدة لدول الخليج العربي في رفع كفاءتها وخفض تكاليفها.

4. أهمية المحافظة على المياه الجوفية واعتبار المياه الجوفية الغير متجددة مخزوناً استراتيجياً يجب استغلاله بحذر، مراعاة لحق الاجيال المقبلة.

5. ضرورة تطوير استعمال مياه الصرف الصحي المعالجة في الزراعة حيث تعادل نصف المياه المستخدمة في الشرب وأن المياه والبيئة والصرف الصحي قضايا لا يمكن تجزئتها لضمان استدامة الموارد المائية.

ويوضح جدول -8- التباين المكاني للمياه الداخلية المتجددة سنوياً، مما يؤكد وجود تحديات أساسية تواجه الامن الغذائي العالمي والعربي ألا وهي محدودية الموارد المائية وتباينها.

جدول -8-

التباين المكاني للمياه الداخلية المتجددة سنوياً

النسبة المئوية للسكان الذين يعيشون في بلدان ذات موارد مائية شحيحة		الموارد المائية التقليدية المتجددة سنوياً		الاقليم
2000-1000 م3 للفرد سنوياً	أقل من 1000 م3 للفرد سنوياً	حصة الفرد 1000 م3	الاجمالي 1000 كم3	
16	8	7.1	3.8	أفريقيا جنوب الصحراء
6	1	5.3	9.3	شرق آسيا والمحيط الهادي
صفر	صفر	4.2	4.9	جنوب آسيا
19	3	11.4	4.7	أوربا الشرقية والاتحاد السوفيتي
15	6	4.6	2.0	بلدان أوربا الاخرى
18	53	1.0	0.3	الشرق الاوسط وشمال أفريقيا
4	1	32.9	10.6	أمريكا اللاتينية والكاريبي
صفر	صفر	19.4	5.4	كندا والولايات المتحدة
8	4	7,7	40.9	العالم

المصدر :

- البنك الدولي، تقرير عن التنمية في العالم : التنمية والبيئة، ترجمة مركز الاهرام للترجمة والنشر، مؤسسة الاهرام، القاهرة، 1992، ص67.

- د. عدنان البياتي، دول الجوار العربي والاطماع الجيوبولوتيكية في المياه العربية، شؤون عربية، 90، حزيران، القاهرة، 1997، ص97.

لذا يعد الماء من أهم ضوابط الإنتاج الزراعي وخاصة في مناطق الوطن العربي الجافة وشبه الجافة، إذ أنه العنصر ـ الرئيس الذي يحدد امكانية الارض الانتاجية فضلاً عن العوامل الطبيعية والبشرية الاخرى التي تأتي بدرجات لاحقة.

عند تحليل خارطة انتاجية الارض الزراعية في الوطن العربي يتضح تركز القسم الاكبر من المساحات المزروعة في الوطن العربي في المناطق التي تتوفر فيها موارد مائية سطحية كالحال في نهر النيل ودجلة والفرات واليرموك والحصباني وسبو وملوية حيث أن سبب هذا التركز الزراعي يرجع بالاساس الى توزيع الماء المكاني والزماني[16]. إن متطلبات الوطن العربي المائي متصاعدة وخاصة في النشاط الزراعي ومن أجل تحقيق الامن الغذائي العربي فقد دأبت الاقطار العربية ومنذ أواسط القرن العشرين بتنفيذ سياسة مائية رشيدة واعادة النظر في برامج أنظمتها المائية بغية مواجهة الصعوبات الناجمة عن قلة المياه سواء أكان بسبب الظروف الطبيعية أم البشرية وتنعكس هذه السياسة في تشييد العديد من السدود والخزانات على الانهار مثل السد العالي و (سد الموصل) وعشرات السدود الصغيرة، كما أقدمت بعض الاقطار العربية والتي تعاني نقصاً في مواردها المائية السطحية الى محاولة استغلال مياهها الجوفية واتجه البعض الآخر الى استغلال مياه البحار والمحيطات لتغطية الحاجات المائية الضرورية وأنفقت أموالاً طائلة لبناء محطات لتحلية مياه البحر المالحة بغية سد احتياجات السكان وخاصة مياه الشرب وصولاً الى استخدامات مائية محدودة في الزراعة والصناعة كالحال في دول الخليج العربي حيث اتجهت هذه الدول الى تلبية احتياجاتها المائية نحو تحلية مياه البحر ومياه الصرف الصحي وبنسبة 7.2% و 1.8% من اجمالي الاحتياجات المائية[17] تعتمد بعض أقطار الوطن العربي في نشاطاتها الزراعية على مياه الامطار نظراً لقلة مياهها السطحية المتاحة أو عدم ملاءمة ظروفها الطبوغرافية، لذا يتصف الإنتاج الزراعي في مثل هذه الاقطار بالتأرجح بين سنة وأخرى. وتحاول أغلب أقطار الوطن العربي في زيادة رقعة الاراضي الزراعية المروية إذ من المحتمل أن ترتفع النسبة من 20% الى 25% من جملة مساحة الوطن العربي الزراعية، فضلاً عن استخدامات المياه في نشاطات الانسان الاخرى المختلفة كالنشاط الصناعي أو استخدامات المياه

للنقل والسياحة[18].

وعند اجراء مقارنة بين استخدامات المياه في الوقت الحاضر والتوقع المستقبلي يتضح لنا من الجدول -9- التباين في استخدامات المياه للنشاطات المختلفة في الوقت الحاضر والمستقبل.

جدول -9-

التوقع الحالي والمستقبلي للمياه في الوطن العربي

الوقت الحاضر		التوقع المستقبلي 2030	
النشاط	النسبة	النشاط	النسبة
الزراعة	%83	الزراعة	%83.3
الصناعة	%11.5	الصناعة	%7.8
استعمالات مدنية	%5,5	استعمالات مدنية	%9,9

المصدر :

- الامانة العامة لجامعة الدول العربية، التقرير الاقتصادي العربي الموحد.
- المنظمة العربية للتنمية الزراعية، الخرطوم، السودان.

يتضح من الجدول ارتفاع نسبة الاستهلاك المدني المستقبلي بنسبة 4,4% نتيجة زيادة عدد سكان الوطن العربي فضلاً عن النمو الحضري والتطور الصحي والمستقبلي.

توصيات الفصل الثاني :

خرجت الدراسة بالتوصيات التالية:

1. اتباع الاساليب الحديثة في ادارة واستغلال الموارد المائية للاستخدامات الزراعية بحيث تراعي هذه الاساليب الابعاد الاقتصادية والاجتماعية والتنظيمية وتبني الوسائل الناجحة في تقليل التبخر من المسطحات المائية وتقليل الفاقد من النبات وتقليل تسرب المياه من خلال التربة.

2. اتباع نظام ارشادي قوي لتغيير المفاهيم التقليدية حول الري بالغمر وأهمية التحول الى نظام الري بالتنقيط وتأصيل مفهوم الارشاد المائي بجانب الارشاد الزراعي وتطوير أجهزة الارشاد العربية.

3. ترشيد استخدام المياه الجوفية ومحاولة تغذيتها بشكل مستمر طبيعياً أو صناعياً والحد من تدهور تلك المياه ومنع زيادة تركيز أملاحها.

4. التنسيق بين الدول العربية التي تجمع بينها أحواض مائية مشتركة بحيث تستطيع أي من هذه الدول مواجهة متطلبات التنمية الاقتصادية والاجتماعية دون الحاق ضرر بهذه الاحواض وكذلك استغلالها بما يتمشى مع حجم الموارد المائية المتاحة بها.

5. تنمية الموارد المائية البديلة والقيام بدراسات جدوى فنية واقتصادية لاستغلالها كما هو الحال في استخدام مياه الصرف الزراعي والصحي، كما يجب تشجيع مراكز البحوث المختصة باعطاء اهتمام خاص لتلك الموارد البديلة وتبادل نتائج البحوث بينها والتوسع في اتجاه القيام ببحوث مشتركة متكاملة.

6. توجيه البرامج البحثية الوطنية والقومية للتركيز على بحوث الاحتياجات المائية وبرامج وميزانيات الري للمحاصيل الهامة المختلفة وكذلك بحوث

استخدام الطاقة الجديدة والمتجددة في ضخ وتحلية المياه واستنباط الاصناف الجديدة ذات الاحتياجات المائية المحدودة واستخدام الري التكميلي وكذلك طرق حصر المياه وتوجيهها للمسارات المطلوبة.

7. تدريب الكوادر البشرية لرفع كفاءتها خاصة العاملين في مجال الزراعة من أجل ترشيد استخدام المياه وتقليل الهدر منها وكذلك تنمية الموارد المائية والارضية.

8. توفير المعدات والاجهزة اللازمة المستخدمة في نظام الري والصرف الحديثة واقامة المشروعات المشتركة لانتاجها باستخدام أحدث التقنيات مع مراعاة عامل التكلفة المعقولة في نفس الوقت.

9. حماية الموارد المائية من التلوث وتحديد مصادر التلوث سواء للمياه السطحية أو الجوفية ووضع مواصفات قياسية يمكن اتباعها لتحديد الكمية لمستوى التلوث وكذلك مواصفات نوعية كما يجب دراسة الآثار المترتبة على استخدام المياه المعالجة في الزراعة بحيث لا تؤثر على جودة الارض الزراعية أو المحاصيل الناتجة منها واعداد الخرائط والرسوم التخطيطية لبيان المصادر المحتملة لتلوث المياه الجوفية.

10. بناء قاعدة معلومات أو تطوير الموجود منها فعلياً من الموارد المائية على أن تبدأ بمستوى قوي تمتد لتشمل البلدان العربية وتكون هذه القاعدة مرتبطة بالاجهزة الزراعية حتى يتم التنسيق بينها بحيث تؤدي في النهاية الى رفع مستوى الانتاجية.

هوامش ومصادر الفصل الثاني:

1- د. صبحي قاسم، الامن الغذائي في الوطن العربي، حاضره ومستقبله، مؤسسة شومان، الاردن، 1993.

2- ينتقد نظام تسعيرة المياه الثابتة لأنها لا تشجع على الاقتصاد في استخدام الماء ولكنها الوسيلة المفضلة لدى كثير من الدول لسهولة ادارتها، إذ أن نظم التسعيرة الاخرى تتطلب أجهزة قياس لاستخدام الماء وجهاز اداري كبير لمراقبتها والاشراف على صيانتها. وهناك عدة بدائل لنظم تسعيرة المياه ولكل محاسنها وعيوبها، ومثال ذلك التسعيرة المبنية على مبدأ تغطية متوسط التكلفة الكلية لشبكة الري المستخدمة، والمبدأ الآخر الذي يمكن أن يستخدم في التسعيرة هو مبدأ التكلفة الحدية والبعض يفضل تأسيس التسعيرة على المبدأ المعروف في الآلية العامة بمبدأ المقدرة على الدفع.

3-   FAO: The State of Food and Agriculture, 1993.

4- أنظر المصادر التالية :

– محمد أزهر السماك، الوزن الجيوبولوتيكي للانماط الرئيسية للتركيب السكاني في الوطن العربي، المستقبل العربي، 1984، ص ص94-95.

– عبد العزيز حسين الصويخ، الامن القومي العربي رؤية مستقبلية، القاهرة، 1991، ص ص13-16.

5- د. كاظم موسى محمد الطائي، تركيا والامن المائي العربي، رؤية مستقبلية في العلاقات العربية التركية في مواجهة القرن الحادي والعشرين، الموصل، العراق، 2000، ص447.

6- صبحي القاسم، مصدر سابق

7- وقد وجد في ولاية أريزونا أن استعمال مثل هذا الشمع في صهريج صغير ما زال بحالة جيدة بعد أربع سنوات وكانت كفاءة تقليل التبخر أكثر من 85% حتى لو حدثت شقوق وكسور في هذه الطبقة المتكونة أثناء الجو البارد فإن حرارة الشمس تعيد لحامها من جديد.

8- عدنان هزاع البياتي، أزمة المياه في الوطن العربي، مجلة المستقبل العربي، العدد 120، 1996، ص71.

9- المنظمة العربية للتنمية الزراعية، جامعة الدول العربية، دراسات انشاء الهيئة العربية للمياه، الخرطوم، 1992، ص ص9-25.

10- العلاقات العربية التركية في مواجهة القرن الحادي والعشرين، نخبة من الباحثين، مركز الدراسات التركية، جامعة الموصل، العراق، 2000، ص451.

11- د. رواء زكي يونس، الامن الغذائي العربي وترشيد استخدام المياه، مؤتمر المجمع العلمي العراقي 13-2000/11/16، ص7.

12- للمزيد أنظر : د. عدنان هزاع البياتي، أثر المياه في الوطن العربي، مجلة المستقبل العربي، العدد 120، 1996.

13- للمزيد أنظر : سعدي السعدي، التوجهات التنموية والتخطيطية الاساسية للثروة المائية في العراق والبلاد العربية، الندوة العلمية في جامعة الموصل، الآفاق المستقبلية لسد صدام، 1986.

14- د. رواء زكي يونس، الامن الغذائي العربي وترشيد استخدام المياه، مؤتمر المجمع العلمي العراقي، بغداد، 2000.

15- الامانة العامة لجامعة الدول العربية، التقرير الاقتصادي العربي الموحد، 1997.

16- حيث نجد كثرة مائية مفرطة في بعض الجهات يقابلها نقص مائي في جهات أخرى مـن الـوطن العربي، وتنسحب الحالة ذاتها بتوزيعها الزماني فتكثر المياه في بعض فصـول السـنة وتنعـدم أو تنخفض كميتها بدرجة كبيرة في فصول أخرى ولمدد تتفاوت بيـن 3-11 شهراً.

17- للمزيد أنظر المصدر التالي :

– مؤتمر المياه الرابع لدول الخليج العربي، الدوحة، قطر، 1999.

18- د. كاظم الطائي، استراتيجية الامن المائي العربي، مصدر سابق، ص68.

الفصل الثالث

التنمية المستدامة والامن الاقتصادي العربي

مقدمة الفصل الثالث:

كثر استخدام مفهوم التنمية المستدامة في الوقت الحاضر، ويعتبر أول من أشار إليه بشكل رسمي هو تقرير مستقبلنا المشترك الصادر عن اللجنة العالمية للتنمية والبيئة عام 1987. تشكلت هذه اللجنة بقرار من الجمعية العامة للأمم المتحدة في كانون الأول عام 1983 برئاسة "برونتلاند" رئيسة وزراء النرويج وعضوية [22] شخصية من النخب السياسية والاقتصادية الحاكمة في العالم، وذلك بهدف مواصلة النمو الاقتصادي العالمي دون الحاجة إلى إجراء تغيرات جذرية في بنية النظام الاقتصادي العالمي.

وتم بموجب هذا التقرير دمج الاحتياجات الاقتصادية والاجتماعية والبيئية في تعريف واحد. وعرفت اللجنة التنمية المستدامة بالتنمية التي تأخذ بعين الاعتبار حاجات المجتمع الراهنة بدون المساس بحقوق الأجيال القادمة في الوفاء باحتياجاتهم.

وهنالك صنفين من التعاريف:

الصنف الأول: تمثل تعاريف مختصرة سميت بالتعاريف الأحادية للتنمية المستدامة، وهذه التعاريف اقرب للشعارات وتفتقد للعمق العلمي والتحليلي ومنها:

- التنمية المستدامة هي التنمية المتجددة والقابلة للاستمرار.

- التنمية المستدامة هي التنمية التي تتعارض مع البيئة.

- التنمية المستدامة هي التي تضع نهاية لعقلية لا نهائية الموارد الطبيعية.

أما الصنف الثاني: تمثل تعاريف أكثر شمولا ومنها:

- هي التنمية التي تفي باحتياجات الحاضر دون الأضرار بقدرة أجيال المستقبل على الوفاء باحتياجاتها الخاصة، وهي تفترض حفظ الأصول الطبيعية لأغراض النمو والتنمية في المستقبل.

- هي تنمية اقتصادية واجتماعية متوازنة ومتناغمة، تعني بتحسين نوعية الحياة، مع حماية النظام الحيوي.

- هي التنمية التي تقوم أساسا على وضع حوافز تقلل من التلوث وتقلل من حجم النفايات والمخلفات وتقلل من حجم الاستهلاك الراهن للطاقة وتضع ضرائب تحـد مـن الإسراف في استهلاك الماء والموارد الحيوية. وحصر تقرير الموارد العالمية الذي نشرـ عـام 1992 المختص بدراسة موضوع التنمية المستدامة ما يقارب [20] تعريف للتنمية المسـتدامة، وتـم تصـنيف كما يلي:

1- التعريفات ذات الطابع الاقتصادي:

تمثل التنمية المستدامة لدول الشمال الصناعية، إجراء خفض عميق ومتواصل في استهلاك الطاقـة والموارد الطبيعية، وإحداث تحولات جذرية في الأنماط الحياتية السائدة في الاستهلاك والإنتاج، وامتناعها عن تصدير نموذجها الصناعي للعالم.

2- التعريفات ذات الطابع الاجتماعي والإنساني:

التنمية المستدامة تعني السعي من اجل استقرار النمو السكاني ووقف تدفق الأفراد عـلى المـدن من خلال تطوير مستويات الخدمات الصحية والتعليمية في الأرياف وتحقيـق اكـبر قـدر مـن المشـاركة الشعبية في التخطيط للتنمية.

وأكد تقرير "برونتلاند" على الارتباط الوثيق بين التنمية الاقتصادية والاجتماعية مع الحفـاظ عـلى البيئة، وأشار التقرير إلى عدم إمكانية تطبيق إسـتراتيجية للتنميـة المسـتدامة دون ملاحظـة متطلبـات التنمية للجوانب الثلاث " الاقتصادية والاجتماعية والبيئة ".

اهمية الفصل الثالث:

ليس بإمكان القوى الديمقراطية العربية تخطي واقع ووجود الطبقة المتوسطة بالرغم مـن تقلبهـا و عدم ثباتها، و ذلك لاعتبارين، أولهما، أن أوضاع هذه الطبقـة عمومـاً، و الشرائح المتوسطة و الـدنيا فيها خصوصاً، تواجه الآن في الدول العربية غير النفطية بالذات، حالة مـن التـدهور الكبير الـذي أودى بأوضاعها الاجتماعية

والاقتصادية إلى الحضيض بسبب انخفاض مستويات دخولها ومستويات معيشتها انخفاضاً كبيراً، والانتشار الواسع للبطالة في صفوفها، الذي أدى إلى هبوط أعداد كبيرة منها الى عداد الطبقة العاملة أو الشرائح الفقيرة عموماً، و ذلك على أثر تطبيق السياسات الليبرالية الجديدة و الخصخصة و بيع القطاع العام و إلغاء الدعم، و ثانيهما، يتمثل في الضرورة الموضوعية التي تفرض على كافة قوى اليسار الديمقراطي العربي، أن يجدد قواه، ويستعيد دوره الطليعي على الصعيد الاجتماعي و السياسي الداخلي، في ظل هذه الظروف المتردية التي تعيشها اغلب الجماهيراليوم، و التي استطاعت الحركات الدينية السياسية، عبرها، أن تتفاعل معها بما أدى الى اتساع أطرها، وضخامة تأثيرها السياسي ودورها رغم عدم وضوح برامجها الاقتصادية والاجتماعية من جهة، وعدم تناقض هذه البرامج مع جوهر الليبرالية الرأسمالية وأنظمتها من جهة أخرى.

إن وجوب تفاعل قوى اليسار الديمقراطي مع الشرائح المتنوعة للبورجوازية الصغيرة، يفرضه حجمها ووجودها الكمي الذي تزيد نسبته عن 50% من مجموع السكان في بلداننا من ناحية، كما يفرضه شكل وطبيعة الصراع الطبقي وضعف تبلور الوعي به من ناحية ثانية، خاصة في أوساط العمال الذين لم يتبلوروا بعد كطبقة بذاتها، تعبر عن وجود متبلور ومحدد المعالم أو حالة موضوعية، فالعمال ما زالوا يشكلون طبقة لذاتها تمكنهم من التعبير عن وجودهم الذاتي، وليس الطبقي العام، إن الفرق هنا هو فرق بين الموضوعي والذاتي، وبكلام آخر، إنه الفرق بين الوعي الطبقي، أي الإحساس بالظلم ومقاومته، والوعي الزائف الذي لا يدل ويكشف عن حقائق الواقع، ويلجأ الى الأسباب الشكلية أو التراثية أو القدرية أو الاقتصادية على أحسن تقدير.

وهنا تكمن الحاجة الماسة، أو الحتمية في ضرورة إعادة تجديد واستنهاض دور القوى اليسارية الديمقراطية العربية، التي تملك وضوحا في الرؤية الأيديولوجية، ووضوحا في البرنامج الاجتماعي الاقتصادي، ووضوحا في الموقف القومي والسياسي

العام، بما يحول دون تأثير المظاهر والصفات الضارة، من تذبذب وتردد ونزوع نحو التكتل والشللية من جهة، ويضمن لهذه القوى وأطرها قيادة ملتزمة بقضايا الجماهير الشعبية الفقيرة وإخراجها من هذه الأزمة الاجتماعية التي تكاد تعصف بوجودها ومستقبلها.المسألة الأخيرة التي نتناولها في سياق الحديث عن الأزمة الاجتماعية في الأوضاع العربية الراهنة، تتعلق بمفهوم (المجتمع المدني) -موضوع هذه الدراسة- الذي انتشر في بلادنا خلال العقدين الأخيرين من القرن العشرين.

مشكلة الفصل الثالث:

ان الازدواجية أو المفارقة الغريبة، التي تمارسها دول النظام الرأسمالي الغربي، فهي من جهة تساند و تدعم كافة الأنظمة و المؤسسات الاستبدادية المتخلفة في بلادنا بصورة منهجية واضحة، و تقوم عبر هذا الزيف الليبرالي بدعم المنظمات غير الحكومية دفاعاً عن الديمقراطية و حقوق الإنسان من جهة أخرى وما هي طبيعة وأهداف المجتمع المدني الذين يروجون له، إنها الديمقراطية المغربة، النخبوية، الفوقية، والمعزولة عن الجماهير، ما يؤكد على ذلك أن جميع المنظمات الغير حكومية في البلدان العربية لم يستطع أي منها الاعتماد في تمويل مشاريعه على المجتمع المحلي و لو بنسبة 20% فقط بسبب اعتماد هذه المنظمات على الآخر الأجنبي من جهة، و فشلها في إقامة أي شكل من أشكال العلاقة الواسعة و الثابتة مع الجماهير أو المجتمع المحلي من جهة ثانية، رغم أن عدد هذه المنظمات يزيد -كما أشرنا من قبل عن 75 ألف منظمة تنتشر في بلدان الوطن العربي على السطح بلا أي جذور أو تمدد، بما يؤكد تقييم المفكر العربي سمير أمين لهذه المنظمات بقوله إن الطفرة في المنظمات غير الحكومية، تتجاوب الى حد كبير مع استراتيجية العولمة، الهادفة الى عدم تسييس شعوب العالم، وهي انسجام أو إعادة تنظيم لإدارة المجتمع من قبل القوى المسيطرة.

هدف الفصل الثالث:

يهدف البحث الى بيان اهمية الامن القومي العربي أمام هـذا الواقع المعقد والمشوه، و في مجابهته، ندرك أهمية الحديث عن المجتمع المدني و ضروراته، و لكن بعيداً عـن المحددات و العوامـل الخارجية و الداخلية، المستندة إلى حرية السوق و الليبرالية، أن صيغة مفهوم المجتمع المـدني وفق النمط الليبرالي، فرضية لا يمكن أن تحقق مصالح جماهيرنا الشعبية، لأنها تتعاطى وتنسجم مع التركيبـة الاجتماعية-الاقتصادية التابعة و المشوهة من جهة، و تتعاطى مع المفهـوم المجرد للمجتمع المـدني في الإطار السياسي الاجتماعي الضيق للنخبة و مصالحها المشتركة في إطار الحكم أو خارجه.

فرضية الفصل الثالث:

ينطلق البحث من فرضية مفادها ان تعاملنا مـع مفهوم المجتمـع المـدني، مرحليا، وبعيـدا عـن المشروع الرأسمالي وحرية السوق والليبرالية الجديدة، وبالقطيعة معها، دون أن نتخطى أو نقطع مـع دلالات النهضة والحداثة في الحضارة الغربية مـن الناحيـة المعرفيـة والعقلانيـة والعلميـة والديمقراطيـة وكافة المفاهيم الحداثية الأخرى، وتسخيرها في خدمة أهـدافنا في التحرر القومي والبناء الاجتماعي التقدمي بآفاقه الاشتراكية كمخرج وحيد لتجاوز أزمة مجتمعنا العربي المستعصية، مـدركين أن هـذه الأهداف تتشابك وتترابط بشكل وثيق مـع الأهداف الإنسانية بصورة عامـة، ومـع أهداف الشعوب الفقيرة في العالم الثالث خصوصا من اجل إخضاع مقتضيات العولمة لاحتياجات شعوب هـذه البلـدان وتقدمها الاجتماعي، ومن أجل المساهمة في بناء النظام السياسي العالمي الجديد الرافض لسـلطة رأس المال الاحتكاري. لقد حانت اللحظة للعمل الجاد المنظم في سبيل تأسيس عولمة نقيضة مـن نـوع آخر عبر أممية جديدة، ثورية وعصرية وإنسانية.

اشكالية الامن الاقتصادي العربي ومؤسسات المجتمع المدني :

نبدأ في الحديث عن أزمة المجتمع العربي، التي نرى أنها تعود في جوهرها إلى أن البلدان العربية عموماً لا تعيش زمناً حداثياً أو حضارياً، و لا تنتسب له جوهرياً، و ذلك بسبب فقدانها، بحكم تبعيتها البنيوية، للبوصلة من جهة، و للأدوات الحداثية، الحضارية و المعرفية الداخلية التي يمكن أن تحدد طبيعة التطور المجتمعي العربي و مساره و علاقته الجدلية بالحداثة و الحضارة العالمية أو الإنسانية.

فبالرغم من دخولنا القرن الحادي و العشرين، إلا أننا في البلدان العربية ما زلنا في زمان القرن الخامس عشر قبل عصر النهضة، أو في زمان ما قبل الرأسمالية وبالتالي ما قبل المجتمع المدني، رغم تغلغل العلاقات الرأسمالية في بلادنا، و الشواهد على ذلك كثيرة، فالمجتمع العربي لم يستوعب السمات الأساسية للثقافة العقلانية أو ثقافة التنوير، بمنطلقاتها العلمية و روحها النقدية التغييرية، و إبداعها و استكشافها المتواصل في مناخ من الحرية و الديمقراطية، ففي غياب هذه السمات يصعب إدراك الوجود المادي و الوجود الاجتماعي و الدور التاريخي الموضوعي للقومية أو الذات العربية في وحدة شعوبها، ووحدة مسارها و مصيرها، إدراكاً ذاتياً جمعياً يلبي احتياجات التطور السياسي و الاجتماعي و الاقتصادي العربي[1].

ولعلنا نتفق أن السبب الرئيسي لهذه الإشكالية الكبرى، لا يكمن في ضعف الوعي بأهمية التنوير العقلاني، أو ضعف الإدراك الجماعي بالدور التاريخي للذات العربية، فهذه و غيرها من أشكال الوعي، هي انعكاس لواقع ملموس يحدد وجودها أو تبلورها، كما يحدد قوة أو ضعف انتشارها في أوساط الجماهير، و بالتالي فإن الواقع العربي الراهن، بكل مفرداته و أجزاءه و مكوناته الاجتماعية و أنماطه التاريخية و الحديثة و المعاصرة، هو المرجعية الأولى و الأساسية في تفسير مظاهر الضعف و التخلف السائدة بل و المتجددة في مجتمعاتنا، إذ أن دراسة هذا الواقع، الحي، بمكوناته الاجتماعية و الاقتصادية تشير بوضوح إلى أن العلاقات الإنتاجية و الاجتماعية السائدة اليوم في بلداننا العربية هي نتاج لأنماط اقتصادية اجتماعية من رواسب قبلية و

عشائرية و شبه إقطاعية، و شبه رأسمالية، تداخلت عضوياً و تشابكت بصورة غير طبيعية، و أنتجت هذه الحالة الاجتماعية الاقتصادية المعاصرة، المشوهة، فكيف يمكن أن نطلق على هذا الواقع صفة المجتمع المدني⁽²⁾.

فالمعروف أنه بالرغم من تطور بعض أشكال العلاقات ذات الطابع الرأسمالي في بعض المجتمعات العربية، في النصف الثاني من القرن التاسع عشر ـ عموماً، و بعد انتهاء الحرب العالمية الأولى بشكل خاص، إلا أن هذه العلاقات الرأسمالية الجديدة لم تستطع إزاحة العلاقات شبه الإقطاعية، و القبلية السائدة، و المسيطرة، و بقيت حيازة و امتلاك الأراضي الزراعية، مصدراً أساسياً للوجاهة و المكانة الاجتماعية و السلطة السياسية في بلدان الوطن العربي حتى منتصف القرن العشرين، حيث تدنت هذه المكانة، بتدني أهمية ملكية و حيازة الأرض باعتبارها العمود الفقري للتكوينة الطبقية، و ذلك بسبب تتابع الانقلابات العسكرية (وأهمها حركة 23 يوليو 1952 في مصرـ) في العديد من البلدان العربية و قيام الأنظمة الوطنية و ما تبع ذلك من تصفية للإقطاع، و تطبيق الإصلاح الزراعي من ناحية، و بسبب اكتشاف النفط و بروز أهمية رأس المال (التجاري و الخدمي) في التكوين الطبقي، من ناحية ثانية و أشكاله الجديدة التي تداخلت بدورها مع الأنماط القبلية، شبه الإقطاعية السابقة، بل إننا لا نبالغ في القول بأن هذه الأشكال أو التكوينات الطبقية شبه الرأسمالية الجديدة، انبثقت في جزء هام منها من رحم التكوينات الاجتماعية القديمة، و هذه بدورها استطاعت التكيف مصلحيا مع العلاقات الرأسمالية الجديدة، من حيث الشكل أو التراكم الكمي الرأسمالي فقط، دون أن تقطع علاقاتها مع جوهر التشكيلات الاجتماعية القديمة، و موروثاته القيمية و المعرفية المتخلفة، التي وجد فيها الاستعمار الغربي، مناخاً مهيئاً و جاهزاً لتحقيق أهدافه و مصالحه في بلادنا، فلم يتعرض لأي من هذه الموروثات و رموزها الطبقية، التي شكلت في معظمها سنداً للظاهرة الاستعمارية و لرأس المال الأجنبي في عملية دمج بلداننا العربية و تكريس تبعيتها للنظام الرأسمالي العالمي، أثناء و بعد الحرب العالمية الثانية و إلى اليوم، دون أن نغفل بالطبع، مرحلة النهوض الوطني و القومي في خمسينيات و ستينيات القرن الماضي، التي قادها الزعيم الراحل جمال عبد

الناصر، منفرداً عبر شخصيته و دوره الكاريزمي و إيمانه الشديد بالمبادئ التحررية، و القومية، و لاحقاً بالاشتراكية، دون الاستعانة بالمؤسسات الديمقراطية، و التعددية الحزبية، و تفعيل العمل السياسي في أوساط الجماهير التي عاش حياته من أجلها، و لذلك كانت هزيمة حزيران 1967 بداية النهاية لمرحلة التحرر القومي الديمقراطي، خلقت المناخ العام، و المقومات اللازمة لإعادة إحياء التشكيلات و التكوينات الاجتماعية الطبقية القديمة و المستحدثة، بصور و أشكال معاصرة، تتوافق مع شروط الانفتاح و التحالفات السياسية العربية الرسمية التي تولت قيادتها أو توجيهها الأنظمة الأكثر رجعية و تخلفاً و تبعية في بلادنا، وبالتالي يصعب في بلادنا -إن لم يكن متعذرا-تلمس أو إدراك الوجود المادي والدور الموضوعي التاريخي للطبقة البرجوازية عموما، والبرجوازية الوطنية خصوصا[3].

مؤسسة الفساد تملك السيطرة على دفة القيادة:

اليوم و نحن في مطلع الألفية الثالثة، تتعرض مجتمعاتنا العربية، من جديد، لمرحلة انتقالية لم تتحدد أهدافها النهائية بعد، رغم مظاهر الهيمنة الواسعة للشرائح و الفئات الرأسمالية العليا، بكل أشكالها التقليدية و الحديثة، التجارية و الصناعية و الزراعية، و الكومبرادورية و البيروقراطية الطفيلية، التي باتت تستحوذ على النظام السياسي، و تحول دون أي تحول ديمقراطي حقيقي في مساره، عبر اندماجها الذيلي التابع للنظام الرأسمالي المعولم الجديد من جهة، و تكريسها لمظاهر التبعية و التخلف و الاستبداد الأبوي على الصعيد المجتمعي بأشكاله المتنوعة من جهة أخرى، من خلال التكيف و التفاعل بين النمط شبه الرأسمالي الذي تطور عبر عملية الانفتاح و الخصخصة خلال العقود الثلاثة الماضية، و بين النمط القبلي العائلي، شبه الإقطاعي، الريعي، الذي ما زال سائداً برواسبه و أدواته الحاكمة أو رموزه الاجتماعية ذات الطابع التراثي التقليدي الموروث.

إن مخاطر هذا النمط المشوه من العلاقات الاقتصادية تنعكس بالضرورة على العلاقات الاجتماعية العربية بما يعمق الأزمة الاجتماعية، و اتساعها الأفقي و

العامودي معاً، خاصة مع استشراء تراكم الثروات غير المشروعة، و أشكال الثراء السريع كنتيجة مباشرة لسياسات الانفتاح و الخصخصة، و الهبوط بالثوابت السياسية و الاجتماعية الوطنية، التي وفرت مقومات ازدهار اقتصاد المحاسيب و أهل الثقة، القائم على الصفقات و الرشوة و العمولات بأنواعها، حيث يتحول الفرد العادي الفقير إلى مليونير في زمن قياسي، و هذه الظاهرة شكلت بدورها، المدخل الرئيسي لتضخم ظاهرة الفساد بكل أنواعه، في السياسة و الاقتصاد و الإدارة و العلاقات الاجتماعية الداخلية، بحيث تصبح الوسائل غير المشروعة، هي القاعدة في التعامل ضمن إطار أهل الثقة أو المحاسيب، بعيداً عن أهل الكفاءة و الخبرة، و دونما أي اعتبار هام للقانون العام و المصالح الوطنية، مما يحول دون ممارسة الحد الأدنى من مفهوم المجتمع المدني أو تطبيقاته السياسية بحكم استعمال الاستبداد الناجم عن استعمال الفساد.

ومما هو جدير بالحس بالمسؤولية، أو بالتأمل كحد أدنى ليس الخطر الناجم عن هذه الظواهر فحسب، بل أن تصبح هي القاعدة التي تحكم أو تحدد مسار و طبيعة العلاقات الاجتماعية و السياسية في مجتمعاتنا العربية، حينئذ تصبح مؤسسة الفساد هي التي تملك السيطرة على دفة القيادة في هذا البلد أو ذاك، و توجيهها وفق قواعد إدارة الأزمة بالأزمة، و هنا ينتقل الحس بالمسؤولية، إلى ضرورات التغيير الديمقراطي المطلوب في مواجهة هذا الوضع المأزوم، الذي تفرضه طبيعة أزمة التحرر الوطني والقومي، بحكم أنها تعبير عن أزمة هذا التطور المشوه الذي فرضته حالة التبعية البنيوية للإمبريالية، حسب تعبير المفكر الشهيد مهدي عامل بحيث تصبح الطبقة المسيطرة أو نظامها في تناقض بين السير في منطق الحركة التحررية الديمقراطية، و هو منطق معادٍ لها، و بين السير ضده و النتيجة واحدة، حيث بات السير في منطق التحرر يضع هذه الطبقة أو التحالف أو النظام في تناقض مع مصالحها الطبقية، فيقتضي بالتالي بضرورة زوال سيطرتها الطبقية، و كذلك الأمر بالنسبة لسيرها ضد منطق الحركة التحررية حيث تفقد هذه الطبقة التي هي البورجوازية الكولونيالية كل مبرر لوجودها في موقع القيادة[4].

ولكن الإشكالية الكبرى، أنه في موازاة هذه الأحوال و المتغيرات الاقتصادية و الاجتماعية المحلية الداخلية المأزومة، تراجعت أحزاب وقوى التغيير الديمقراطي في بلداننا وهي أهم مكونات المجتمع المدني، إلى الخلف بصورة مريعة، خاصة القوى القومية و اليسارية منها، التي لم تستطع حتى اللحظة بلورة أو إنتاج صيغة معرفية، سياسية اقتصادية اجتماعية، علمية وواقعية، قادرة على رسم مستقبل المجتمع العربي و الخروج من أزمته، و قد ترك هذا التراجع آثاره الضارة في أوساط الجماهير ووعيها العفوي، التي وجدت في الحركات السياسية الدينية ملاذاً و ملجأ يكاد يكون وحيداً، يدفعها الى ذلك نزوعها الى النضال ضد العدو الرئيسي إسرائيل و الولايات المتحدة الأمريكية من جهة، و النضال من أجل الخلاص من كل مظاهر المعاناة و الحرمان و الفقر و مواجهة الظلم الطبقي و الاستبداد السياسي الداخلي من جهة أخرى.

زمن الحداثة ام زمن التخلف:

ففي هذا الزمن الذي يعيش فيه العالم، زمن الحداثة و العولمة و ثورة العلم و المعلومات والاتصال، يشهد مجتمعنا العربي عودة الى الماضي عبر تجديد عوامل التخلف فيه، لم يعرف مثيلاً لها في تاريخه الحديث منذ مائة عام أو يزيد، فهو الى جانب ترعرع الأنماط القديمة القبلية و الحمائلية و الطائفية، و الأصولية و التعصب الديني، يوصف اليوم بحق على أنه مجتمع شديد التنوع في بنيته و انتماءاته الاجتماعية، أبوي، يعاني النزعة الاستبدادية على مختلف الصعد، مرحلي، انتقالي، تراثي، تتجاذبه الحداثة و السلفية، شخصاني في علاقاته الاجتماعية يعيش حتى الوقت الحاضر مرحلة ما قبل المرحلة الصناعية و التكنولوجية، و بالتالي مرحلة ما قبل الحداثة، أما على الصعيد الداخلي الاجتماعي، فإن الفجوات بين الطبقات الثرية والميسورة والمحرومة، تزداد اتساعا وعمقا[5].

وفي ظل هذه البنية الطبقية الهرمية التي تحتكر فيها القلة السلطة وثروات البلاد، وتشغل الطبقة الوسطى وسط الهرم، وتتكون القاعدة من غالبية السكان (الجماهير الشعبية الفقيرة)، يعاني الشعب حالة تبعية داخلية شبيهه بالتبعية الخارجية ومتممة لها،

فتمارس عليه وضده مختلف أنواع الاستغلال والهيمنة والقهر والإذلال اليومي، وفي ظل هذه الأوضاع أو السمات الاجتماعية يعيش الإنسان في المجتمع العربي على هامش الوجود والأحداث لا في الصميم، مستباحا معرضا لمختلف المخاطر والاعتداءات، قلقا حذرا باستمرار من احتمالات السقوط والفشل والمخاطر[6].

تحتل السلع والمقتنيات والاهتمامات السطحية روحه وفكره، يفكر، إنما ليس بقضاياه الأساسية أو العامة، ينفعل بالواقع والتاريخ أكثر مما يعمل على تغييرهما، إنه إنسان مغَّرب ومغترب عن ذاته، ولأن إمكانات المشاركة نادرة وضيقة، لا يجد من مخرج سوى بالخضوع أو الامتثال القسري أو الهرب، هذا التعميم في وصف حياة الإنسان العربي، والقريب من الواقع الى درجة كبيرة، تكمن قيمته من وجهة نظر موضوعية في تحفيز القوى القومية التقدمية العربية لدراسة واقعها الاجتماعي ومسار تطوره الاجتماعي وخصوصياته التي اختلفت من حيث النشوء التاريخي للشرائح والفئات الرأسمالية بين هذا القطر أو ذاك، ولكن هذا الاختلاف في ظروف النشأة لهذه الشرائح ومنابعها وجذورها، لم يعد قائما في لحظة معينة من التطور المعاصر للبلدان العربية، الذي بات متشابها الى حد كبير في كافة هذه البلدان[7].

فبالرغم من الاختلاف في ظروف النشأة التاريخية للشرائح الرأسمالية العربية العليا وتباين أشكالها كما يقول د.محمود عبد الفضيل حيث نشأت في مصر من أصول زراعية وإقطاعية واضحة، بينما نشأت في سوريا عبر ارتباطها أساسا بالتجارة في المناطق الحضرية والمدن الكبرى، وفي السودان ارتبطت نشأتها بنمو التجارة القافلية البعيدة المدى في أفريقيا، ونشأت في العراق من تداخل التجارة والإقطاع معا[8].

إلا أن تزاوج رأس المال الأجنبي مع الدولة الكولونيالية، وكذلك مع دولة ما بعد الاستقلال، لعب أدوارا مهمة في تسهيل عملية توسع ونمو البورجوازيات المحلية في معظم البلدان العربية، الى جانب الدور الهام الذي لعبه رأس المال الأجنبي تاريخيا، ورأس المال الدولي حديثا، خاصة فيما يعرف بحقبة البترودولار، التي شكلت العنوان الأبرز لتبلور العلاقات البرجوازية المشوهة، وكل هذه العوامل هيأت الظروف

الموضوعية لنشأة جناح مهم (وخطير) من أجنحة الرأسمالية العربية، المعروف بجناح البورجوازية الكومبرادورية[9]، التي بات التداخل بينها وبين أجهزة الدولة البيروقراطية في كل بلدان النظام العربي، وثيقا وعضويا الى درجة أن بعض التحليلات تقول بظهور الدولة الكومبرادورية، التي تحكمها بورجوازية الصفقات أو اقتصاد المحاسيب والأقارب أو ما أطلق عليه الاقتصادي الإنجليزي المعروف (جون ماينارد كينز) اقتصاد الكازينو في إشارته الى الفساد الذي ساهم في تفجير الأزمة الرأسمالية العالمية عام 1929.

إن ظهور هيمنة البورجوازية الكومبرادورية والطفيلية وتحالفها مع البيروقراطية المدنية والعسكرية الحاكمة، ورموز الأنماط القبلية وشبه الإقطاعية في بلادنا العربية، في الظروف الراهنة، يشير الى الدور الثانوي للاختلاف التاريخي في نشأة الشرائح الرأسمالية العربية العليا، التي توحدت اليوم في شكلها ومضمونها العام وأهدافها المنسجمة مع مصالحها الأنانية الضارة، عبر نظام استبدادي، تابع، ومتخلف، يسود ويتحكم في مجمل الحياة السياسية والاجتماعية، كظاهرة عامة، تتجلى فيها بوضوح، الأزمة الاجتماعية العربية الراهنة، بتأثير هذا التداخل العميق و المعقد لرموز الأنماط القديمة و الحديثة، و مصالحهم المتشابكة في إطار من العلاقات الاجتماعية الفريدة التي تمتزج فيها أشكال الحداثة و أدواتها مع قيم التخلف و أدواته، ساهمت في إضفاء شكل و مضمون خاص و متميز للواقع الاجتماعي العربي و تركيبته و خارطته الطبقية، بحيث بات من المفيد مراجعة استخدامنا للمصطلحات الغربية، مراجعة موضوعية ونقدية كي لا نعيد تطبيقها على واقعنا بصورة ميكانيكية، كما فعلنا في المرحلة السابقة، خاصة مصطلح (البورجوازية)، عند تناول الشرائح و الفئات الرأسمالية العربية التي تشكلت تاريخياً و إلى الآن من هذا المزيج أو التنوع الاجتماعي غير المتجانس أو الموحد سواء في جذوره و منابعه القديمة، أو في حاضره و مستقبله.

فمصطلح (البورجوازية) و غيره من المصطلحات التي تحدثت عن تطور التشكيلات الاجتماعية الاقتصادية وتسلسلها من المشاعية الى العبودية الى الإقطاع الى

الرأسمالية، والتي تطابقت مع مضمون التطور الرأسمالي في البلدان الصناعية الغربية، تكاد تكون مصطلحات غريبة في واقعنا و شكل تطوره المشوه، خاصة و أنها لم تتغلغل في الوعي العفوي أو الاعتيادي للجماهير، وكذلك في صفوف القواعد الحزبية العربية كمفاهيم تحفيزية أو رافعة للوعي السياسي والطبقي، لكون هذا المصطلح أو المفهوم مصطلحاً يكاد يكون وافداً، غريباً، نظراً لعدم تبلور الإطار أو الطبقة في بلادنا بصورة محددة، التي يمكن أن يجسدها أو يعبر عنها أو يشير إليها ذلك المصطلح من جهة، و نظراً لما ينطوي عليه أو يتضمنه هذا المفهوم من إعلان ولادة وتشكل طبقة جديدة هي (البورجوازية) كطبقة قائدة لمرحلة جديدة، حملت معها مشروعا نهضويا حضاريا عقلانيا تطوريا ماديا هائلا، عجّل في توليد التشكيلة الاجتماعية الرأسمالية و مفاهيمها المتطابقة معها من جهة أخرى، وفي هذا السياق نؤكد أن المطالبة بمراجعة المصطلحات ذات الطابع التطبيقي لا يعني مطلقا التطرق الى النظرية الماركسية ومنهجها، والتي نشعر بالحاجة الماسة الى إعادة دراستها وتعميق الالتزام بها في هذه المرحلة وفي المستقبل.

إن تناولنا لهذه الرؤية التحليلية، لا يعني أنها دعوة إلى وقف التعامل مع هذه المصطلحات، بقدر ما هي دعوة للبحث عن مصطلحات و مفاهيم معرفية أخرى إضافية تعكس طبيعة و مكونات التركيب الاجتماعي الطبقي في بلادنا العربية، بما يلغي كل أشكال الغربة أو الاغتراب في المفاهيم التي سبق استخدامها بصورة ميكانيكية أو مجردة، بحيث نجعل من التحليل النظري و الاجتماعي لواقعنا، في سياق العملية السياسية، أمراً واضحاً و متطابقاً في كل مفاهيمه و مصطلحاته مع هذا الواقع الشديد التعقيد، الذي يشير إلى ان التطور في بلادنا كما يقول د. برهان غليون ليس بنياناً عصرياً بالرغم من قشرة الحداثة فيه.

وهو أيضاً ليس بنياناً قديماً بالرغم من مظاهر القديم، و لكنه نمط هجين من التطور قائم بذاته، فقد عنصر التوازن و أصبحت حركته مرهونة بحركة غيره، لذلك لا بد من إزالة اللبس و الخلط في المفاهيم، الذي ساد طويلاً في الكتابات العربية، و

ساهم إلى حد ما في تكريس حالة الإرباك الفكري في أوساط القوى اليسارية العربية و عزلتها عن الجماهير، و ليس معنى ذلك، أننا ندعو إلى تكيف الوعي الطليعي العربي المنظم، لمتطلبات الوعي العفوي الجماهيري، بالعكس، إنها دعوة أو وجهة نظر تستهدف التعامل مع الوعي العفوي بمنهجية و مفاهيم تعكس تفاصيل الواقع المعاش و تعبّر عنه بصورة جدلية تدفع به الى التطور و النهوض، انطلاقاً من قناعتنا بمقولة ماركس في مقدمته لرأس المال قل كلمتك وامشي ودع الناس يقولوا ما يقولون.

طبيعة ومكونات التركيب والمتغيرات الطبقية في الوطن العربي:

وفي سياق الحديث عن طبيعة و مكونات التركيب و المتغيرات الطبقية في بلدان وطننا العربي، و ضرورات إزالة الخلط أو اللبس في مصطلحاتها أو مفاهيمها، نتوقف أمام طروحات اثنان من المفكرين العرب هما د.حليم بركات، و الراحل د.رمزي زكي، فالأول يطرح في كتابه المجتمع العربي في القرن العشرين المشار إليه في هذه الدراسة، مسألة التكون الطبقي في المجتمع العربي و يعيدها إلى الأصول الرئيسية المتشابكة التالية : ملكية الأراضي و العقارات، و التجارة و ملكية رأس المال، النسب العائلي المتوارث، المنصب أو الموقع في السلطة، مع الإشارة الى عدم تساوي هذه العوامل في الأهمية [10]، و مع تقديرنا لصحة هذا التحليل و انسجامه مع الواقع، إلا أن د.بركات في تصنيفه للطبقات الاجتماعية العربية المعاصرة، يقر بوجود ثلاث طبقات رئيسية : الطبقة البورجوازية، الطبقة الوسطى، الطبقة الكادحة، وهي قضية بحاجة الى النقاش، نظرا لشدة التنوع في البنية والانتماءات الاجتماعية العربية التي أشار إليها في مقدمة كتابه.

أما المسألة الثانية فهي ترتبط بتعريف الطبقة البورجوازية التي تتضمن كما يشرح د.بركات شرائح اجتماعية قديمة من الأرستقراطية وكبار الملاك وشيوخ القبائل وكبار علماء الدين، الى جانب كبار الرأسماليين التجاريين والصناعيين والأثرياء الجدد [11]، وهو في تقديرنا، تعريف ملتبس يتناقض مع مصطلح (البورجوازية) المتعارف عليه، كمصطلح حديث، عبّر عن طبقة جديدة تكونت في التاريخ الحديث في سياق صراعها

مع الطبقات والشرائح القديمة الأرستقراطية وكبار الملاك ورجال الدين، وبالتالي، لا يجوز القفز عن كيفية تكون الطبقة البرجوازية، وسياقها التاريخي في مرحلة محددة، وكذلك في إطارها العام كطبقة لا مكان فيه للرموز والشرائح القديمة.

المسألة الثالثة، التي ندعو الى تأملها والتفكر فيها ومناقشتها بصورة موضوعية، فهي مسألة الطبقة الوسطى، والالتباس حول مفهوم هذه الطبقة و شكل تطورها ووجودها و دورها، و ذلك على ضوء كتاب المفكر الراحل د.رمزي زكي وداعاً للطبقة الوسطى، ونتناول هنا هذه المسألة عبر الملاحظتين التاليتين :

الملاحظة الأولى : لا بد من تحديد المقصود بالطبقة الوسطى و ماهيتها منعاً للالتباس و الإرباك، تحديداً و إيضاحا للمفهوم و مغزاه أو دلالاته الاجتماعية و السياسية، حيث أننا نعتقد في ضوء قراءتنا لكتاب "وداعاً للطبقة الوسطى ان موضوع الكتاب يتناول الطبقة البورجوازية الصغيرة بصورة مباشرة، التي تختلف بكل مكوناتها عن الطبقة الوسطى أو ما يعرف عندنا بالرأسمالية الوطنية التي لم يعد لها دوراً رئيسياً أو مركزياً في مسار التطور الاقتصادي الاجتماعي في البلدان العربية أو في العالم الثالث، ارتباطاً بطبيعة التطور الرأسمالي المعولم الراهن، و شروطه و ضغوطاته على بلدان العالم الثالث و احتكاره لأسواقها المحلية المفتوحة بلا أية قيود أو ضوابط، لذلك، فإننا نرى أن استخدام مصطلح (البورجوازية الصغيرة) بشرائحها الثلاث : العليا، و المتوسطة، و الدنيا. هو الأكثر دقة و اقتراباً و تفسيراً للواقع الاجتماعي في بلادنا، لا سيما و أنه يتفق مع التحليل الماركسي- للمجتمع البورجوازي، و هو تحليل يستند -كما هو معروف - إلى المقولة التالية : في المجتمعات البورجوازية ثمة طبقتان رئيسيتان متناحرتان : البورجوازية، و البروليتاريا.

وتشمل البورجوازية على ثلاثة أقسام هي :البورجوازية الكبيرة، والبورجوازية المتوسطة و البورجوازية الصغيرة، وهذه الأخيرة تتوزع على ثلاثة شرائح : العليا، و المتوسطة، و الدنيا، وهي الطبقة الأقدم في التاريخ، والأكثر تعقيداً في أوضاعها الداخلية و تركيبتها، و قد تناولها بالتعريف و التشخيص ماركس و انجلز و لينين و

غيرهم من المفكرين الماركسيين، نذكر منهم في بلادنا، المفكر الماركسي الراحل د. فؤاد مرسي، الذي أكد على أن الحرفيين و صغار المنتجين و أصحاب الحوانيت و صغار الفلاحين و الموظفين، يشكلون جميعاً ما يسمى بالبورجوازية الصغيرة، أكثر الطبقات عدداً و أوسعها نفوذاً و أبعدها أثراً في مجتمعنا[12].

والمفارقة هنا ان هذا التعريف لا يختلف من حيث المضمون مع ما قدمه د. رمزي زكي الذي ينبهنا في كتابه إلى أنه يستخدم مصطلح الطبقة الوسطى تجاوزاً، لأنه مصطلح هلامي و فضفاض يفتقد للدقة العلمية، و لأن هذا المصطلح يضم في الواقع كتلة واسعة من الفئات الاجتماعية التي تتباين في حجم دخلها، و هي طبقة غير منسجمة، يسودها مختلف ألوان الفكر الاجتماعي و السياسي، حيث أنها تضم مختلف الشرائح الاجتماعية التي تعيش بشكل أساسي على المُرتَّبات المكتسبة في الحكومة و القطاع العام و الخدمات و المهن الحرة، و يطلق على أصحابها : ذوي الياقات البيضاء يتوزعون على ثلاثة شرائح : عليا و متوسطة و دنيا[13].

إن تسجيلنا لهذه الملاحظة، شكل من الاجتهاد يستهدف العودة بمفهوم كل من الطبقة الوسطى و البورجوازية الصغيرة ووضعه في إطاره الصحيح، منعاً للإرباك في تحليلنا للأوضاع الاجتماعية و مكوناتها و أزمتها في بلادنا.

الملاحظة الثانية : و تتناول الفرق الجوهري بين الطبقة البورجوازية المتوسطة، والطبقة البورجوازية الصغيرة، حيث تتميز الأولى، بضعف بنيتها و حجمها و دورها، و بتماسك موقفها الأيديولوجي الأقرب إلى أيديولوجية البورجوازية الكبيرة، بحكم توافق المصالح و تداخلها بينهما. أما البورجوازية الصغيرة فهي الطبقة الأكثر عدداً و اتساعاً و شمولاً في كل مجتمعاتنا العربية، و البلدان النامية عموماً، و قد لعبت هذه الطبقة دوراً مركزياً في الإطاحة بالبنية المجتمعية العربية التقليدية القديمة أو الأرستقراطية، في العديد من الدول العربية، و فرضت بديلها الوطني و القومي المعادي للاستعمار و الصهيونية من جهة، إلى جانب بديلها الاجتماعي الداخلي ضد الإقطاع و الرأسمالية الكبيرة، و أحدثت تحولاً نوعياً في حياة الفلاحين و العمال و الفئات

الفقيرة، لا يمكن تخطيه أو القفز عنه، خاصة في المراحل الأولى من تولي الطبقة للحكم أو السلطة.

المسألة الهامة الأخرى، أن البورجوازية الصغيرة شكلت دوماً، و ستظل إلى مدى بعيد قادم، الوعاء أو المصدر الأول لتأسيس المؤسسات و الجمعيات و الأحزاب اليسارية و القومية و الدينية بمختلف أيديولوجياتها و أساليب عملها و أهدافها و حجم حركتها و اتساعها حسب هذا الظرف أو هذه المرحلة و طبيعة الطبقة السائدة فيها، المهم أن هذه الطبقة ما زالت قادرة على التأثير الإيجابي في مجرى التطور الاجتماعي العربي، إذا وجدت التنظيم أو الحزب القادر على إثبات وجوده و تأثيره ووضوح أهدافه، إذ أنها طبقة ذات طبيعة مزدوجة نتيجة لوضعها المزدوج، و تأرجحها بين الارتفاع و الهبوط، و بالتالي فهي حين تشكل لنفسها تنظيماتها، لا تنجح عادة في الاحتفاظ باستقلالها السياسي.

حيث تترعرع فيها المظاهر الضارة من الشللية و التكتلات و الانشقاقات و عدم التجانس أو التوحد الفكري و السياسي فهي حين تحارب ضد البورجوازية الحاكمة، فإنما تحارب بوسائل المجتمع البورجوازي نفسه[14]، ولذلك يسهل قيادتها من خارجها -في ظروف محددة- عبر حركة منظمة، أو حزب قوي بغض النظر عن أيديولوجيته و هويته السياسية و الفكرية، و المثال الصارخ على ذلك، ما يجري الآن من اتساع غير اعتيادي، من حيث حجم و عدد عناصر البورجوازية الصغيرة الذين يشكلون الأغلبية الساحقة في الجسم التنظيمي للحركات الدينية السياسية و تنظيماتها في بلداننا العربية، في المرحلة الحالية، نظراً لتراجع قوة و حضور و تأثير الأحزاب القومية اليسارية الديمقراطية فيها.

الازمة الاقتصادية ومفهوم المجتمع المدني:

على بالرغم من تداول هذا المفهوم في الأوساط النخبوية الحكومية و غير الحكومية، في بعض البلدان العربية، إلا أن هذه الظاهرة لا تعني وجود أو تبلور مجتمع مدني عربي كما يروج البعض، إذ أننا ما زلنا في مرحلة ما قبل الحداثة أو ما قبل

المجتمع المدني، رغم كل ما يتبدى على السطح، في الواقع المادي أو في المفاهيم، من مظاهر حداثية لا تعدو أن تكون شكلاً فقط دون أي محتوى حقيقي يعبر عنها، و الشاهد على ذلك بصورة حية، مسار التطور الاجتماعي العربي في سياقه التاريخي العام، القديم و الحديث، هذا المسار لم يستطع حتى اللحظة، بسبب عوامل خارجية و داخلية مهيمنة، فرز أو بلورة طبقات بالمعنى الحقيقي، و الواسع للكلمة، أي طبقات بذاتها تستطيع التعبير عن مصالحها الاقتصادية و السياسية، و تدافع عنها ككتلة طبقية موحدة مدركة لوجودها الموضوعي، ففي غياب هذا التبلور الطبقي، و استمرار سيطرة الأنماط القديمة، تشكلت في بلادنا حالة طبقية مشوهة، امتزجت فيها، كل العلاقات الاجتماعية المرتبطة بالأنماط القديمة و الحديثة معاً، تبدو واضحة اليوم عبر ما نشاهده في كل مجتمعاتنا من استمرار وجود و تأثير العلاقات البدوية القبلية و الحمائلية و العائلية والطائفية.

والعلاقات شبه الإقطاعية التي اختلطت بالعلاقات الاجتماعية الرأسمالية الحديثة، و كونت هذا المزيج أو التشكل الطبقي المشوه و السائد حتى اليوم في كل مكونات البنية المجتمعية، الفوقية و التحتية بهذه الدرجة أو تلك، و بالتالي فإن الحديث عن مجتمع مدني، في إطار هذا المزيج أو الشكل المرقع من الجماعات ما قبل الحداثة أو المدنية، مسألة تحتاج إلى المراجعة الهادئة التي تستهدف تشخيص الواقع الاجتماعي العربي، و أزمته المستعصية الراهنة، تشخيصاً يسعى إلى صياغة البديل الديمقراطي القومي وآلياته الديمقراطية وصولاً إلى تفعيل مفاهيم و أدوات ومؤسسات المجتمع المدني في إطار النضال الوطني و القومي، التحرري و الديمقراطي المطلبي معاً، ففي هذا السياق وحده، نستطيع نفي الطابع الطارئ و المستحدث الوافد لمفهوم المجتمع المدني من جهة، و نستطيع أيضاً نفي واقع الإبهام و الغموض الذي يشوب الحديث عنه في هذا المناخ المهزوم و المأزوم، حيث ترعرع مفهوم (المجتمع المدني و الديمقراطية الليبرالية) و بات مألوفاً من كثرة تداوله في معظم الحوارات و الندوات وورش العمل التي تعقدها بعض القوى السياسية و تروج لها المنظمات غير الحكومية، و هي حوارات و ورشات عمل استطاعت الانتشار و التوسع في العديد من الدول العربية

في أوساط نخبة يتكرر حضورها في هذه الندوة أو الورشة أو تلك بصورة شبه دائمة، و هي ظاهرة تدعو إلى إثارة الانتباه و التأمل، وليس الاستغراب، من حيث أن هذه الورش و الندوا التي نجحت في القفز بمفاهيم المجتمع المدني و الديمقراطية الليبرالية، و الوصول بها إلى أعلى سلم الأولويات في الإطار الضيق للنخبة السياسية التي تخلى معظم رموزها عن مواقفهم اليسارية السابقة، لم تنجح بالمقابل في الوصول أو التغلغل بأي شكل من الأشكال إلى الأوساط الجماهيرية الشعبية، و إن دل ذلك على شيء، فإنما يدل على غربة هذه المفاهيم بطابعها و جوهرها الليبرالي عن الواقع من جهة، وغرابة صيغها و عناوينها الفرعية المتعددة، و شكل عباراتها المركب بصورة لا يمكن للجماهير أن تستوعبها، نورد بعضاً منها على سبيل المثال : التمكين في المشاركة، الشراكة الجديدة بين الدولة و الأسواق، تنمية قدرات الإنسان، تقديرالفقر بمشاركة الفقراء في وضع استراتيجيات تخفيف فقرهم تنمية المبادرات المحلية، المنظمات الأهلية و الديمقراطية و التنمية المستدامة، دور المنظمات الأهلية مع القطاع الخاص، التنمية البشرية من منطلق الأطفال، الجندر، عمليات التشبيك، الليبرالية و الخصخصة و اقتصاد السوق...الخ.

وهي عبارات غريبة في معظمها عن واقعنا، مما جعل منها عبارات عامة و مبهمة وجديدة حلت محل المفاهيم المعادية للإمبريالية و الصهيونية و مفاهيم التحرر القومي والوحدة و العدالة الاجتماعية و الاشتراكية، و أضيفت إلى مفردات اللغة و الخطاب السياسي الهابط، الذي حدد النظام الرأسمالي المعولم الجديد، أسسه و منطلقاته الليبرالية، الفكرية و السياسية العامة، و ترك هامشاً للمنظمات غير الحكومية في العالم العربي، و العالم الثالث لتمارس دورها أو قناعاتها الجديدة، أو مشاريعها ومخططاتها المرسومة التي قد تحمل في طياتها، في اللحظة الراهنة من الهبوط السياسي المريع، توجه بعض هذه المنظمات عبر تأثير ودور شخوصها السياسية الكاريزمية لتأسيس أحزاب سياسية ليبرالية اجتماعية جديدة في بلدان الوطن العربي عموما، وفي فلسطين بشكل خاص، تبتعد بصورة أساسية عن جوهر المشروع الوطني المقاوم للاحتلال الصهيوني تحت غطاء البرنامج الاجتماعي الديمقراطي الداخلي، وحقوق الإنسان والتنمية،

وبدعم تمويلي كبير لمساعدة هذه "الأحزاب الوليدة" وضمان فوزها في أية انتخابات قادمة، بعد إسدال الستار على المشهد الوطني في المرحلة الماضية لكي تكون هذه الأحزاب عنوانا للمشهد القادم.

وفي هذا المشهد الملتبس داخلياً، في إطار النظام العربي المأزوم و المهزوم، وخارجياً على الصعيد العالمي، خاصة بعد انهيار الثنائية القطبية و معادلاتها و ضوابطها السابقة، يصبح الحديث عن مفاهيم المجتمع المدني، نتاجاً مباشراً لهذا المشهد الجديد، و عوامله ومحدداته الخارجية، و ليس نتاجاً لمعطيات و ضرورات التطور الاجتماعي الاقتصادي السياسي في بلادنا، إذ أن الحديث عن المجتمع المدني العربي، هو حديث عن مرحلة تطورية لم ندخل أعماقها بعد، ولم نتعاطى مع أدواتها و معطياتها المعرفية العقلانية التي تحل محل الأدوات و المعطيات المتخلفة الموروثة، مثالنا على ذلك صارخاً في وضوحه لمن يريد أن يستدل عليه، فالبورجوازية الأوروبية التي كانت ثورية في مراحلها الأولى في عصر النهضة أو الحداثة.

جابهت الموروث السلفي اللاهوتي الجامد، بالعقل و العقد الاجتماعي، و جابهت الحكم الثيوقراطي و الأوتوقراطي الفردي بالعلمانية و الديمقراطية، و جابهت الامتيازات الأرستقراطية و الطبقية بالحقوق الطبيعية، كما جابهت تراتبية الحسب و النسب و اللقب بالمساواة الحقوقية و المدنية، بين جميع المواطنين، فأين نحن العرب من كل ذلك ؟ و نجيب بوضوح، ان مجتمعنا العربي اليوم، هو مجتمع بلا مجتمع مدني، فطالما أن بلادنا ليست في زمن حداثي حضاري و لا تنتسب له، بالمعنى الجوهري، فإن العودة إلى القديم أو ما يسمى بإعادة إنتاج التخلف سيظل أمراً طبيعياً فيها، يعزز استمرار هيمنة المشروع الاستعماري المعولم على مقدراتنا و استمرار قيامه فقط بإدارة الأزمة في بلادنا دون أي محاولة لحلها سوى بالمزيد من الأزمات[15].

المسألة الأخرى التي ندعو الى إعمال الفكر فيها، تتمثل في تلك الفجوة بين الإطار الضيق لأصحاب السلطة و الملتفين حولها من جهة، و الإطار الواسع للجماهير الشعبية الفقيرة من جهة أخرى، وهي ظاهرة قابلة للتزايد و الاتساع و

التفاقم، عبر التراكم المتصاعد للثروة، الذي يؤدي -كنتيجة منطقية أو حتمية- إلى تزايد أعداد الجماهير الفقيرة المقموعة و المضطهدة تاريخياً، و تعرضها إلى أوضاع غير قابلة للاحتمال أو الصمت، مما يضعها أمام خيارين : إما الميل نحو الإحباط أو الاستسلام و اليأس، أو الميل نحو المقاومة و المجابهة السياسية الديمقراطية، أو العنيفة، تحت غطاء اجتماعي أو ديني، أكثر بما لا يقاس -كما أشرنا من قبل- من ميلها نحو الاقتناع بالهامش الليبرالي و شكله المحدود، للخلاص من وضعها و أزماتها المستعصية، إن إدراكنا لهذه الفروق الجوهرية، يدلنا على كيفية التعامل مع مفهوم المجتمع المدني، و أية مفاهيم أخرى، وفق خصوصية تطورنا الاجتماعي التاريخي و المعاصر، المختلفة نوعياً عن مجرى و طبيعة التطور في البلدان الغربية، و ما يتطلبه ذلك الإدراك من تحويل في المفاهيم بحيث تصبح مقطوعة الصلة مع دلالاتها السابقة، التي تمحورت فقط عند الإشارة إلى المجتمع المدني كضرورة في خدمة عمليات التنافس الاقتصادي بين الأفراد على قاعدة حرية السوق في إطار الليبرالية الجديدة وآلياتها المتوحشة في نظام العولمة الراهن.

تجاوز التجزئة القطرية الى الاشتراكية الديمقراطية :

وفي هذا السياق، فإن رؤيتنا لمفهوم وتطبيقات المجتمع المدني في بلادنا، تتجاوز التجزئة القطرية لأي بلد عربي، تتجاوزها كوحدة تحليلية قائمة بذاتها رغم إدراكنا لتجذر هذه الحالة القطرية ورسوخها، نحو رؤية اشتراكية ديمقراطية قومية تدرجية تنطلق من الضرورة التاريخية لوحدة الأمة المجتمع العربي، وتتعاطى مع الإطار القومي كوحدة تحليلية واحدة، ثقافيا واجتماعيا وسياسيا، في بنيتها التحتية ومستوياتها الجماهيرية الشعبية على وجه الخصوص.

على أن الشرط الأول للوصول الى هذه الرؤية الهدف، يكمن في توحد المفاهيم والأسس العامة، الأيديولوجية، والسياسية، والاقتصادية الاجتماعية، للأحزاب والقوى والفصائل اليسارية الديمقراطية العربية داخل الإطار الخاص في كل دولة قطرية عربية على حدة كخطوة أولية، تمهد للتوحد المعرفي والسياسي العام الذي يسبق

التوحد التنظيمي المطلوب تحققه كضرورة تاريخية، في مرحلة لاحقة، بعد توفر وإنضاج عوامله الموضوعية والذاتية، وذلك بإيلاء الأيديولوجيا أهمية وصلاحية غير عاديتين في المقاربة الماركسية العربية للتجريبي والممكن، فالماركسية العربية كما يقول مهدي عامل لم تكن في جملتها سوى فلسفة أخلاقية للتعبئة، وأنها كانت تبعا لذلك قاصرة عن ان تبدع برنامجها النظري السياسي، من هنا أهمية التركيز على حقل المعرفة كحقل مميز من حقول الصراع الطبقي[16].

ذلك إن وحدة المفاهيم أو الإطار المعرفي السياسي، ووضوحها لدى هذه الأحزاب والقوى، ارتباطاً بوضوح تفاصيل مكونات الواقع الاجتماعي الاقتصادي الثقافي العربي، ستدفع نحو توليد الوعي بضرورة وحدة العمل المنظم المشترك، وخلق المثقف الجمعي العربي عبر الإطار التنظيمي الديمقراطي الاشتراكي الموحد من ناحية وبما يعزز ويوسع إمكانيات الفعل الموجه نحو تحقيق شروط الهيمنة الثقافية في أوساط الجماهير الشعبية من ناحية ثانية، وذلك إدراكا منا لهدف (جرامشي) الحقيقي، أو البعيد، من استخدامه لمقولة (الهيمنة الثقافية)، فهو كما يقول عزمي بشارة رغم إضافته الهيمنة الثقافية وجعلها ساحة الصراع الأساسية في المرحلة ما قبل الثورية، إلا أنه بعيد كل البعد عن إحالة مهمات التغيير على عاتق المجتمع المدني القائمة، فالأدوات الأساسية للتغيير التي يجب أن يعمل من خلالها، المثقفون العضويون الذين يحملون فكر التغيير، هي الحزب الاشتراكي من أجل تحقيق الهيمنة الأيديولوجية الكفيلة بإزالة الفرق بين الدولة والمجتمع، ذلك إن مفهوم المجتمع المدني عنده، ليس هو مفهوم الاتحادات والجمعيات الطوعية والمؤسسات المدنية القائمة على التواصل العقلاني، على العكس من ذلك.

يعتقد (جرامشي) أن مسألة الهيمنة الثقافية لا يمكن حسمها عقلانيا، وإن الحزب القادر على الهيمنة الثقافية هو الحزب الاشتراكي، القادر بمثقفيه العضويين، أي الذين يتحزبون بوضوح لفئة اجتماعية بعينها، على التحول من ثقافة النخبة الى ثقافة الجماهير، وعلى تملك مشاعر وأحلام الجماهير، والتحول الى مُركّب من مركبات

هويتها الثقافية، والتحول الى دين جديد أو فكرة مركزية توحيدية يزود الناس بمعنى لحياتهم، ويجندهم باتجاه التغيير نحو مجتمع أفضل[17]، يكون هدف النضال السياسي فيه كسر استبداد الأنظمة وتجاوزها، وإخراج الجماهير الشعبية من حالة الإحباط والركود، وتفعيل دورها الذاتي المدرك لوجوده، كميدان رئيسي للفعل الجماعي والارادة الشعبية الخلاقة لتحقيق أهدافها في التحرر القومي والديمقراطي، عبر التصدي ومقاومة العدوانية الصهيونية الإمبريالية على بلادنا، وإزاحتها من جهة، في موازاة النضال من اجل التحرر الديمقراطي الاجتماعي الداخلي وفق قواعد الاعتماد العربي على الذات للخلاص من التبعية والتخلف وتحقيق الديمقراطية وتكافؤ الفرص والعدالة الاجتماعية من جهة ثانية.

الامن الاقتصادي العربي:

ثمة تراكمات عربية واقليمية وعالمية حصلت بين قمتي الخرطوم والرياض، وليست جميعها لمصلحة الدول العربية، فبعد خطة بوش في العراق، انعقد المؤتمر الاقليمي - الدولي في بغداد بمشاركة دولية واسعة، وبعد الانقسام الفلسطيني الداخلي، تمكن بيان مكة من التمهيد لقيام حكومة الوحدة الوطنية. أما الأمن الوطني في كل من العراق والصومال والسودان ولبنان وفلسطين. فما يزال مهدداً، أو غائباً.

واذا كانت مجموعة الدول العربية معنية باستقرار العراق، فإنها مطالبة بمساعدته على وقف التقاتل الداخلي، وانتشار الارهاب والفوضى. والعراق يختزن إمكانات التفجير الأمني بينما يختزن الاحتياط النفطي، وتهديد وحدته وأمنه خطر على الأمة العربية في حاضرها ومستقبلها، ومن المتوقع والحال هذه أن تبقى الأزمة العراقية في رأس اهتمامات القمة العربية، وأن تتوصل إلى مجموعة قرارات تحتاج إلى متابعة، ما هي أبرز القرارات المتوقعة، إضافة إلى عبارات مكررة حول وحدة العراق، وأمنه، وسيادته، واستقلاله.

فإن الدول العربية المجاورة للعراق (السعودية وسوريا والأردن والكويت) ستتبنى نتائج قمة بغداد، وقد تسهم بمزيد من الفاعلية في المؤتمر المقبل سواء عقد في تركيا أو

في دولة أخرى، هذا بالإضافة إلى التنبه لأولوية درء الفتنة بين السنة والشيعة بعدما صارت مادة معلنة في البيانات الرسمية للأحلاف والكتل الدولية والإقليمية.

وإذا كانت الإدارة الأمريكية الحالية مسؤولة عما آلت إليه الأوضاع الداخلية للعراق بحكم واقع الاحتلال، وتبعاته، وآثاره، فإن مسؤوليتها تنسحب على تفاصيل الفتنة المشار إليها، وهي حالة مستجدة على رغم ما يُقال حيال جذورها التاريخية، لقد تنبه الديمقراطيون داخل الكونجرس إلى هذا المعطى، وإلى خطورة الدور الأمريكي في العراق، وما سيتركه من سلبيات على سمعة أمريكا في العالم، وهذا ما زادهم اندفاعاً نحو تحقيق هدف جدولة الانسحاب من العراق، بدافع تقليل الخسائر الأمريكية - المادية والبشرية والمعنوية - في الشرق الأوسط، وتالياً على مستوى النظام العالمي.

إذا كان هدف السلام في العراق وفلسطين، والشرق الأوسط عامة، مسيطراً على مؤتمر الرياض، فإن دور الأمم المتحدة سيخيم على المؤتمر لجهة المطالبة بتعزيز دورها في إدارة الأزمات الدولية، وتسوية النزاعات في العالم، ولعلّ مشاركة رئيسة الجمعية العامة للأمم المتحدة الشيخة هيا آل خليفة مؤشر إلى هذا التوجه الأممي، من خلال المطالبة بتعزيز دور الجمعية العامة في حماية الشرعية الدولية، وفي معالجة قضايا الفقر وحقوق المرأة وحوار الحضارات على المستوى العالمي، وفي معرض الدعوة إلى التسامح ونبذ العنف والتعصب. تقول الشيخة هيا آل خليفة، لا أحد يملك تفسير الدين ووضع مفهوم للدين، لأن الاجتهادات هي اجتهادات إنسانية قابلة للتغيير باختلاف المكان والزمان.

ولا يمكن تبني آراء معينة لفقهاء أو أئمة واعتبار أنها وحدها تمثل الدين، لأن هناك عديداً من المدارس والمذاهب في التفسير تختلف من رأي إلى آخر، باختلاف المكان والزمان. حبذا لو تتبنى قمة الرياض هذا المفهوم، وتأخذ بهذا التوجه عند وضع السياسات الداخلية والخارجية. على صعيد آخر، سيبرز دور الأمم المتحدة عند مناقشة قضية فلسطين، وخصوصاً بعد تشكيل حكومة الوحدة الوطنية الفلسطينية بناءً على بيان مكة بمبادرة من المملكة العربية السعودية، وبدلاً من ان يبقى دور المنظمة

الدولية مشرفاً، أو مشاركاً، ثمّة حاجة دولية ليصبح هذا الدور مركزياً في معالجة هذه القضية الأساسية في الشرق الأوسط والعالم.

إن تكرار قرارات الشرعية الدولية في بيانات القمم العربية أمر متوقع، وقد يكون مفيداً، بيد أن الأهم هو وضع استراتيجيات مشتركة لدفع الدبلوماسية الدولية نحو تنفيذ القرارات بعيداً من المراوغة الاسرائيلية، فلا يجوز على سبيل المثال قبول تصوير اسرائيل كأنها موافقة على خارطة الطريق، بعدما وضع شارون 14 تحفظاً عليها، ووضع أولمرت الجانب الفلسطيني في موقع الرافض لها، وهو الذي يتعرض يومياً للاضطهاد والقمع في الضفة الغربية وقطاع غزة.

بين قمة الخرطوم وقمة الرياض سنة من التراجع العربي على المستوى الأمني، الأمن الوطني والأمن الجمعي العربي. لقد ساءت أحوال الصومال والعراق وفلسطين ولبنان في السنة الماضية، وما تزال جامعة الدول العربية تنتظر الإصلاح، في هذا المجال، كانت أعلنت المملكة العربية السعودية وضع خطة إصلاحية للجامعة، وسوف تناقشها في القمة المقبلة.

هنا بيت القصيد الأهم في العمل العربي المشترك، وإذا لم يتدرج هذا العمل نحو الإطار المؤسسي- بعيداً من الارتجال، فإن خيبة أمل جديدة ستضاف إلى خيبات سابقة، وما أكثرها. في هذا المضمار الإصلاحي، تبرز ضرورة انتقال العرب من مفهوم التكامل السياسي إلى مفهوم التكامل الوظيفي. تكامل في العلاقات الاقتصادية والثقافية والتكنولوجية والاجتماعية بعيداً من التنازع السياسي، وخلافات القادة، وقطع العلاقات والاتصالات، تكامل يؤتي الناس فوائد شتى في حياتهم ومستقبلهم. توجه كهذا هو الذي يؤسس للمؤسسية، وللتكاملية، بعيداً من سيطرة النزاعات السياسية.

في زمن العولمة، لم تعد الأساليب العربية التقليدية مجدية في العمل المشترك وفي زمن التكتلات الاقليمية والدولية الكبرى، صارت فكرة التنظيم الإقليمي العربي حاجة وضرورة معاً. وعبثاً يبحث التحليل الايديولوجي عن الحلول الممكنة لمشكلات

متراكمة. وحده التكامل الوظيفي يصحّ مدخلاً إلى العمل المشترك، قد يُقال: وهل تسمح الحكومات العربية بقيام هذا النوع من التكامل، إذا لم تدرك أهميته، وإذا لم تسمح به، فإنها ستواجه معارضات من الداخل العربي

ومن المجتمع العالمي، ثمة مجتمع مدني عالمي آخذ بالتشكل، وهو يخترق الحدود السياسية التقليدية، ويأخذ قسطاً من المفهوم التقليدي لسيادة الدولة الوطنية، ولن يبقى الواقع العربي منعزلاً عن هذا التحول العالمي، المسألة هي في عامل الوقت، فبدلاً من الانتظار المكلف لا بد من دخول عصرـ المؤسسية والتكاملية. هل تقوى قمة الرياض على النهوض بهذه المهمة؟ وهل تأخذ قضية الأمن العربي بمفهومها الشامل ما تستحق من دراية ومتابعة.

قمة ريو والانجازات العربية في مجال التنمية المستدامة:

منذ قمة ريو، تحققت في المنطقة العربية بعض الإنجازات الفعلية في مجال التنمية المستدامة وخاصة في مجال الصحة والتعليم ومستويات المعيشة إلا أن هنالك أيضاً عدداً من المعوقات التي تواجه الدول العربية في التطبيق الأبعد للتنمية المستدامة، تتضمن غياب السلام والأمن واستمرار الاحتلال الأجنبي لبعض الأراضي العربية، الفقر، الأمية، النمو السكاني وعبء المديونية، الطبيعة القاحلة للمنطقة ومحدودية الأراضي الزراعية والمياه، كذلك محدودية قدرات المراكز الأكاديمية والبحثية وحداثة تجربة المجتمع المدني، ولقد تبنت جامعة الدول العربية إنطلاقا من الإعلان الوزاري العربي عن التنمية المستدامة الصادر في القاهرة 25 أكتوبر 2001 مدخلاً إقليمياً متكاملاً من خلال مجلس الوزراء العرب المسؤولين عن شؤون البيئة والمجالس الوزارية المتخصصة الأخرى، بالتعاون مع المنظمات العربية والإقليمية والدولية، لتطوير البرنامج الإقليمي للتنمية المستدامة.

وتتطلع الجامعة إلى المجتمع الدولي لمساعدة الدول العربية على مواجهة التحديات والمعوقات الخاصة بالمنطقة. وترحب بما ابداه المجتمع الدولي من الاستعداد لتفعيل تنفيذ جدول أعمال القرن الحادي والعشرين وأهداف التنمية التي تضمنها

إعلان الألفية ومخرجات مؤتمر القمة العالمي للتنمية المستدامة، وتهدف هذه المبادرة إلى التصدي للتحديات التي تواجه الدول العربية من أجل تحقيق التنمية المستدامة وتؤكد إلتزام الدول العربية بتنفيذ جدول أعمال القرن الحادي والعشرين وأهداف التنمية التي تضمنها إعلان الألفية ومخرجات مؤتمر القمة العالمي للتنمية المستدامة أخذين في الاعتبار مبدأ المسؤولية المشتركة ولكن المتباينة.

وتسعي إلى تفعيل وتعزيز مشاركة الدول العربية من أجل إبراز الجهود التي تقوم بها نحو تحقيق التنمية المستدامة وخصوصاً في ظل العولمة وأثارها، وإيجاد آلية لتمويل برامج حماية البيئة وتحقيق التنمية المستدامة، وتعتبر هذه المبادرة إطاراً عاماً لما يمكن تنفيذه من برامج وأنشطة بالإمكانات المتاحة لدي الدول العربية والمنظمات العربية والإقليمية والدولية المعنية والمؤسسات التمويلية العربية والإقليمية والدولية. ومن خلال بناء شراكات مع الأقاليم والمجموعات الأخري والمنظمات والمؤسسات الدولية ضمن الإطار العالمي لتحقيق التنمية المستدامة وبمشاركة جميع الشركاء على كافة المستويات الوطنية والإقليمية وبصفة خاصة المجتمع المدني بما في ذلك الإعلام، وتتضمن المبادرة المجالات التالية:

اولاً: السلام و الأمن

إيجاد بيئة مواتمة على المستوى الإقليمي لدعم الجهود الرامية لتحقيق السلام والأمن بما في ذلك إنهاء الاحتلال ونبذ التهديد بالعدوان والتدخل في الشؤون الداخلية للدول وفقاً لقرارات الشرعية الدولية ومبدأ الأرض مقابل السلام وعلى أسس عادلة لتعزيز مسار التنمية المستدامة. وحماية البيئة والموارد الطبيعية للشعوب الواقعة تحت الأحتلال، وإصلاح البنية الاقتصادية والاجتماعية التى دمرها الاحتلال.

ثانياً: الإطار المؤسسي

تدعيم وتعزيز البنية المؤسسية في الدول العربية في مجال التنمية المستدامة بما في ذلك تطوير وتنفيذ السياسات والتشريعات اللازمة. ودعم جهود جامعة الدول العربية لبناء آلية للتعامل مع التنمية المستدامة على المستوي الإقليمي.

ثالثاً: الحد من الفقر

دعم خطط العمل والبرامج الإقليمية، وشبه الإقليمية، والوطنية والمحلية وخاصة من خلال تمويل المشروعات الصغيرة، والتعاون الفني والمؤسسي للوصول إلى التخفيف من حده الفقر مع إعطاء اهتمام خاص لدور المرأة.

رابعاً: السكان والصحة

تعزيز تطوير سياسات سكانية متكاملة والارتقاء بالخدمات الصحية الأولية وتدعيم برامج التوعية للنهوض بتنظيم الأسرة ورعاية الطفولة والأمومة. ودعم الجهود لتنمية صحة السكان من خلال توفير الماء النظيف والغذاء الآمن، والصرف الصحي والتحكم في أخطار الكيماويات والتلوث بكافة أشكاله.

خامساً: التعليم والتوعية والبحث العلمي ونقل التكنولوجيا

دعم تطوير استراتيجيات وبرامج وطنية للتعليم ومحو الأمية كجزء من استراتيجية الحد من الفقر ودعم تحقيق الأهداف المتفق عليها عالمياً بشأن التعليم، بما في ذلك المنصوص عليها في إعلان الألفية. وتشجيع نقل وتوطين التكنولوجيا الملائمة إلى وداخل المنطقة العربية وتطوير القدرات العربية ومؤسسات البحث العلمي والتكنولوجي لمواجهة التحديات التى تواجهها المنطقة العربية والاستفادة من الدعم الفني المتاح من المؤسسات والمنظمات الدولية في هذا الخصوص ودعوة الدول الصناعية لتنفيذ التزاماتها الواردة بهذا الخصوص في الاتفاقيات الدولية.

دعم تنمية نظام لتكنولوجيا المعلومات من خلال مبادرات متكاملة وتوفير بيئة مواتية لجذب الاستثمارات للمنطقة العربية في هذا المجال. وتشجيع المبادرات الخاصة

بتعزيز القدرات الوطنية والإقليمية في مجال المعلومات البيئية مثل مبادرة أبو ظبي الدولية حول المعلومات البيئية (2002). وتشجيع برامج الجوائز العربية الخاصة بالبيئة والتنمية المستدامة مثل جائزة زايد الدولية للبيئة وجائزة السلطان قابوس لحماية البيئة.

سادساً: إدارة الموارد

تشجيع الإدارة المتكاملة لموارد المياه بما فيها أحواض الأنهار ومستجمعات المياه وفق أحكام القانون الدولي والاتفاقيات القائمة ويتضمن ذلك تطوير التشريعات وتعظيم الاستفادة من الأنشطة القائمة على المنابع والمجري الأوسط والمصبات. وحماية مصادر المياه، بما في ذلك المياه الجوفية والأنظمة البيئية للأراضي الرطبة من التلوث، ودعم مجهودات تنمية مصادر المياه البديلة، والعمل على تطوير مصادر تقنيات جديدة لتحلية مياه البحر وحصاد مياه الأمطار وإعادة تدوير المياه. ودعم تطوير وتطبيق سياسات وبرامج وطنية في مجال البحوث الزراعية، وبالخصوص الأساليب الزراعية المناسبة للمنطقة وتقنيات الحصاد في الأراضي القاحلة. ودعم التطبيق الإقليمي، وشبه الإقليمي والوطني لاتفاقية الأمم المتحدة لمكافحة التصحر عن طريق الآليات الموجودة في المنطقة لتطوير وتطبيق برامج العمل القائمة.

مطالبة المجتمع الدولي تعزيز جهود الدول العربية لتطبيق استراتيجيات الإدارة المتكاملة للمناطق الساحلية، أخذاً في الاعتبار التركز السكاني في المناطق الساحلية في المنطقة العربية وأهمية التطبيق الإقليمي للبرنامج العالمي لحماية البيئة البحرية من التلوث من المصادر البرية والبرامج الأخرى ضمن مناطق البحار الإقليمية لحماية والمحافظة على نوعية البيئة البحرية والتنوع البيولوجي. ومطالبة المجتمع الدولي تعزيز جهود الدول العربية لتحقيق التنمية المستدامة للمناطق الجبلية واستزراع وإعادة استزراع الغابات في الدول العربية وبناء القدرات في مجال الإدارة المستدامة للجبال والغابات. ومطالبة المجتمع الدولي تعزيز جهود الدول العربية لتطوير برنامج إقليمي

لحماية التنوع البيولوجي ويتضمن ذلك إنشاء بنك إقليمي للجينات وتطبيق بروتوكول قرطاجنه لاتفاقية التنوع البيولوجي في المنطقة.

مطالبة المجتمع الدولي تعزيز جهود الدول العربية للتعامل مع تردي نوعية الهواء في العديد من المدن العربية، بما في ذلك استراتيجيات التخطيط الحضري، وتحديد مناطق استخدامات الأراضي، وبرامج التحكم في انبعاثات الهواء، وبناء الأنظمة والشبكات الإقليمية وشبه الإقليمية للنقل المستدام. ومطالبة المجتمع الدولي تعزيز جهود الدول العربية للوصول إلى الإدارة السليمة للكيماويات، مع التركيز بالخصوص على الكيماويات والنفايات الخطرة، وذلك عن طريق المبادرات لمساعدة الدول العربية لعمل سجلات وطنية للكيماويات، ووضع الأطر والاستراتيجيات الإقليمية والوطنية لإدارة الكيماويات وإيجاد نقاط اتصال وطنية للكيماويات. ودعم ترويج آليات وتقنيات الإنتاج الآمن والأنظف، والاستخدام الأنظف والأكفأ لكل من النفط والغاز الطبيعي، وبناء مصارف للكربون عن طريق التشجير واستزراع الغابات.

دعم القدرات العربية لتطبيق الاتفاقيات البيئية متعددة الأطراف وآلياتها بما في ذلك الدعم الفني والمادي من المجتمع الدولي. ومطالبة الدول الصناعية تطبيق التزاماتها في الاتفاقيات البيئية الدولية من خلال قيامها بإزالة كل أوجه الإعانات المقدمة لقطاع الطاقة فيها وبالذات المقدمة للفحم والطاقة النووية وكل أنواع التحيز الضريبي القائم لديها ضد المنتجات البترولية. وتوفير مساعدة فنية لتقوية قدرات الدول العربية بما في ذلك القدرات البشرية والمؤسسية للإدارة الفعالة للكوارث، تتضمن المراقبة والإنذار المبكر.

سابعاً: الاستهلاك والإنتاج

ترويج مفهوم أنماط الإنتاج والاستهلاك المستدام في المنطقة العربية، وتشجيع استخدام المنتجات التي تساهم في حماية الموارد الطبيعية.

ثامناً: العولمة والتجارة والاستثمار

مطالبة المجتمع الدولي تعزيز جهود الدول العربية لتجنب التأثيرات السلبية الناتجة عن العولمة على المستويات التقنية والاقتصادية والبيئية والاجتماعية. وتعزيز الجهود العربية تجاه تحسين التجارة البينية عن طريق تقوية ودعم منطقة التجارة الحرة العربية الكبرى. وتعزيز القدرة التنافسية للسلع العربية والسعي إلى إلغاء الدول الصناعية كل أنواع الإعانات والدعم والقيود التي تعيق نفاذ السلع العربية إلي الأسواق الدولية. والتطلع إلى تسهيل وإسراع دخول الدول العربية في عضوية منظمة التجارة العالمية وإلى ضرورة تكثيف الجهود الدولية الرامية لتوسيع وتنويع القاعدة الاقتصادية لديها. وتهيئة بيئة استثمارية عربية جيدة تشجع المؤسسات الدولية والإقليمية على تحقيق زيادة في الاستثمارات الموجهة إلى الدول العربية. وتدعو المبادرة العربية إلي دعم مبادرات الشراكة بين الدول النامية والصناعية والشراكة بين الدول ومنظمات المجتمع المدنى والقطاع الخاص على أن تكون هذه الشراكات عادلة وغير انتقائية والأ تتضمن اشتراطات سياسية أو اقتصادية.

إن تطوير برنامج العمل لتطبيق هذه المبادرة سيتم وفقاً لنصوص إعلان جدة حول المنظور الإسلامي للبيئة(2000)، إعلان أبو ظبي عن مستقبل العمل البيئي العربي(2001)، إعلان أبو ظبي للتنمية الزراعية ومكافحة التصحر (2002)، الإعلان الإسلامي حول التنمية المستدامة (2002)، ومقررات منتدى عمان الدولي للبيئة والتنمية المستدامة (2001)، وسيأخذ بعين الاعتبار نتائج المؤتمرات والندوات الإقليمية والدولية ذات الصلة مثل إعلان دبي حول الإدارة المتكاملة للموارد المائية في المناطق الجافة(2002)، وإعلان مسقط حول مؤتمر عمان الدولي لتنمية وإدارة القنوات المائية (2002).

وهنالك ثلاثة مجالات أعطيت الأولية في التنفيذ وجاري حالياً بالتعاون بين المنظمات العربية والإقليمية ذات العلاقة تحديد المشاريع التي سيشرع في تنفيذها ضمن برنامج الإدارة المتكاملة للموارد المائية، برنامج إدارة تدهور الأراضي ومكافحة

التصحر وبرنامج الإدارة المتكاملة للمناطق الساحلية والموارد البحرية. وستكون البرامج الثلاثة والمشاريع جاهزة للاعتماد من خلال الآليات الإقليمية في أواخر شهر أكتوبر 2002.

مبادرة الامن الاقتصادي خطوة الالف ميل التنموية 2009

في تحول ينبئ عن فصل مسار التنمية في البلدان العربية عن السياسة بتحوله إلى الاقتصاد، أعلن في ختام القمة العربية الاقتصادية والتنموية والاجتماعية (قمة التضامن مع الشعب الفلسطيني في غزة) في 2009/1/21 إعلان الكويت الذي يمثل خطوة الألف ميل في السباق العربي التنموي. ويأتي إعلان الكويت الذي يستهدف تحقيق التكامل الاقتصادي في عالم التكتلات الكبرى بمبادرة عربية تستهدف تعزيز الأمن الاقتصادي العربي، غير أن الحضور الطاغي للاقتصاد لم يصد العرب عن همهم السياسي وآلام إخوانهم في غزة. وأكد إعلان الكويت في القمة العربية الاقتصادية والتنموية والاجتماعية على الصلات الوثيقة والأهداف المشتركة التي تربط الوطن العربي والعمل على توطيدها وتدعيمها وتوجيهها إلى ما فيه تنمية المجتمعات العربية قاطبةً وإصلاح أحوالها وتأمين مستقبلها.

وقال الإعلان الذي تلاه الأمين العام لجامعة الدول العربية عمرو موسى إن قادة الدول العربية المجتمعين في مؤتمر القمة العربية الاقتصادية والتنموية والاجتماعية بدولة الكويت، اجتمعوا (من منطلق فكر اقتصادي تنموي عربي عصري وجديد، والتزاماً بما ورد في ميثاق جامعة الدول العربية وما أبرم في إطار الجامعة من اتفاقات ومواثيق وما اعتمد من استراتيجيات). وأشاد الإعلان بالمبادرة الكويتية - المصرية التي أكدت على العلاقة بين الأمن والسلم الاجتماعي العربي للتنمية الاقتصادية والاجتماعية والتي تم تفعيلها بصدور قراري قمة الرياض 2007 وقمة دمشق 2008 بعد قمة تخصص لدفع عجلة التنمية في العالم العربي.

وبين الإعلان أنه تم اتخاذ القرارات اللازمة التي تضمن الارتقاء بمستوى معيشة المواطن العربي وإعطاء الأولوية للاستثمارات العربية المشتركة وإفساح المجال للقطاع

الخاص والمجتمع المدني للمشاركة في عملية التنمية الاقتصادية والاجتماعية. وأكد الإعلان ضرورة تدعيم مشروعات البنية الأساسية وتنمية قطاعات الإنتاج والتجارة والخدمات والمشروعات الاجتماعية وحماية البيئة، إضافة إلى مشروعات الربط الكهربائي ومخطط الربط البري العربي وبرامج الأمن المائي والغذائي بهدف تحقيق التكامل الاقتصادي العربي.

وشدد الإعلان على اعتبار التنمية الاجتماعية، بكل عناصرها وعلى رأسها التعليم والتنمية البشرية، عاملين أساسيين في تحقيق أهداف التنمية الشاملة. وأضاف: (إننا إذ نراقب التقدم الذي حققته العديد من الدول العربية في معدلات التنمية البشرية، وعلى الأخص في مجال التعليم وتحسين الخدمات الصحية ومكافحة الفقر والأمية، وإذ نتابع التقدم في التنمية الاقتصادية، وخصوصاً في إنجاز منطقة التجارة الحرة العربية الكبرى وما حققته التجمعات الاقتصادية والإقليمية العربية والتقدم في جهود التعاون الدولي والتجمعات الدولية.

ونظراً إلى ما للأزمة المالية العالمية من تداعيات وتشعبات؛ فقد تداعت العديد من الدول والتكتلات الاقتصادية والمؤسسات المالية والدولية لإيجاد الحلول المناسبة لها والحد من تفاقم أضرارها؛ مما يوجب علينا سياسات نقدية ومالية تعزز قدرة الدول العربية على مواجهة تداعيات الأزمة المالية العالمية والمشاركة الفعالة في الجهود الدولية لضمان الاستقرار المالي العالمي وتفعيل دور المؤسسات المالية العربية لزيادة الاستثمارات العربية البينية ودعم الاقتصاد الحقيقي للدول العربية. وأشاد القادة بالمبادرة التنموية الرائدة التي أعلن عنها حضرة صاحب السمو أمير البلاد والتي أعلن عنها في القمة الاقتصادية والتنموية والاجتماعية والتي تهدف إلى توفير الموارد المالية اللازمة لدعم الأعمال الصغيرة والمتوسطة برأسمال قدره مليارا دولار.

كما أشاد القادة بمساهمة دولة الكويت برأسمال هذه المبادرة البالغ 500 مليون دولار. كما تقرر انتظام عقد اجتماعات القمة الاقتصادية بشكل دوري كل عامين. وتحقيقاً لآلية المتابعة في تنفيذ قرارات القمة وبرنامج العمل وما ورد في الإعلان كلف

المجلس الاقتصادي والاجتماعي والأمانة العامة لجامعة الدول العربية لمتابعة ذلك وتقديم تقارير متابعة حول التقدم المحرز في التنفيذ بشكل دوري إلى القمم العربية.

وذكر الإعلان أنه على الرغم من الإنجازات المحققة فلا يزال الوطن العربي يواجه تحديات محلية ودولية تمس أمن وسلامة واستقلال دوله وسلمه الاجتماعي، ومنها على المستوى المحلي الفقر والبطالة وتواضع مستوى المعيشة وتدني معدلات التجارة والاستثمارات البينية وهجرة الأموال والكفاءات العربية إلى الخارج وضعف البنية التحتية ومستوى التعليم وعدم مواكبة المخرجات التعليمية لمتطلبات التنمية والمنافسة العالمية. وقال الإعلان إن من التحديات كذلك مشكلات الأمن الغذائي والمائي والتغير المناخي والطاقة وعدم الاستخدام الأمثل للموارد. وعلى المستوى الدولي قال الإعلان إنه نظراً لضخامة حجم الأزمة المالية العالمية وتشعباتها واضطراب الأسواق المالية العالمية وخطر الركود والانكماش الاقتصادي وتأثيراته السلبية على عملية التنمية فقد تداعت العديد من الدول والتكتلات الاقتصادية والمؤسسات المالية الدولية لإيجاد الحلول المناسبة لها والحد من تفاقم أضرارها بما في ذلك الجهود التي بذلت من جانب الدول العربية. واتفق القادة على مضاعفة الجهود لتحقيق التكامل الاقتصادي والاجتماعي العربي باعتباره هدفاً أساسياً تسعى لتحقيقه كل الدول العربية وركيزة أساسية لدفع العمل الاقتصادي والاجتماعي العربي المشترك لتحقيق التنمية الاقتصادية والاجتماعية للدول العربية بما يحقق تطلعات الشعوب العربية ويجعلها أكثر قدرة على الاندماج في الاقتصاد العالمي والتعامل مع التجمعات السياسية والاقتصادية الدولية.

وفيما يخص الأزمة المالية العالمية نوّه الإعلان إلى اتفاق القادة على اتباع سياسات نقدية ومالية تعزز قدرة الدول العربية على مواجهة تداعيات الأزمة المالية العالمية والمشاركة الفاعلة في الجهود الدولية لضمان الاستقرار المالي العالمي وتفعيل دور المؤسسات المالية العربية لزيادة الاستثمارات العربية البينية ودعم الاقتصاد الحقيقي للدول العربية.

وأكد الإعلان ضرورة التوجيه لتشجيع الاستثمارات العربية البينية وتوفير المناخ الملائم والحماية اللازمة لها وتسهيل حركة رؤوس الأموال العربية بين أقطار الوطن العربي وتوسيع نطاق وآليات تنفيذ الاتفاقية الموحدة لاستثمار رؤوس الأموال العربية في الدول العربية. كما أكّد الإعلان كذلك ضرورة التوجيه بتعزيز دور الصناديق والمؤسسات المالية العربية المشتركة والوطنية وتطوير مواردها وتسهيل شروط منح قروضها وتطوير آلياتها ونوافذها لتمويل مشروعات البنية الأساسية لتتمكن من المساهمة في تمويل مشاريع التكامل الاقتصادي العربي بالاشتراك مع القطاع الخاص وتوفير التسهيلات الائتمانية للمشاريع.

وفيما يتعلق بالإحصاء أكّد الإعلان ضرورة توفير البيانات والمؤشرات الإحصائية الدقيقة والضرورية لعمليات التخطيط ورسم السياسات واتخاذ القرارات المناسبة في مجالات التنمية الاقتصادية والاجتماعية وتطوير وتعزيز قدرات أجهزتها الإحصائية. وحول القطاع الخاص شدد الإعلان على توفير المقومات الاقتصادية والبيئة القانونية الملائمة لعمل القطاع الخاص وإزالة العقبات التي تحد من ممارسة دوره الفاعل في التنمية الاقتصادية والاجتماعية في الدول العربية وتعزيز دوره في بناء التكامل الاقتصادي والاجتماعي العربي وتسهيل انتقال الأفراد ولا سيما رجال الأعمال وإزالة أي عقبات تعترض انتقال رأس المال العربي بين الدول العربية.

وأكد الإعلان العمل على رفع القدرات البشرية للمواطن العربي ضمن جهود بلوغ الأهداف التنموية للألفية عام 2015 ومجموعة الأهداف المتفق عليها دولياً للحد من الفقر وتوسيع نطاق تمكين المرأة والشباب وتوسيع فرص العمل أمامهم والنهوض بالصحة والتعليم وزيادة الدخول الحقيقية. وأما فيما يتعلق بالتعليم والبحث العلمي فنوه الإعلان إلى تطوير التربية والتعليم لمواكبة التطورات المتسارعة في العلم والتقنية والارتقاء بالمؤسسات التعليمية وتأهيلها بما يكفل أداء رسالتها بكفاءة وفاعلية واقتدار ودعم تنفيذ خطوة تطوير التعليم والبحث العلمي المعتمدة من قمتي الخرطوم 2006 ودمشق 2008م.

وأشار الإعلان إلى ضرورة الاهتمام بالبحث العلمي ودعم ميزانيته وتيسير الوصول إلى المعرفة وتوثيق الصلة بين مراكز البحوث العربية وتوطين التقنية الحديثة وتشجيع ورعاية الباحثين والعلماء والاستفادة منهم. ويرى الإعلان في الخدمات الصحية ضرورة تحقيق التوسع في مشروعات الرعاية الصحية الأساسية في الدول العربية وتفعيل دور المؤسسات الصحية العربية المشتركة لرفع مستوى الخدمات الصحية وتقديمها بصورة ملائمة للمواطن العربي وإيلاء العناية بالأمراض غير المعدية، وعلى نحو خاص مكافحة داء السكري، والاهتمام بإنتاج الدواء والمواد الفعالة وتيسير إجراءات تسجيلها بما يحقق الأمن الدوائي العربي.

وأكد الإعلان أهمية رفع العنصر البشري باعتباره الثروة الأساسية ورفع مستوى التعليم وربطه باحتياجات التنمية ودعم برامج التأهيل والتدريب والتشغيل للعمالة بما يحد من البطالة في الاقتصادات العربية ورفع كفاءة وإنتاجية القوى العاملة العربية لتفي بمتطلبات أسواق العمل العربية وتوفير مزيد من فرص العمل في القطاعات الاقتصادية المختلفة.

وحول قضايا المرأة أكَّد الإعلان أهمية تمكين المرأة والارتقاء بأوضاعها الاقتصادية والاجتماعية والقانونية وتعزيز دورها في الحياة العامة تحقيقاً لمبدأ المساواة وتأكيداً لمبادئ العدل والإنصاف في المجتمع. وأضاف الإعلان ضرورة التوجيه بوضع الإمكانات اللازمة للنهوض بالشباب العربي وتمكينه وتثقيفه ليصبح مؤهلاً لاستكمال مسيرة التنمية وتفعيل مشاركته في مشاريع التنمية. وأكد الإعلان ضمان حقوق المهاجرين والاهتمام بالكفاءات العربية المهاجرة خارج الوطن العربي وتقوية صلتها بالوطن والعمل على توفير بيئة مناسبة لتوطين وإنتاج المعرفة بما يعزز الاستفادة من هذه الكفاءات في التنمية الاقتصادية والاجتماعية بالدول العربية.

وأكد الإعلان ضرورة الاهتمام بالإسكان في خطط التنمية الاقتصادية والاجتماعية للدول العربية وتعزيز ودعم الشراكة بين الحكومات والقطاع الخاص ومؤسسات التمويل في إطار برنامج شامل للاستثمار العقاري في المنطقة العربية ومن

ذلك توفير السكن الاجتماعي منخفض التكاليف لذوي الدخل المحدود. وفي مجال التنمية الزراعية والأمن الغذائي دعا الإعلان إلى العمل على زيادة الإنتاج الزراعي وتحسين معدلاته وتشجيع الاستثمار في التنمية الزراعية واتخاذ الإجراءات اللازمة لتوفير المناخ الاستثماري الملائم لذلك وسرعة تنفيذ استراتيجية التنمية الزراعية التي أقرتها قمة الرياض 2007 للمساهمة في تحقيق الأمن الغذائي والاكتفاء الذاتي باعتبارهما من أولويات الأمن القومي العربي.

وحول التنمية الصناعية أكّد الإعلان ضرورة تحقيق التكامل والتنسيق وتنويع الإنتاج الصناعي وتدعيم قاعدته الإنتاجية والإسراع في تنفيذ استراتيجية التنمية الصناعية التي تم إقرارها بقمة الجزائر عام 2005م. ودعا الإعلان إلى التوجيه الفوري إلى إزالة العقبات التي لا تزال تعترض التطبيق الكامل لمنطقة التجارة الحرة العربية الكبرى قبل نهاية 2010 تمهيداً لإقامة الاتحاد الجمركي العربي في موعد مستهدف عام 2015 كخطوة أساسية للوصول إلى تحقيق السوق العربية المشتركة في أفق زمني مستهدف عام 2020 إلى جانب تسريع تحرير تجارة الخدمات بين الدول العربية نظراً للدور المهم الذي يلعبه هذا القطاع في التنمية الاقتصادية.

وأكد الإعلان تحرير قطاع الاتصالات وتقنية المعلومات تعزيزاً للقدرة التنافسية لشركات الاتصالات وتقنية المعلومات العربية وتنمية الأطر التشريعية التي تغطي جوانب هذا القطاع وتشجيع القطاع الخاص على الاستثمار فيه. وحث على وضع استراتيجيات وطنية لحماية الملكية الفكرية وتطوير تشريعاتها بما يتوافق أيضاً مع الالتزامات الدولية وتعزيز نظم حماية الملكية الفكرية لضمان التقدم الاقتصادي والاجتماعي والثقافي للمجتمع. وركز الإعلان على سياسات التنمية السياحية العربية وعلى الاستثمار الأمثل لما يمتلكه الوطن العربي من مقومات سياحية ومنها الثروات الطبيعية والثقافية والتاريخية وذلك من خلال توفير البنية الأساسية اللازمة المشجعة على السياحة والاستثمار مع مراعاة معايير التنمية السياحية المستدامة وتطوير

المشروعات السياحية باعتبارها إحدى وسائل تحقيق التنمية الاقتصادية والاجتماعية في الدول العربية.

وطالب بتعزيز التعاون العربي في مجال الطاقة ولا سيما تحسين كفاءتها وترشيد استخدامها كوسيلة لتحقيق التنمية المستدامة وتعزيز شبكات الربط الكهربائي العربي القائمة وتقويتها وإنشاء سوق عربية للطاقة الكهربائية وكذلك تعزيز شبكات الغاز الطبيعي وتوسيعها وزيادة مشاركة القطاع الخاص في استثماراتها وإدارتها وتوسيع استخدام تقنيات الطاقة المتجددة والطاقة النووية للأغراض السلمية في عمليات الإنتاج.

وفيما يتعلق بالنقل أكَّد إعلان الكويت السعي لتحقيق ربط شبكات النقل البري والبحري والجوي فيما بين الدول العربية باعتبارها شرايين أساسية لحركة التجارة والسياحة والاستثمار والعمالة داخل المنطقة العربية مع ربطها مع محيطها الإقليمي والسعي لرفع مستوى تنافسية مرافق النقل العربية من خلال التوجه إلى سياسات تحرير خدمات النقل فيما بين الدول العربية وعلى الأخص في تنفيذ برنامج فتح الأجواء بينها وكذلك من خلال تطوير الأطر التنظيمية بهدف جذب حصة أكبر من حركة النقل العالمية مستفيدين من الموقع الجغرافي المتميز للمنطقة العربية. ووجه الإعلان باتخاذ الإجراءات اللازمة للمحافظة على البيئة والموارد الطبيعية والاستخدام الأمثل لها لتحقيق التنمية المستدامة واعتبار ذلك ركناً أساسياً في جميع المجالات التنموية الاقتصادية والاجتماعية لتحسين نوعية حياة المواطن والعمل على الحد من أثر التغيرات المناخية وتداعياتها على المجتمعات العربية.

وطالب الإعلان بوضع استراتيجية عربية لتحقيق الأمن المائي العربي والتحرك على المستويين الوطني والعربي لمواجهة العجز المائي باعتبار ندرة المياه أحد التحديات الكبرى. وأكد الإعلان أهمية دور المجتمع المدني في التنمية الاقتصادية والاجتماعية وتوفير التسهيلات لتشجيع قيام مؤسسات المجتمع المدني بهذا الدور وتعزيز التعاون بين الحكومات ومنظمات المجتمع المدني.

ودعا الإعلان إلى تعزيز التعاون العربي الدولي وتعزيز دور الدول العربية في المؤسسات والمنظمات الإقليمية والدولية وتعزيز وتدعيم جامعة الدول العربية ومؤسساتها من أجل القيام بالمهام المنوطة بها لتحقيق التكامل الاقتصادي والاجتماعي العربي وتمكينها من متابعة تنفيذ القرارات التي تصدر عن القمم العربية والمجالس الوزارية للجامعة. وتوجه القادة بالشكر إلى دولة الكويت حكومةً وشعباً وإلى صاحب السمو أمير البلاد الشيخ صباح الأحمد الجابر الصباح على استضافة المؤتمر وإدارته الحكيمة لجلساته. وأعربوا عن اعتزازهم بالجهود المتصلة والمشاورات المكثفة التي قامت بها جامعة الدول العربية وأجهزتها للتحضير وتوفير عوامل نجاح هذه القمة.

التاكيد على اهمية التنمية المستدامة

ان دراسة الابعاد الاقتصادية والاجتماعية والسياسيةواثارها على هيكل الاقتصاد الوطني التي تضمن تحقيق الكفاءة الاقتصادية وعلاقاتها بالمحافظة على البيئة والتنمية المستدامة ضماناً لحصة الاجيال القادمة من الموارد الطبيعية والرفاهية الاقتصادية وعلى وجه الخصوص في البلدان النامية التي تكون معظم اقتصادياتها لاترقى الى اقل مستوى في تحقيق المنافسة والكفاءة الاقتصادية، فضلاً عن ضعف دور الدولة في ادارة الاقتصاد الوطني.رغم ما تتمتع به هذه الدول من افضلية بيئية عن غيرها من دول العالم المتقدم، الا ان ضعف الحماية البيئية ودفاعاتها قد يجعلها وسيلة للاستغلال والتحلل البيئي المستقبلي الذي يعرض اجيالها المستقبلية الى مشاكل بيئية متعددة قد لايعاني منها الجيل الحاضر في هذه الدول.

تمتلك بعض الدول النامية القدرة على تشكيل وتخطيط وتنفيذ وادارة برامج البيئة ودمج هذه البرامج في جهودها للتنمية البشرية الشاملة ويشاهد مثل هذا العجز غالباً كأحد العقبات الرئيسية التي تعيق سياسات وبرامج للتنمية البشرية [18].

ويعني تعزيز القدرة الوطنية للوفاء بهذه الاغراض تدريب الناس، صناع القرار مؤهلون، مديرون وموظفون متخصصون لاغنى عنهم على جميع المستويات، لكن هذا

يعني خلق قدرات لها كفاية ذاتية لتشكيل ادارة سياسة وبيئية، ولا يكفي ان تطالب المنظمات والدول الكبيرة الدول الصغيرة منها بالاهتمام بالفقراء، دون تقديم العون اللازم لفعل ذلك [19].

ولتوليد ودمج تقنيات مناسبة ولتطوير وعي اجتماعي ودعم للقضايا والمشاكل والفرص، يستدعي بناء القدرة على التنمية التزام وطني اساسي ومستمر في كل دولة ودعم دولي.مثل هذا الدعم الدولي من مصادر ثنائية او متعددة الاطراف الى جانب التعاون بين الدول النامية يصبح ضرورياً على مدى فترة طويلة من الزمن، فالاضافة الى ذلك ينبغي ان يمتد الدعم الخارجي الى ابعد بكثير من المساعدة التقنية لتضمن تحويل للمصادر الرئيسية في شكل استثمار وتمويل و قروض، وينبغي ان تكون الاولوية في البلدان النامية لاستثمار الموارد البشرية حتى لاتصبح اوجه القصور في رأس المال البشري عائقاً للتنمية او عاملا يؤدي الى ابقاء الناس في حالة فقر مطلق[20].

قد تصبح المساعدة الفنية هي حجر الزاوية للتمهيد لتحويل المصادر وللمساعدة في تشكيل وتطبيق المساعدة المالية الخارجية. من الصعب تقدير تكلفة سد احتياجات بناء القدرات، لكن الواضح هو ان الانتقال الى انماط من التنمية قابلة للاستمرار بصورة اكبر يتطلب جهود هائلة من جميع الدول لتقدير متطلبات مثل هذه الجهود ينبغي القيام بتقييم اكثر تفصيلاً لهذه الاحتياجات وعلى اساس مثل هذا التقييم يمكن تصميم برامج بناء للقدرات اكثر تنظيماً، ويمكن تمويل مثل هذا البرنامج لبناء القدرات عن طريق نافذة لمنشأة البيئة العالمية او أي تمويل عالمي يتم الانفاق عليه من جانب مجلس التنمية الاقتصادية التابع للامم المتحدة، مع العلم ان أي دولة غنية اليوم او مؤسسة مالية لا تغامر باقراض الدول الفقيرة متعضة من تجربة مشكلة المديونية التي تفجرت عام 1982 بامتناع بعض الدول المدينة عن تسديد الديون [21].

من اجمالي المبلغ المتوفر 10- 15% ينبغي ان تخصص بالكامل لبناء وتعزيز القدرات المحلية، ويمكن ان يضم البرنامج ثلاث برامج فرعية[22]:

1. **التخطيط الاداري البيئي**: لمساعدة الدول النامية على اعداد الاجزاء الخاصة بها في جدول اعمال "21" وهو البرنامج العالمي للتنمية المستدامة، سيكون الهدف الرئيسي لهذا البرنامج الفرعي هو تأسيس القدرة في الدول النامية لتخطيط وادارة البيئة داخل اطارها التخطيطي الشامل [23].

2. **نافذة لبناء القدرات**: لتوفير المصادر للدول النامية من اجل برامج بناء قدرات خاصة تعزيزآ لجدول الاعمال "21" ويمكن ان تستهدف هذه البرامج خاصة بناء المؤسسات ووضع السياسات والتشريعات، كما انها قد تساعد الدول النامية على انشاء البنية التحتية الادارية والتنظيمية المناسبة لتنفيذ برامج وسياسات تنمية مستدامة [24].

شبكات التنمية المستدامة: لتشجيع التعاون بين الدول النامية عن طريق تبادل المعلومات والسياسة المجربة للتنمية المستدامة، في مسح اجراه برنامج الامم المتحدة الانمائي، اكد اكثر من 100 دولة نجاح مجلس التنمية الاقتصادية في الامم المتحدة يعتمد على قدرة الدول النامية لتخطيط وادارة بيئتها الخاصة وعلى جدول اعمال للتنمية المستدامة.

توصيات الفصل الثالث:

خرجت الدراسة بالتوصيات التالية:

1. إن تحقيق التنمية المستدامة في الوطن العربي يستوجب وضع استراتيجية عربية مشتركة ومتكاملة لتحسين الأوضاع المعيشية والاقتصادية والإجتماعية والصحية للمواطن العربي وصون البيئة في المنطقة العربية تأخذ بعين الاعتبار الظروف التاريخية والحاضرة للمنطقة والتنبوء بالمتغيرات المستقبلية والتطورات العالمية

2. تحقيق السلام والأمن على أسس عادلة وإزالة بؤر التوتر وأسلحة الدمار الشامل وفي مقدمتها السلاح النووي من منطقة الشرق الأوسط، والحد من الفقر والبطالة، تحقيق المواءمة بين معدلات النمو السكاني والموارد الطبيعية

المتاحة، والقضاء على الأمية وتطوير مناهج وأساليب التربية والتعليم والبحث العلمي والتقني بما يتلاءم مع احتياجات التنمية المستدامة.

3. دعم وتطوير المؤسسات التنموية والبيئية وتعزيز بناء القدرات البشرية وإرساء مفهوم المواطنة البيئية،، والحد من تدهور البيئة والموارد الطبيعية، والعمل على إدارتها بشكل مستدام يحقق الأمن المائي والغذائي العربي والمحافظة على النظم الأيكولوجية والتنوع الحيوي ومكافحة التصحر.

4. تطوير القطاعات الإنتاجية العربية وتكاملها واتباع نظم الادارة البيئية المتكاملة و أساليب الإنتاج الأنظف وتحسين الكفاءة الإنتاجية لرفع القدرة التنافسية للمنتجات العربية وتعزيز قدرات التنبوء بالحوادث الصناعية والكوارث الطبيعية والاستعداد لها، ودعم دور القطاع الخاص ومؤسسات المجتمع المدني وفئاته وتشجيع مشاركتهم في وضع وتنفيذ خطط التنمية المستدامة وتعزيز دور المرأة ومكانتها في المجتمع.

5. وضع سياسات اقتصادية وبيئية تأخذ بعين الاعتبار المحافظة على مصادر الطاقة غير المتجددة وتطويرها وترشيد استغلالها والحد من آثارها السلبية على الإنسان والبيئة وتشجيع استخدام مصادر الطاقة المتجددة على أسس بيئية وإقتصادية سليمة، ايلاء التنمية البشرية اهتماماً أكبر في المنطقة العربية من خلال تعزيز السياسات الوطنية والإقليمية التي تهتم بصحة الإنسان ورعاية الطفولة والأمومة والشيخوخة وذوي الإحتياجات الخاصة وذلك للمحافظة على التماسك الأسري وتطوير مناهج التربية والتعليم في مختلف المراحل ودعم مراكز البحث العلمي والتقني، ورفع مستوى الوعي والثقافة والتأهيل.

6. الحرص على الانضمام الى الاتفاقيات الدولية البيئية المتعددة الاطراف بما يخدم المصالح العربية، و تعزيز التعاون الاقليمي في مجال المحافظة على البيئة، ومساعدة الدول العربية و الدول النامية الاخرى في التعامل مع الاثار الاقتصادية والاجتماعية المترتبة عن تنفيذ السياسات والبرامج الدولية لمعالجة المشاكل البيئية العالمية وتعويضها بما يكفل عدم اعاقة برامجها التنموية.

هوامش ومصادر الفصل الثالث :

1. في مقدمة الطبعة الأولى من رأس المال، كتب ماركس في عام 1867 يقول: إلى جانب الشرور الحديثة، أو الآلام في العهد الحالي، علينا أن نتحمل سلسلة طويلة مـن الأمـراض الوراثيـة الناتجة عن بقاء أساليب إنتاج بالية، تخطاها الزمن، مع ما يتبعها مـن علاقـات سياسـية و اجتماعية أضحت في غير محلها زمنياً، و التـي تولدها تلـك الأسـاليب، ففـي مثل هـذه الأحوال، ليس علينا أن نعاني فقط الآلام بسبب الأحياء، و إنما بسبب المـوتى أيضـاً : فالميت يكبل الحي، هذا التحليل الذي قصد به ماركس الدولة الألمانية آنذاك، ينطبـق علـى الوضـع العربي الداخلي عموماً، و على جوهر الأزمة الاجتماعيـة فيـه بشكل خـاص. كـارل مـاركس، رأس المال، الجزء الأول، ترجمة محمد عيتاني، مكتبة المعارف-بيروت،1975، ص7.

2. والإشكالية الكبرى أن المجتمع العربي يتعرض اليوم لهذه الأحوال المأزومة بكل أبعادهـا، في اللحظة التي انتقل فيها العالم من مرحلة تاريخية سابقة، الى المرحلة الجديـدة أو العولمـة، بتسارع غير مسبوق، و بمتغيرات نوعية تحمل في طياتهـا، في الحاضـر و المستقبل تحـديات غير اعتيادية، لا يمكن امتلاك القدرة على مواجهتها إلا بامتلاك أدواتها العلميـة و المعرفيـة أولاً عبر أحكـام سـيطرة الحي (المدينـة) علـى الميـت (الصـحراء)، فالاسـتلاب الأيـديولوجي بشكليه السلفي و الاغترابي هو أبرز الآليات الداخلية التي تعيد إنتاج التأخر، و تعيد إنتـاج الاستبداد، و تحافظ على البنى و العلاقات و التشكيلات القديمة ما قبل القوميـة، فالعلاقـة بين المستوى الأيديولوجي السياسي، و المستوى الاجتماعي الاقتصادي، هـي علاقـة جدليـة، تُحوِّل كل منهما الى الآخر في الاتجاهين، آخذين بالحسبان أيضاً أن المستوى السياسي محـدد و محكوم بطابع الـوعي الاجتماعي السائد. جاد الجباعي، التبعية و إشكالية التـأخر التاريخي، كتاب جدل، العدد الثالث، مؤسسة عيبال، قبرص،1992، ص145.

3. د. محمود عبد الفضيل، التشكيلات الاجتماعية والطبقية في الوطن العربي، مركز دراسات الوحدة، بيروت-1988، ص99. المعروف أن مصطلح البرجوازية هو مصطلح له دلالة اجتماعية سياسية ثقافية، إذ أن كلمة برجوازية كما يقول د.محمود عبد الفضيل تفيد معنى التمدن في نمط وأسلوب الحياة والأفكار والنظرة، فعلى سبيل المثال: إن مفهوم (البرجوازية) أو البرجوازي لا ينطوي في بلادنا عموما على ذات المعنى الذي ينطوي عليه ضمن سياق أوروبي، إذ يستخدم هذا المصطلح في سياق الكتابات العربية حول الأوضاع والعلاقات الطبقية، ليعني طبقة تتطلع الى القيام بالدور نفسه الذي قامت به نظيرتها الأوروبية ولكن دون أن يكون لديها نفس القدر من السلطات الاقتصادية والنظرة الاجتماعية.

4. مهدي عامل، النظرية في الممارسة السياسية، دار الفارابي، الطبعة الثالثة، بيروت، 1990، ص356.

5. د. حليم بركات، المجتمع العربي في القرن العشرين، مركز دراسات الوحدة العربية، بيروت، تموز 2000، ص19.

6. د.حليم بركات، المصدر السابق، ص24.

7. د.هشام شرابي، البنية البطريركية- سلسلة السياسة والمجتمع، دار الطليعة، بيروت،1987، ص30.

8. د.محمود عبد الفضيل، مصدر سبق ذكره، ص137-138.

9. المصدر السابق، ص140.

10. د. حليم بركات، مصدر سبق ذكره، ص327.

11. د.حليم بركات، المصدر السابق.

12. د. فؤاد مرسي، البورجوازية الصغيرة الوضع الطبقي و الموقف الفكري، الطليعة، القاهرة، يوليو 1969، ص10.

13. د. رمزي زكي، وداعاً للطبقة الوسطى، دار المستقبل العربي، القاهرة-1997، ص84-85.

14. د. فؤاد مرسي، مصدر سابق، ص16.

15. المفارقة أن معظم هذه المنظمات في فلسطين والوطن العربي، لم تقم بعقد أية مؤتمرات داخلية لانتخاب هيئاتها ومجالس إداراتها بصورة ديمقراطية منذ تأسيسها الى اليوم، رغم تداولها الكمي الواسع لموضوع الديمقراطية والتعددية السياسية في كافة المحافل ووسائل الإعلام.

16. د.طاهر لبيب، جرامشي وقضايا المجتمع المدني، مركز البحوث العربية-القاهرة، 1991، ص164

17. د.عزمي بشارة، مصدر سبق ذكره، ص169-170.

18. تقارير التنمية البشرية، برنامج الامم المتحدة الانمائي.

19. د.محمود خالد المسافر، اشكالية التناقض بين وصفات صندوق النقد الدولي ووصايا اجتثاث الفقر في الوطن العربي، الندوة العلمية لقسم الدراسات الاجتماعية في بيت الحكمة، بغداد، 2002، ص288.

20. The world Bank ,1995,investing in people, The world Bank in action ,Washington. D.c1995,p5.

21. د. فؤاد مرسي، صندوق النقد الدولي، قمة الرأسمالية العالمية في مواجهة البلدان النامية، مجلة المنار، مطابع الاهرام، القاهرة،1989، ص 30.

22. United Nations ,Human Development Report.

23. د.رواء زكي يونس الطويل، ضوابط الديمقراطية وحقوق الانسان في ظل التنمية المستدامة، مجلة اداب الرافدين، العدد3/44، جامعة الموصل، العراق،2006، ص 1205-1238.

24. جورج قرم، التنمية البشرية المستدامة والاقتصاد الكلي، حالة العالم العربي، سلسلة دراسات التنمية البشرية، الامم المتحدة، نيويورك، 1990، ص14.

الفصل الرابع

التنمية المستدامة والبطالة

مقدمة الفصل الرابع:

البطالة مشكلة اجتماعية كما هي مشكلة نفسية واجتماعية وامنية وسياسية وجيل الشباب هو جيل العمل والانتاج لانه جيل القوة والطاقة والمهارة والخبرة. والبطالة من خلال تعريف من هو العاطل عن العمل تعرف منظمة العمل الدولية العاطل "كل من هو قادر على العمل راغب فيه ويبحث عنه ويقبله عند مستوى الاجر السائد ولكن دون جدوى".ويتضح من خلال التعريف ليس كل من لايعمل عاطل فالتلاميذ والطلاب والمعاقين والمسنين والمتقاعدين ليسوا عاطلين عن العمل، واحصائياً العاطلون عن العمل من الافراد لايعملون اكثر من ساعة وفي نفس الوقت لديهم استعداد للعمل.

فالعاطلين هم فقدوا الامل في العثور عن العمل، واصحاب العمل المؤقت من يعاني من نقص الاستخدام، ومن هم في غنى عن العمل لايمكن اعتبارهم عاطلين عن العمل.هذا التعريف يروم الى تقليص الرقم الحقيقي للعاطلين ويحتسب معدل البطالة، معدل البطالة =عدد الافراد العاطلين عن العمل/ عدد الافراد القادرين عن العمل، وهو معدل لايمكن تحديده بدقة (حساب معدل البطالة على اساس الساعات التي تم استغلالها، فترة الركود يتخلى العديد من العمال عن البحث عن العمل)، تختلف نسبة العاطلين حسب الوسط حضري او فردي، حسب الجنس، السن، نوع التعليم والمستوى الدراسي.

اهمية الفصل الرابع:

تعتبر البطالة من اخطر المشكلات التي تواجهها مختلف دول العالم سواء المتقدمة او النامية نظراً لنتائجها وانعكاساتها في جوانب الحياة الاقتصادية والاجتماعية والسياسية وما تتركه من اثار سلبية في حياة الافراد والجماعات الانسانية فهي تشكل بيئة خصبة لنمو العديد من الامراض الاجتماعية والنفسية وانتشار العنف والجريمة

وخفض مستويات المعيشة وزيادة عدد من يقعون تحت خط الفقر وما يرافق ذلك من ظروف صعبة وقاسية.

وتنتشر البطالة في العديد من دول العالم. ففي استراليا تتراوح نسبة البطالة من (8%-9%) وفي الولايات المتحدة الامريكية بلغت نسبة البطالة عام 1997 م الى 3.9% وفي السويد وصلت عام 1993 الى 14% (1999، wiener &Oei,1999) وفي ايطاليا بلغت نسبة البطالة الى حوالي 10.75% وفي المانيا بلغت نسبة البطالة فيها 6.5% وفي فرنسا 11.5% وفي بريطانيا 11.5% وفي اسبانيا وصلت الى 22% ((Nicclo,1993).

فقد كشفت العديد من الدراسات بان البطالة تؤدي الى ارتفاع نسبة الاصابة بالاكتئاب (Feather Barber ,1983) والى الشعور بانخفاض تقدير الذات كما اشارت دراسة جولدسميث وفيوم Goldsmith & Veum 1997 والاصابة بالقلق ونوبات الغضب ولوم الذات كما جاء في دراسة كوفمان Kaufman ,1982 بالاضافة الى ان البطالة تولد النزعة نحو مركز الضبط الخارجي كما اكدت دراسة كل من يونغ (Young 1986,) ودراسة جولد سميث وفيوم (Goldsmith &Veum,1996) والى تدهور ملحوظ في النظام المعرفي والعاطفي كما بينت دراسة بورغن وامندسون (Borgen&Amundson ,1987) وقد يترتب على استمرار البطالة تعاطي الكحول واساءة استخدام العقاقير كما بينت نتائج دراسة شاكرباني ((chakrapani ,1995.

ونظراً لخطورة مشكلة البطالة وما ينجم عنها من اثار سلبية مختلفة فان العديد من المجتمعات قد بذلت وتبذل الجهود الحثيثة لوضع الخطط اللازمة وتنفيذ البرامج المختلفة ضمن الخطط التنموية المتعاقبة للتصدي لمشكلة البطالة والحد من اثارها وتاثيراتها على الفرد والمجتمع.

وكغيرهم من المختصين , كان لعلماء النفس دوراً هاماً في تحليل سلوك العاطل عن العمل وفهمه والتعرف على العوامل الشخصية والبيئة المسؤولة عن العزوف عن العمل. بالاضافة الى دراسة الاثار السلبية للبطالة في شخصية العاطل عن العمل بجميع

جوانبها ويعتبر علم النفس الصناعي وعلم النفس الارشادي والمهني من اكثر فروع علم النفس اهتماماً بمشكلة البطالة (Goldsmith & Veum, 1996)، حيث يعمل المختصون في هذه المجالات على توفير المعرفة العلمية الدقيقة وتقديم الخدمات الارشادية المتخصصة لمواجهة مشكلات العمل والعمال، وفي توجيه العامل نفسياً ومهنياً بما يحقق تكيفه مع المهنة ومع زملاء العمل، وبما يحقق انتاجاً افضل ويحقق الرفاهية والسعادة التي يتطلع اليها كل من الفرد والمجتمع.

مشكلة الفصل الرابع:

الشاب يفكر في بناء اوضاعه الاقتصادية والاجتماعية بالاعتماد على نفسه من خلال العمل والانتاج لاسيما ذوي الكفاءات والخريجين الذين امضوا الشطر المهم من حياتهم في الدراسة والتخصص واكتساب الخبرات العملية، وكما يعاني عشرات الملايين من الشباب من البطالة بسبب نقص التأهيل وعدم توفر الخبرات لديهم لتدني مستوى تعليمهم واعدادهم من قبل حكوماتهم او اولياء امورهم. و تفيد الاحصائيات العملية ان البطالة لها اثار سلبية وسيئة على الصحة النفسية كما لها اثار على الصحة الجسدية ان نسبة كبيرة من العاطلين عن العمل (يشعرون بالفشل وانهم اقل من غيرهم كما وجد ان نسبة منهم يسيطر عليهم الملل وان يقضتهم العقلية والجسمية منخفضة).

وان البطالة تعيق عملية النمو النفسي بالنسبة للشباب الذين مازالوا في مرحلة النمو النفسي. كما وجد ان القلق والكآبة وعدم الاستقرار يزداد بين العاطلين بل ويمتد هذا التأثير النفسي ـ الى حالة الزوجات وان هذه الحالات النفسية تنعكس سلبياً على الزوجة والاولاد وتزداد المشاكل العائلية. وعند الاشخاص الذين يفقدون الوازع الديني يقدم البعض منهم على شرب الخمور بل ووجد ان 69% ممن يقدمون على الانتحار هم من العاطلين عن العمل. ونتيجة التوتر النفسي تزداد نسبة الجريمة كالقتل والاعتداء بين هؤلاء العاطلين ومن مشاكل البطالة ايضاً هي مشكلة الهجرة وترك الاهل والاوطان التي لها اثارها ونتائجها السلبية كما لها اثارها الايجابية.والسبب

الاساسي في هذه المشاكل بين العاطلين عن العمل هو الافتقار الى المال وعدم توفره لسد الحاجة.

فرضية الفصل الرابع:

ينطلق البحث من فرضية اساسها ان هناك اسباب فاقمت من مشكلة البطالة وحتى قبل احتلال العراق منها: الاستخدام غير العقلاني لموارد الدولة والبطء الشديد في تنمية القطاع الزراعي وهيمنة الذهنية العسكرية لدى قادة النظام السابق التي دفعت به الى توجيه موارد مالية كبيرة تزيد على الايرادات النفطية نحو الاغراض العسكرية والتسلح واقامة الصناعات العسكرية وخوض الحروب الخارجية والداخلية دون مبرر مما اسهم في تدمير البلاد والمشاريع التي اقيمت على مدى اكثر من اربعين عاماً وقد ادت تلك السياسات الهوجاء الى استهلاك الثروة الوطنية دون ان يصاحب ذلك خلق ثروة جديدة لتعويضها من اجل تحقيق التنمية الاقتصادية والرفاه الاجتماعي من خلال تحسين الدخل الفردي.

هدف الفصل الرابع:

يهدف البحث الى بيان ان البطالة من اعقد المشاكل التي تواجه البلدان والحكومات وخاصة بلدان وحكومات العالم الثالث والفقيرة منها على وجه الخصوص لما يوافقها من تبعات سلبية ضارة على المجتمعات حيث تظهر تلك التبعات على شكل امراض نفسية واجتماعية خطيرة تتحول بفعل الايام الى انحراف اخلاقي يصل الى حد الاجرام كذلك يتحول الكثير من الفقراء الى متسولين يستجدون قوت يومهم بذل ومهانة يصعب معالجتها في المستقبل لانها اذا استفحلت فان علاجها يحتاج الى الكثير من الجهد والوقت والمال، العراق بلد الخيرات المتنوعة سواء الطبيعية او الزراعية او الصناعية وغيرها وفيه الكثير من مصادر الرفاه والرقي بما يسد حاجات ابناءه ويزيد الى اعوام قادمة.

البطالة افرازات الظروف السابقة

فالعراق بلد من اهم الدول المصدرة للنفط وثاني دولة من حيث الاحتياطي النفطي في العالم اصبح اليوم دولة مستوردة للنفط ومشتقاته من الدول المجاورة وهي دول معظمها غير نفطية لاغرابة ابداً في ذلك بلد اقتصاده منهار ومرافقه مدمره وبنيته التحتية تحتاج الى مليارات الدولارات لاعادة بناءها وتثقل كاهله ديون باهظة فقد مر العراق بحروب طاحنة كلفته خسائر اقتصادية معلنة بقيمة 830 مليار دولار منه 450 مليار دولار خسائر الحرب العراقية الايرانية و 230 مليار دولار خسائر الغزو العراقي للكويت و150 مليار دولار خسائر عائدات النفط غير المتحققة بسبب العقوبات الاقتصادية الدولية والحصار التجاري والمالي الشامل الذي فرض على العراق لمدة 13 عام، كل ذلك ادى الى الوصول الى هذه الظروف الاقتصادية التي يعيشونها الى الان بالتاكيد ان ابسط مايطلق عليها افرازات تلك الحروب وتلقي بظلالها القاتمة عليهم ومن اهم تلك الافرازات مشكلة البطالة.

اسباب البطالة:

البطاله في العراق تشكل 50% من الايدي العاملة القادرة على اداء المهمات العملية والوظيفية العضلية والفكرية هي نسبة كبيرة جداً لاتجدي معها بعض المعالجات البسيطة هنا وهناك، فقد توفرت فرص عمل اكثر من 100 الف فرصة وهي نسبة ضئيلة جداً مقابل طوابير العاطلين بسبب سوء التصرف وعدم الادراك وضعف المسؤولية فان حل بعض الوزارات بشكل تعسفي خلف افواج من العاطلين عن العمل وهي وزارة الدفاع والداخلية والاعلام فان هذه الوزارات تضم الكثير من العناصر التي كانت تحت مظلة العمل في وزاراتها والدوائر التابعة لها وقد كانت تدفع الرواتب لمنتسبيها في كل الاحوال والظروف حتى وان كانت هناك بطالة مقنعة واستهلاكية اكثر مما هي انتاجية، وهناك عوامل من شانها زيادة البطالة :-

1. الركود الاقتصادي : وهو عامل مهم ومؤثر في العملية الاقتصادية بحيث ينخفض الطلب على الايدي العاملة نتيجة لهذا الركود وبالتالي فانه يؤثر مباشرة على العملية الاقتصادية للفرد من خلال قلة الطلب على العمالة

2. تعرض الشركات والمعامل الانتاجية الى الخسائر بسبب العامل الاول الركود الاقتصادي مما يسبب تسريح العاملين في هذه القطاعات وخاصة الاهلية.

3. سوء الادارة وهو من العوامل الاساسيةفي زيادة حجم البطالة حيث ان من الواجب على الدولة تقسيم الكادر البشري الذي هو مؤهل للقيام بالاعمال على فترات زمنية مدروسة ومبرمجة تلائم الظروف التي يمر بها البلد فهناك الخطط القصيرة والمتوسطة والبعيدة الامد وهي تحتاج الى ايدً غير ماهرة واخرى متوسطة ماهرة والكادر المتقدم كالمهندس والطبيب والعالم

4. عدم توفر فرص التعيين في دوائر الدولة ومعاملها ووزراتها بالرغم من احتياج تلك الوزارات للتعيين مثل التعليم، الصحة، الزراعة وبقية الوزارات.

5. هناك معالجات قامت بها الدولة بتشغيل الطلبة في التنظيف وهي حالة سلبية اكثر مما هي ايجابية فأن الشخص الذي يتعود على مصروف يومي يسد احتياجاته ويقطع عنه هذا المورد فجأة فلا بد ان يصاب بالاحباط والحسره وعدم الرضا.

البطالة والعولمة:

ان حجم او معدل التراكم الرأسمالي لوحده لايكفي لتفسير ظاهرتي البطالة والفقر، وانما لابد من اخذ الخصائص المؤسسية للنظام الاجتماعي والاقتصادي والسياسي بالاعتبار، سواء عند توصيف الظاهرة او عند البحث عن سبل مكافحتها، في تطويره العميق لنظرية سميث وريكاردو اكتشف كارل ماركس القوانين الموضوعية للرأسمالية، مثل قانون التراكم، وقانون القيمة الزائدة، وقانون ميل معدل الربح العام الى الانخفاض، وغيرها والتي تقود حتماً الى تعاظم الثروة في يد القلة مما يجعل الكثرة

عاجزة عن استهلاك ما انتجته بسبب المحافظة على مستوى الاجور عند الحد الضروري للمعيشة، فتنفجر الازمة، ازمة التصريف عندما تتكدس القدرة الانتاجية غير القابلة للتشغيل والمنتجات غير القابلة للتصريف في جانب، ويتكدس البشر المنتجون في جيوش العاطلين عن العمل في الجانب الاخر.

ويتحول بحث النظم الراسمالية عن حل لازماتها الخارج الحدود وعلى حساب الاخرين فيصبح هناك عالم ثان وعالم ثالث مستنزفان ويعيشان تحت الفرصة الذهبية للراسمالية الاحتكارية وبالاخص لقطبها الاكبر الامبريالية الامريكية لتعلن نهاية التاريخ في شكل عولمة امريكية لكن التاريخ يعود ليعلن ان كل نهاية هي في الوقت نفسه بدايه لشيئ جديد، فالعولمة الامريكية تلد نقيضها العولمة الاجتماعية المضادة التي بدات تنظم صفوفها بافشال اجتماعات قوى العولمة بدءا من سياتل عام 1998 وتصعيداً في الحجم والقوة حتى اليوم.

كان الوطن العربي اقل مناطق العالم احساساً بمخاطر هذه العولمة وتعبيراً عن مواجهتها الا ان صراعه مع الصهيونية وقوتها الضاربة اسرائيل المندمجين مع الطغمة العالمية الامبريالية اندماجاً عضوياً يجعل الامة العربية في خندق المواجهة الاول مما يدعونا الى القول بخلاف رؤيا الشاعر التركي ناظم حكمت ان اسوا الايام هي الايام التي لم نعشها بعد. وليس مبعث هذه الرؤيا الياس والتشاؤم من امكانيات الوطن العربي وطاقات الامة العربية الهائلة بجميع المقاييس وانما المهمات التي تؤديها الانظمة والنظم المهيمنة على حركة الجماهير العربية في اثقال الحياة العامة والخاصة بما يفوق الاحتمال من الكوارث والمعوقات والقيود حتى اصبحت هذه النظم المهيمنة وقد مات فيها الاحساس باي هم وطني او اخلاقي تجاه بلدها انما تمثل مصالح الخارج في التعامل مع شعبها ولاتمثل مصالح شعبها في التعامل مع الخارج مما يجعل جميع قراراتها وممارساتها تنتج نتائج ذات اثار سلبية ومدمرة على جميع نواحي الحياة في بلدها من البيئة وحتى الاقتصاد والامن الوطني ونوعية الحياة وشروطها الاساسية.

الشباب و البطالة :

يمكن ان تواجه البطالة بين الشباب بالتركيز على تبني المشروعات الانتاجية كحل للبطالة، حيث نجد في البداية يجمع الاقتصاديون والخبراء وحسب ما اوصت به منظمة العمل الدولية **ILO** على تعريف العاطل عن العمل بأنه: " كل من هو قادر على العمل، وراغب فيه ويبحث عنه ويقبله عند مستوى الاجر السائد، ولكن دون جدوى "، وعلى هذا الشاب ان يفكر بأسلوب لاينقصه الابداع حتى يجد ضالته في العمل الملائم والمربح، البطالة شبح يحيط بالخرجين العاطلين ولها اثار اجتماعية خطيرة حيث نجد العاطل يشعر بالاحباط واليأس وعدم الانتماء للدولة، هذا الاحساس يؤدي الى انتشار الجريمة بأنواعها، الى جانب الانحرافات الفكرية.

وكلما طالت فترة التعطل كلما اصبح ضررها جسيماً حيث تؤثر تأثيراً سلبياً على المواهب الفنية والعقلية للعامل فتضمحل مهاراته بل يفقد الانسان ميزة التعود على العمل واتقانه ويتدنى مستواه، كما تؤدي البطالة الى هدر في الطاقات الانتاجية وانخفاض مستوى الناتج المحلي والدخل وختلال الاسعار، الامر الذي ينجم عنه زيادة اعتماد الدولة على العالم الخارجي لتأمين الاحتياجات الاساسية لمواطنيها، ومزيداً من اللجوء الى القروض والمعونات لتمويل شراء هذه الاحتياجات، مما يعيد انتاج التبعية لمراكز الاقتصاد العالمي، وتضعف القدرة التنافسية للاقتصاد المحلي في الاسواق الخارجية.

على مستوى الفرد يكون عالة على الاخرين، الابوين غالباً وتهدد البطالة الاستقرار السياسي، للمجتمع لان الشباب العاطلين عن العمل يضيقون بأوضاعهم المتردية، ولها ايضاً اثار ديموغرافية نتيجة لاهمال الدولة للريف وتردي انواع الوظائف والبنى التحتية مقارنة بما هو عليه واقع عليه الحال في الحضر في العديد من الدول النامية، الامر الذي ادى الى هجرة متزايدة من الريف الى المدينة اضافة الى الهجرة الخارجية، وهجرة العمالة الماهرة ذوي الكفاءات العلمية كذلك ونتيجة لعدم توفر فرص عمل ولعدم حصول الشباب على اجر يمكنهم من مواجهة متطلبات الحياة

المتزايدة، حتى ان الشباب في الدول النامية يأجلون ارتباطهم الى سن الـ35-40 عام الامر الـذي ادى الى تفشي ظاهرة العزوبية والعنوسة والعزوف عن فكرة تكوين اسرة.

المشروعات الصغيرة حل لمشكلة البطالة:

المشروعات الصغيرة هي الحل الذي اعتمدته دول العالم كافة لحل مشكلة البطالة وبنظـرة عامـة نجد ان نسبة من 20-30% من الوظائف حكومية، في حين ان 70% من فـرص العمـل مشـاريع صـغيرة صناعية وخدمية، وفي ايطاليا فقـط 2 مليـون و300 الـف مشروع والـوطن العـربي كلـه بـه 700 الـف مشروع فقط، يذكر ان المشروعات الصغيرة والمتوسطة تمثل اكـثر مـن 90% مـن مجمـل المشروعات في معظم دول العالم فضلاً عن انها اصبحت الان تمثل القوة الدافعة وراء عدد كبير من الاختراعات.

كما انها تساهم في تنمية الاقتصاد المحلي من خلال خلق فرص للعمل والاستثمار والتصدير وينظر الى المنشأت الصغيرة والمتوسطة على انها مرحلة انتقالية في عملية التنمية الاقتصادية، وفي ظـل العولمـة والانفتاح التجاري العالمي تواجد المنشات الصغيرة تحديات عديدة في وجه المشات الواسـعة النطـاق في عالم غير مستقر وسريع التغيرات حيث سيل السلع والخدمات الحديثة تزيد من عبء المنافسة وبمـا ان هذه المشروعات تشكل غالبية المؤسسات العاملة في الاسواق العالمية فان السلطات المعنية تقوم بوضع اجراءات تنفيذية لدعم المشروعات وجعلها اقدر على المنافسة.

مشاكل الشباب في تجربة المشروعات الصغيرة:

الثقافة الوظيفية السائدة في المجتمع العربي لاتزال تقوم على تفضيل العمل الحكومي على الـرغم من انخفاض الاجور الحكوميـة نسـبياً مقارنـة بنظيراتهـا في القطـاع الخـاص وذلـك لمـا تمنحـه الوظيفـة الحكومية من مزايا قد لاتتوفر في غيرها من الوظائف الاخرى مثل الاستقرار الوظيفي وصـعوبة الفصـل بين العمل والتأمين الاجتماعـي والصـحي وظـروف العمـل الافضـل وسـاعات العمـل المريحـة والمكانـة الاجتماعية وهو مايجعل العمل في الحكومة حلم كل شاب عربي حتى وان كان لايوفر الحد الادنى

المطلوب للانفاق او المعيشة، فعلى سبيل المثال في المجتمع المصري يقدر عدد العاملين في القطاع الحكومي في مصر حوالي 5,5 مليون تقريباً اما في تركيا فالعدد نصف مليون فقط على الرغم من ان سكان تركيا مثل عدد سكان مصر تقريباً.

وفي بحث للدكتورة نجوى الفوال حول تفضيل العمل الحكومي تبين ان مايزيد عن 92% يريدون العمل في الحكومة.اما من يفضلون العمل الخاص فذكروا ان الاجر اعلى وانه يقدر طاقات الشباب وامكانية الترقي فيه اسرع وفرص التدريب واكتساب المهارات ومرونة ساعات العمل افضل.وفي المجتمع المصري نسبة محدودة من الشباب هي التي بادرت بمواجهة الواقع بحلول عملية لاتخلو من المغامرة.

ومن اكثر المشاريع التي اقدم الشباب عليها نوادي الانترنت وخدمات المحمول وبالاخص في مصر- رغم امكانياتهم المادية المتواضعة او شبه المعدومة احياناً، فازمة البطالة التي تتصاعد حدتها منذ نحو 5 سنوات الى ان بلغت نسبة 10,7% العام الماضي طبقاً لتقديرات الجهاز المركزي للتعبئة العامة والاحصاء حفزتهم على بدء مشروعات صغيرة، واضافة الى افتقارهم للاموال اللازمة لاقامة مشروعاتهم بشكل مناسب فان ضغوطاً اجتماعية تحيط بهم فمن ناحية يواجهون مطالبة اهلهم بالبحث عن عمل يحقق لهم دخلاً ثابتاً فضلاً عن الضغوط التي تلاحقهم من قبل اهل الفتيات اللاتي يرغبن في الارتباط بهن لان المشاريع الصغيرة من وجهة نظر الاهل لن تحقق الاستقرار اللازم لبناء البيت واستمرار المعيشة الكريمة.

ومن العوائق الاخرى التي تواجه الشباب تلك المتعلقة بالخبرة في مجال العمل، وبأهمية تدريب كوادر للمساعدة في تشغيل تلك المشروعات في حال انشغال اصحابها بأعمال مكملة او بشؤونهم الخاصة، او في حال نجاحها وتوسعها، ويرفض عدد كبير من الشباب الحصول على قروض مصرفية حتى لايتعرض مستقبلهم الى الانهيار اذا ما فشلت مشروعاتهم، وفقدوا القدرة على سداد اقساط الديون وفوائدها حيث ان الصندوق الاجتماعي للتنمية يضع شروطاً يعتبرها عدد كبير من الشباب بيروقراطية وغير متوافقة مع ظروف جيلهم، مثل اشتراطه ان يكون لدى المتقدم للحصول على قرض المكان المناسب، تمليك او ايجار لاقامة المشروع، وعدم تمويل الصندوق لانشاء

المباني والتجهيزات لموقع العمل، واشتراط تقديم شهادة خبرة في حالة عدم وجود مؤهل يتناسب مع طبيعة المشروع تكون معتمدة من مديرية القوى العاملة والتدريب، اضافة الى فوائد القروض التي تتراوح ما بين 7-13% طبقاً لحجم القروض.

مشكلة البطالة في استراتيجية التنمية الوطنية للسنوات 2005-2007:

ازاء هذه المشاكل وغيرها فان الضرورة الوطنية تقتضي توفير الدعم اللازم للقطاع الخاص ومساعدته على النهوض من اجل المساهمة في تحقيق التنمية الاقتصادية مما يؤدي بالنتيجة الى النهوض بالانتاج الوطني وتشغيل الايدي العاطلة عن العمل. على ان ذلك يتطلب توفير الظروف الملائمة ووضع حد لسياسة الاغراق التي تواجهها صناعتنا الوطنية في السوق المحلية ووضع ضوابط محددة للاستيراد واخضاع المواد المستوردة لاجراء السيطرة النوعية والرقابة الصحية.

كما ان دعم الصناعة الوطنية يتطلب اعادة نشاط صندوق التنمية الصناعية لدعم المعامل المتوقفة والمتعثرة وتفعيل دور القطاع الصناعي من اجل تمكينه من توفير القروض المناسبة للقطاع الخاص. وفرض ضريبة الاعمار الحالية البالغة 5% على السلع الجاهزة بعد الانتاج وليس على المواد الاولية.الى جانب ذلك ينبغي البحث عن فرص عمل للفئات المهمشة من النساء والمعوقين واصحاب المهن والحرف العائلية والتركيز على المشاريع الكثيفة. وتوفير المبالغ اللازمة لمنح القروض الصغيرة لاصحاب هذه الحرف، كما ينبغي على الدوائر المعنية اعداد اليات مناسبة لعمليات تدريب وتشغيل الايدي العاملة بما يؤدي الى امتصاص المزيد من العاطلين عن العمل حيث يعتبر القضاء على البطالة عاملاً مهما في استتباب الامن والاستقرار في البلد، وغني عن البيان ان اعادة النظر بمستويات الرواتب التقاعدية وانصاف المتقاعدين من شأنه المساهمة بصورة جدية في توفير الاف الوظائف للخريجين وغيرهم من الشباب المؤهلين للعمل، كما ينبغي اعادة النظر في بعض المناهج الدراسية من اجل تمكين الشباب من التحصيل العلمي الذي يواكب التطور الاقتصادي والصناعي في البلد، حيث تلعب المناهج الدراسية دوراً هاماً في اعداد الايدي العاملة المناسبة لتفعيل حركة اعادة الاعمار.

ان مايلفت النظر هو ان استراتيجية التنمية الوطنية للسنوات 2005-2007 قد خلت مـن الاشـارة الى وجود برنامج وطني واضح لمعالجة مشكلة البطالة في العراق، على الـرغم مـن ان هـذه الـوزارة في مقدمة الوزارات المعنية في هذا الموضوع، الا ان التخفيـف مـن تفـاقم هـذه المشـكلة يبقـى باعتقادنـا مرهوناً بالمباشرة الجدية في حملة الاعمار ومبادرة الدول المانحة الى تقـديم مـا وعـدت بـه مـن امـوال للبدء في هذه الحملة، حيث عرضت السياسة الاقتصادية السابقة على مـدى العقـود الثلاثـة المنصرمـة الاقتصاد العراقي الى مشكلات كبيرة عمقت من الخصائص السـلبية التـي كـان قـد تميـز بهـا بسـبب السياسات الاقتصادية والاجتماعية لعهود التخلف العثمانية وعجز العهد الملكي عن التغلب على البطالة وتجاوزها من خلال تغيير وتعديل بنية الاقتصاد الوطني والمجتمع.

استنباط آلية لمعالجة البطالة :

1. تسهيل مهام المسـتثمرين اصـحاب رؤوس الامـوال العـراقيين والاجانـب وفـق قـوانين وشـروط تتلائم وطبيعة العراق الاقتصادية والبيئية لاقامة مشاريع صناعية وزراعيـة وتجاريـة جديـدة على ان تكون تلك المشاريع ذات رؤوس امـوال ضخمة بحيـث تغطـي المشـروع المـراد اقامتـه وانجاحه والذي يسهم اسهام فاعل في احتـواء اكبـر عـدد مـن العمالـة العراقيـة حيـث يصـبح الطلب على الايدي العاملة العراقية ملحاً اضافة الى الانتعـاش الاقتصادي مـن خـلال طـرح المنتوجات التي تنتجها تلك الشركات وتحريـك الاقتصاد الراكـد الـذي تنسـحب عليـه عوامـل اقتصادية شتى وفي العديد من مسالك الحياة الاعتيادية كالماصلات والتنقل والبناء والكهربـاء وبقية مكملات البناء الاقتصادي الاخرى

2. فتح ابواب العمل في الزراعة من خلال المزارع الجماعية وتقسيم وايجار الاراضي الزراعية وفق عقود تبرم بين الدولة والمزارع بحيث تكون ذات مردود ايجابي للطرفين.

3. الحد من ظاهرة الاستيراد العشوائي للبضائع التي يحتاجها المواطن والتي يمكن تصنيعها داخل القطر وتوفير مستلزمات تصنيعها اجمل واحسن وارقى.

4. من اهم مقومات الحد من البطالة القضاء على حالات التسرب من المدارس حيث ان الكثير من الطلبة تركوا مقاعد الدراسة وتوجهوا الى العمل بفعل الحاجة او العوز لعدم وجود مصادر دخل تعيلهم مما اضاف مشكلة ومزاحمة للعاطلين عن العمل.

5. ان العراق بلد صغير قياساً ببلدان اخرى مثل الصين و دولة مثل الصين وهي بلد المليار والـ700 مليون نسبة او يزيد وهي محدودة الموارد وليست دولة غنية كما هو العراق، ان على العراق بين وقادته ان يستفيدوا من تجارب الاخرين ويضعون نصب اعينهم كيفية معالجة الازمات وخاصة مشكلة البطالة، حيث دربت الصين خريجي الدراسة الاعدادية ليكونو كادراً وسيطاً يمكن الاعتماد عليه في مختلف الاختصاصات في عموم الصين، فمجموعة صارت تتعلم في مجال الطب والاخرى في مجال المحاسبة واخرى في مجال التعليم وهكذا حولوا كوادرهم المتعلمة تعليماً متوسطاً الى طاقة فاعلة.

6. اعادة الحياة الى المعامل والشركات التي توقفت بسبب السلب والنهب والتخريب وذلك باعادة الايدي العاملة التي تسربت منها وترميم واصلاح المكائن التابعة لها واستيراد مكائن جديدة متطورة عن طريق الدول الصديقة والمانحة.

7. الزام الشركات الاجنبية التي يستورد منها العراق بضائع يمكن ان تصنع من العراق بفتح شركات انتاجية داخل العراق تحمل امتياز من الشركات الاصلية مثل شركات صنع السكائر والمواد الغذائية والمشروبات الغازية وحتى الصناعات الثقيلة مثل السيارات والمكائن الزراعية وهذا اوسع مجال للقضاء على جزء كبير من البطالة وتنشيط حركة العمل المتطور الذي تفتقر اليه الصناعات في البلد.

8. فتح مشاريع انتاجية جديدة وخاصة التي تحتاج الى ايادي عاملة غير ماهرة. مثل مجازر الدواجن حيث توفر اللحم وبيض المائدة التي نحن بامس الحاجة لها ونستوردها بكثرة من البلدان الاخرى.

مصادر الفصل الرابع:

1. الباقر، محمد حسين، قياس الفقر في دول اللجنة الاقتصادية والاجتماعية لغرب اسيا، سلسلة دراسات الفقر رقم(3)،1996.

2. العلي، احمد ابريهي، سياسةالاقتصاد الكلي والقطاع الخارجي في العراق، مجلة دراسات اقتصادية، منشورات بيت الحكمة، العدد الاول، السنة الاولى، ربيع عام 1999.

3. الفارس، عبدالرزاق فارس، الحكومة والفقراء والانفاق العام، منشورات مركز دراسات الوحدة العربية، بيروت 1997.

4. امين رشيد كنونة، الاقتصاد الدولي، مطبعة الجامعة، بغداد، 1980.

5. بول باران، الاقتصاد السياسي للتنمية، ترجمة احمد فؤاد بلبع، مراجعة حامد ربيع، دار القلم، القاهرة،1996.

6. جيرالد مايروروبرتبالدوين، التنمية الاقتصادية.ج 1، ترجمة د. يوسف عبدالله صائغ، مكتبة لبنان، بيروت،1964.

7. حمدية زهران، اقتصاديات التنمية، مكتبة عين شمس، القاهرة،1978.

8. سلوى علي سليمان، السشاسة الاقتصادية، وكالة المطبوعات، الكويت، الطبعة الاولى،1973.

9. شارل بتيلهايم، التخطيط والتنمية، ترجمة اسماعيل صبري عبدالله، دار المعارف بمصر-1966.

10. صلاح الدين نامق، نظريات النمو الاقتصادي، دار المعارف بمصر،1965.

11. عبدالسلام الادريسي، التحليل الاقتصادي الكلي، مطبعة جامعة البصرة،1986.

12. عبدالفتاح قنديل، اقتصاديات التخطيط، مكتبة غريب، القاهرة، 1973.

13. عمر محي الدين، التنمية والتخطيط الاقتصادي، دار النهضة العربية، بيروت، 1972.

14. فايز ابراهيم الحبيب، نظريات التنمية والنمو الاقتصادي، مطابع جامعة الملك سعود، الرياض، 1985.

15. محمد صالح القريشي وفواز جار الله نايف، مقدمة في الاقتصاد الدولي، مطابع التعليم العالي، الموصل، 1991.

16. Ackley ,Gardner ,Macroeconomic theory , New York ,The MacmillionCo.1961.

17. Burrows , P. and Hitris "Macroeconomic Theory." John Wiley and Sons ,London , 1974.

18. Dunlop ,T. and John :" Evaluation of factors Affecting on productivity" Macmillan ,London ,1965.

19. Gross Cultural Analysis of Ecmployer-Employee Re-lationship. Kuwait : Management and Society Journal ,1973.

20. H.B.Chenery ,Strucural Change and Development Policy , Aworld Bank Research Publication ,Washington ,1979.

21. http://www.uqu.edu.sa/majalat/humanities/2voll4/b5.htm

22. J.m.keynes ,The General Theory of Employment ,Interest and Money ,Mac Millian ,London ,1969.

23. John Maynard Keynes , "The General Theory of Employment ,Interest and Money " (New York ,Harcourt ,Brace,1936).

24. Kindleberger and B.Hernick ,Economic Development ,3rd.ed , New York.Mc Graw-Hill Book Company ,Inc ,1977.

25. Peterson ,Wallance C.: Income ,Empolyment and Economic Growth ,Revised Edition ,New York :W.W.Norton and Co.1967.

26. Prudensky ,G ,"Labour productivity Concept Factors and Growth Reserves."McGraw –Hill bock Co.1964.

27. Shapiro, E, "Macroeconomic Analysis " 3rd edt , Harcourt Brace Jovonich,New York ,1979.

28. د.رواء زكي يونس الطويل، آلية معالجة بطالة الشباب في العراق، مجلة اداب الرافدين، العدد 53، جامعة الموصل، العراق، 2009، ص325-342.

الفصل الخامس

التنمية الاجتماعية لغرض التغيير الاجتماعي

مقدمة الفصل الخامس:

التنمية ما هي إلا عملية تغيير حضاري، وهذا التغير الحضاري بالغ الصعوبة والتعقيد، ولذلك فالتنمية تتطلب تبديلا اجتماعيا للواقع التاريخي الذي يعيشه المجتمع المختلف بتناول أساليب الإنتاج الاقتصادي وأنماط السلوك الاجتماعي وتبديلا للتجمعات الفكرية والقيمية التي تعوق التحديث والتقديم، ويلازمها في ذلك أساليب محددة ومسالك لتحقيق هذا التغير المنشود.

جوهر التنمية الاجتماعية هو العنصر الإنساني حيث يتم التركيز على قواعد مشاركة الفرد في التفكير والإعداد وتنفيذ البرامج والمشروعات الرامية للنهوض به وزيادة معدل الرفاهية لأفراد المجتمع والاهتمام بخلق الثقة في فاعلية برامج التنمية التي تنحصر من مجموعات ثلاث هي:

أ. مجموعة الخدمات ذات الصلة الحيوية الدائمة بالمجتمع والتي تشخص حياة هذا المجتمع ونظامه الإنتاجي سواء الزراعي أو الصناعي أو غير ذلك.

ب. مجموعة الخدمات التدعيمية التي تعمل على الإعداد للمستقبل مثل الخدمات التعليمية والصحية وغير ذلك.

ج. مجموعة الخدمات العامة للتنمية التي تعتبر الهياكل الأساسية للمشروعات مثل السكك الحديدية والطرق وشبكات المياه والكهرباء والصرف الصحي.. إلخ التي تعتمد عليها المشروعات المقترحة للتنمية.

وهذه المجموعات الثلاث تعمل ككل متكامل ولا يمكن ان تتم عملية التنمية من خلال وجود إحداها من دون الاخرى، ولذلك فإنه لا يمكن القول بأهمية إحداها عن الأخرى، كما أن تعثر إحدى هذه المجموعات إنما يعني تعثر جهود التنمية الاجتماعية ومن ثم ظهور قصور في الوظائف المنوط بالتنمية تحقيقها سواء المباشرة على الفرد وسلوكه أو على المجتمع بأكمله وترتكز تلك الوظائف في الآتي:

1- تزويد الفرد بالمهارات والخبرات الجديدة عن طريق معاهد التعليم ومراكز التدريب التي تعتبر مصادر القوى العاملة المنتجة في البلاد.

2- تزويد المواطنين بكل ما يعنيهم على التكيف مع المتغيرات الاجتماعية التي تطرأ على المجتمع بما يمكنهم من مسايرة ركب التقدم الحضاري.

3- رفع مستوى الأفراد عن طريق الخدمات الثقافية والإعلامية بكل ما يساعدهم على التكيف مع المتغيرات الاجتماعية وكذلك تفادي عوامل التخلف الثقافي التي تعوق عملية البرامج التقدمية.

4- تخليص الأفراد من الشوائب الفكرية والأفكار البائدة والعادات والتقاليد البالية الموروثة التي تعيقهم عن التقدم والعمل على رفع مستواهم.

5- صقل شخصية الفرد التي هي جزء من شخصية المجتمع وذلك في إطار القيم الدينية والفكرية.

6- توفير خدمات الأمن والعدالة والدفاع وذلك لتحقيق حياة الاستقرار والطمأنينة والعدالة الاجتماعية لأفراد المجتمع.

اهمية الفصل الخامس:

الواقع أن الإنسان هو حجر الزاوية في أية عملية تنمية، فهو الذي يدفع بعمله النمو إلى حيث يريد المجتمع في ضوء إمكانياته وموارده المتاحة، ولهذا فهو يعتبر أساس مهم ورأسمال مهم في عملية التنمية، وإذا ما أحيط الإنسان بالعناية المكانية والتدريب المثمر واكتملت له مقومات الصحة والعلم أمكنه أن يصنع الحضارة والقيام بالتغير لتحقيق التقدم المنشود.

وقد تم اتفاق المفكرين الاجتماعيين على الإنسان باعتباره أساس التغيير، وعلى تحقيق التنمية الاجتماعية إلا إنهم اختلفوا في تحديد مفهومها، فهي عند المشتغلين بالعلوم الإنسانية والاجتماعية تعني تحقيق التوافق الاجتماعي لدى أفراد المجتمع بما يعنيه هذا التوافق من إشباع بايولوجي ونفسي-واجتماعي، وهي عند المعنيين بالعولمة

السياسية والاقتصادية تعني الوصول بالإنسان إلى حد أوفى لمستوى المعيشة لاينبغي أن يقل عنه باعتباره حقا لكل مواطن تلتزم به الدولة وتعززه الجهود الأهلية لتحقيق كفاءة استخدام الامكانيات المتاحة إلى أقصى حد مستطاع ونجدها لدى المصلحين الاجتماعيين تعني توفير التعليم والصحة والمسكن الملائم والعمل المناسب لقدرات الإنسان وللدخل الذي يوفر له احتياجاته، وكذلك الأمن والتأمين الاجتماعي والترويح المجدي والقضاء على الاستغلال وعدم تكافؤ الفرص والانتفاع بالخدمات الاجتماعية، في حين نجد أن التنمية الاجتماعية لدى رجال الدين تعني الحفاظ على كرامة الإنسان باعتباره خليفة الله في الأرض.

مشكلة الفصل الخامس:

ليس من شك أن الفرق شاسع بين دخل الفرد في الدول المتقدمة عنه في الدول النامية، وهذا الفرق لا يقف عند حد معين بل يزداد اتساعا نتيجة ازدياد معدل نمو الدخل القومي في الدول المتقدمة عنه في الدول النامية وهذا ينعكس بطبيعة الحال على مستوى دخل الفرد وعلى مستوى معيشته...إلخ، ولذلك تحاول الدول النامية ساعية نحو اللحاق بالدول المتقدمة رغم كل التحديات التي تواجهها في سبيل ذلك في إطار من التخطيط السليم لاستخدام مواردها المادية والبشرية أعظم استخدام ولهذا كان التغيير الاجتماعي والحضاري ضروريا في سبيل تحقيق هذا الهدف، ولعل من أهم أهداف التغيير الاجتماعي في الدول النامية ما يأتي:-

1- زيادة المتوسط الحقيقي لدخول الأفراد.

2- توفير العمل المثمر لكل مواطن.

3- توفير الخدمات المختلفة للمواطنين.

4- تبني سياسة سكانية مناسبة ومتوازنة مع معدل نمو الدخل القومي.

5- الاهتمام بتركيب المجتمع وتنظيماته المختلفة بما يضمن تنمية الجهاز الاجتماعي بالكامل.

وهذا يعني أن التغير الاجتماعي هو عملية تحول من التخلف الاجتماعي والحضاري إلى التقدم الاجتماعي ولذلك فهو يتصل بالإنسان ككائن اجتماعي لأنه المعني بهذا التغيير.

هدف الفصل الخامس:

الهدف من البحث هو بيان انه وراء تصنيف المطالب الاقتصادية والاجتماعية حقوقاً، وتقديم تصور لتوعية حياة الانسان كما يجب ان تكون في عالم المستقبل وتوجيه اعمال وسياسات الحكومات لتحسين معيشة الشعوب المختلفة، ويهدف ايضاً الى بيان ان الاشياء المرغوبة شيئ والحقوق بالمعنى الدقيق شيئ اخر.ولكن هذا التحليل لايمنع بأي حال من الاحوال ان تتحول المطالب المشروعة لشعوب بعض الدول الى حقوق معترف بها.

الهدف من التنمية الاجتماعية:

لو نظرنا إلى هدف التنمية الاجتماعية فنجد أنه ينقسم إلى قسمين أساسين القسم الأول وهو الهدف التكنولوجي ويتضمن إعداد القوة البشرية اللازمة لاحتياجات التنمية على مختلف مستويات المهارة والتخصيص، فالعنصر البشري من أهم عوامل التنمية لأن من بين وظائفه الأساسية تطوير وتنظيم وتشغيل كل عوامل الإنتاج كما أنه مصدر المهارات الحرفية والإدارية من رجال الأعمال والمدراء والمنظمين والسياسين والمهنيين.

أما القسم الثاني وهو الهدف الأيديولوجي فيتضمن إعداد المواطن إعدادا سليما وصحيحا بما يتفق ونظام البلاد وفلسفتها وكذلك ثقافة هذه البلاد التي تمثل طريقة الحياة الكلية لهذه البلاد وذلك لأن كفاءة العامل البشري ومهاراته وتثقيفه مهمة للغاية في عملية التنمية والتقدم، وتطوير العنصر البشري إنما يشمل أشياء كثيرة من أهمها التعليم والنمو في المهارات والرغبة في العمل والتعليم إذا كان عاملا مهما في عملية التنمية فإن هناك مهارات ومستويات معينة من الخبرة العملية والتطبيقية مطلوبة عند

غيرها، ويؤدي التعليم الفني والإداري إلى كثير من هذه المهارات والمستويات التي من شأنها تحسين مدى التطوير في قدرات العنصر البشري العملية والفنية بالإضافة إلى أن هذا التطور والنمو سيؤدي إلى زيادة عدالة التوزيع في الدخل والخدمات.

والخلاصة فإن التنمية الاجتماعية مهمة بمجالات الخدمات الاجتماعية من تعليم وصحة وإسكان وغير ذلك كما تركز بصفة خاصة على تنمية الموارد البشرية والعمالة أكثر من الموارد المادية وتهدف من خلال هذا الاهتمام إلى إحداث تغييرات في الافراد للتقدم والنمو سواء في الناحية النفسية أو العقلية وغايتها من ذلك إعداد المواطن الصالح القادر على دفع عملية الانتاج.

التنمية الاجتماعية والتوزيع المنصف للثروة:

مسألة الحقوق الاقتصادية والاجتماعية هي في الدرجة الاولى مسألة التوزيع المنصف للثروة والخبرات ومسألة توفر المواد المادية اللازمة والتنظيم الاجتماعي الملائم للتوزيع المنصف.وهذه امور تتفاوت من المجتمع الى اخر ومن دولة الى اخرى[1]، ولا تستطيع ان تطلب دولة فقيرة ان توفر ما توفره دولة غنية لمواطنيها، ويحاول تقرير التنمية البشرية لعام 1999 تأكيد مقولة مفادها ان العولمة توفر فرص كبيرة لتقدم البشرية ولكنه يضع لها شرطآ هو فقط بوجود حاكمية قوية او حسن الادارة[2].

ولا يعقل ان يكون على مواطن دولة ما واجب توفير اجازة مدفوعة الراتب لمواطن الدولة الفقيرة.اما في مجال الحقوق المدنية والسياسية فقدرة الدولة الفقيرة لاتقل عن قدرة الدولة الغنية.

في مجال الحقوق الخاصة او مجال حقوق المواطن وليس في مجال حقوق الانسان، لايمكن انكار حقيقة مفادها ان ممارسة الحقوق السياسية والمدنية تتطلب حدآ ادنى من الشروط المعيشية (مثل توفير المأكل والملبس والمسكن..الخ) التي يتوجب على الدولة، بل قل على المجتمع الدولي، العمل على توفيرها، وفي حدود الامكانات المتوفرة [3].

في اطار ما اصطلح على تسميته بالحقوق الاقتصادية والاجتماعية هنالك مجال واسع للحديث عن الاولويات، فهنالك حاجات صارخة وملحة، وهناك منافع اقل الحاحاً ولكنها في صميم مفاهيم العدالة الاجتماعية (سواء كانت هذه المفاهيم ليبرالية او غير ليبرالية).فالمفهوم الليبرالي للمساواة مبني على اساس مساواة الناس كأفراد من حيث العناية والاحترام ولهذا المفهوم الليبرالي ابعاد [4]، اقتصادية واجتماعية لايمكن التنكر لها.

الاسلام والتنمية الاجتماعية:

ان الاسلام يجعل مبدأ العدالة الهدف المحوري الذي يدور حوله نظام الحكم ويقدمه اذا ماتعارض مع مبدأ الحرية، وهذا ما تعكسه ادبيات الاسلام التي تزدحم بمفردات العدل والانصاف والاحسان بشكل يفوق مفردات الحرية.وليس ذلك تهميشاً لمبدأ الحرية بقدر ما هو ترتيب الاولويات [5].

ولقد واجه النبي محمد صلى الله عليه وسلم نفسه مواقف كثيرة من الاعراب اضطر للتسامح معها احتراماً لتلك السجية العربية، ووقف اخر يهدد الحاكم المسلم ((والله لو وجدنا فيك اعوجاجاً لقومناه بحد سيوفنا)) [6]، ان المراجع لفكر رواد النهضة العربية يجد شيئاً من وصف الكواكبي للاستبداد وتأثيراته السلبية في اخلاق الشعوب في بعض مظاهر الية الضبط السلطوي- الريعي، التي تشهدها بعض الدول العربية [7].

وكان من نتائج الية الضبط السلطوي- الريعي [8]، محاصرة المواطنين واختبار مدى تمسكهم بالحق وتواصيهم بالصبر مصداقاً لقوله تعالى في سورة العصر، لقد خلف ذلك فراغاً اجتماعياً وغياباً للروح الوطنية وفتح المجال واسعاً لان تقوم العملة الرديئة بطرد العملة الجيدة من التداول، حيث استطاع صاحب التوجه النفعي الاناني القليل الكفاءة من طرد المواطن المتمسك بالحد الادنى من المسؤولية الوطنية [9].

فالدولة في الاسلام ذات طبيعة مزدوجة، فهي دولة دينيـة شرعـاً وعقيـدة بسـلطة مدنيـة بشرية حكمـاً وادارة، وهي دولة تستمد شرعيتها من الله وتستمد سلطتها من الامه، فالتمييز داخل اطار هـذه الدولة بين الديني والسياسي ضروري خصوصاً فيما يتعلق بالوصول الى السلطة وممارستها وتداولها بـين الحكم والمعارضة التي يجب ان تحسم مدنياً أي شورياً وديمقراطياً[10].

غير ان الحرية مفهوم يصعب ضبطه وتحديده، والافراط فيه يؤدي الى اختلال ميزان العدالة كـما هو في ديمقراطيات الغرب اليوم، اذ ادى تضخيم هذا المفهوم واسباغه علـى الفـرد الى تفكيـك المجتمع، والغاء مفهوم الاسرة التقليدي، بينما تحتل الاسرة (وليس الفرد) مكان الذروة في المجتمع الاسلامي[11].

واذا بقي التعاطي للسلطة والخلاف بمفهومهـا خاضعـاً لمفـاهيم التكفيـر والتـفسيق والتمـذهب الـديني العقيـدي والفقهـي التـي سـادت بـين المسـلمين في التعـاطي السـياسي قـديماً، فـلا مستقبل للديمقراطية وحقوق الانسان[12].

الفقر وانعكاساته المجتمعية:

ما يهمنا هنا الاشارة الى موضوعين رئيسيين يتعلقان بالكيفيـة التـي تـم مـن خلالهـا تنـاول الفقـر وانعكاساته المجتمعية في الدول العربية[13]، الاول: ان ظاهرة الفقر متعددة الابعاد فالمفهوم نفسـه يعبر عن وضع اقتصادي هو الفقر المادي، كما يعبر عن وضع اجتماعي هو الاستبعاد والتهميش وظل يشكل مصدر تهديد خطير للامن الاجتماعي في المجتمعات الغنيـة والفقيـرة علـى حـد سـواء، ويوضح جدول -1- الانسانية في ادنى صورها نتيجـة الفقـر، سكان بـدون خدمات صحية، سكان بـدون مياه مأمونة، سكان بدون مرافق للصرف الصحي.

جدول -1-

الفقر والخدمات الاجتماعية

البلد	سكان بدون خدمات صحية (بالملايين) 1985- 1995	سكان بدون مياه مأمونة (بالملايين) 1990-1995	سكان بدون مرافق للصرف الصحي (بالملايين)
الاردن	0.1	0.5	0.2
الامارات العربية المتحدة	0	0.1	0.4
البحرين	-	-	-
تونس	0.9	0.1	0.3
الجزائر	0.5	5.6	6.1
جزر القمر	-	-	-
جيبوتي	-	-	-
السعودية	0.5	0.9	2.4
السودان	0.8	10.7	20.8
سوريا	1.4	2.1	2.3
الصومال	6.5	5.6	7.3
العراق	1.4	10.9	5.8
عمان	0.1	0.7	0.4
قطر	-	-	-
الكويت	-	-	-
لبنان	0.1	0.2	1.0
ليبيا	-	0.2	0.1
مصر	0.6	12.1	30.2
المغرب	7.8	11.7	15.3
موريتانيا	0.8	0.7	-
اليمن	8.2	5.9	4.6
مجموع الوطن العربي	36.9	68	97.2
جميع البلدان النامية	790	1280	2530
البلدان الاقل نموآ	5220	260	270
افريقيا جنوب الصحراء	5440	210	290
البلدان الصناعية	3790	-	-
العالم	15580	-	-

وثانياً: فان احدى العلامات المميزة لعقد التسعينات هو ماطرحته ستراتيجية ازالة الفقر من توجهات لمواجهة هذه المشكلة، وقد دعت هذه الستراتيجية الى ابرام عقد اجتماعي جديد بين الدولة والسوق والمجتمع على اساس من التكامل والتضافر وتنمية معايير التعاون والحياة المجتمعية والشبكات الاجتماعية واطلاق طاقات الفقراء وتعميق وعي النساء بقضيتهن وايجاد ودعم لشبكات الامان الاجتماعي (14).

حين يطرح البرنامج الانمائي ستراتيجية ازالة الفقر ليطبق على جميع المجتمعات من دون الدخول في تفاصيل خريطة الفقر وسماته ومسبباته على مستوى كل قطر عربي، وعلى صعيد اخر فان المنظمات الدولية الكبيرة تطالب بضرورة الاهتمام بالفقراء، من دون تقديم العون اللازم لذلك.ويوضح جدول -2- مدى العناية بالمرأة واحترام انسانيتها نتيجة الفقر.

جدول -2-

الفقر وعدم العناية بالمرأة

البلد	النساء الحوامل الاتي تبلغ اعمارهن 15-49عاماًويعانين من فقر الدم (بامئة) 1975-1991	حالات الولادة تحت اشراف موظفين صحيين مدربين (بامئة) 1983-1994	معدل الوفيات النفاسية (لكل 100ألف مولود حي) 1994
الاردن	-	87	150
الامارات العربية المتحدة	-	99	26

تابع للجدول -2- الفقر وعدم العناية بالمرأة

معدل الوفيات النفاسية (لكل 100ألف مولود حي) 1994	حالات الولادة تحت اشراف موظفين صحيين مدربين (بامئة) 1994-1983	النساء الحوامل اللاتي تبلغ اعمارهن 15-49عاماًويعانين من فقر الدم (بامئة) 1991-1975	البلد
60	-	-	البحرين
170	69	38.0	تونس
160	15	-	الجزائر
950	-	-	جزر القمر
570	-	-	جيبوتي
130	90	23.0	السعودية
660	69	50.0	السودان
180	61	-	سوريا
1600	2	-	الصومال
310	50	-	العراق
190	60	-	عمان
-	-	-	قطر
29	99	-	الكويت
300	45	-	لبنان

تابع للجدول -2- الفقر وعدم العناية بالمرأة

البلد	النساء الحوامل الاتي تبلغ اعمارهن 15-49عاماًويعانين من فقر الدم (بامئة) 1975-1991	حالات الولادة تحت اشراف موظفين صحيين مدربين (بامئة) 1983-1994	معدل الوفيات النفاسية (لكل 100ألف مولود حي) 1994
ليبيا	-	76	220
مصر	75	41	170
المغرب	-	31	610
موريتانيا	24.0	40	930
اليمن	-	16	1400
مجموع الوطن العربي	-	46.0	414.0
جميع البلدان النامية	-	63	384
البلدان الاقل نمواً	-	29	1015
افريقيا جنوب الصحراء	-	39	929
البلدان الصناعية	-	99	28
العالم	-	69	307

فالبنك الدولي يطالب باجتثاث الفقر وجاء في احد بياناته بأنه من غير المسموح به اطلاقاً، والعالم في القرن الحادي والعشرين استمرار وجود الملايين اللذين لايتوافر لهم المستوى الادنى المقبول من التعليم والصحة والتغذية ويوضح جدول -3-

مستوى التعليم في الدول العربية من حيث نسبة الامية بين الكبار ثم نسبة الامية بـين الانـاث ويوضـح ايضاًوجود اطفال خارج المدارس الابتدائية.

جدول-3-

التنمية الاجتماعية وانتشار الامية

البلد	الامية بين الكبار(15سنة فأكثر)(بالملايين) 1995	الامية بين الاناث(15 سنة فأكثر) (بالملايين) 1995	اطفال خارج المدارس الابتدائية(بالالاف) 1992
الاردن	0.4	0.3	60
الامارات العربية المتحدة	0.3	0.1	-
البحرين	0.1	0	65
تونس	1.9	1.3	48
الجزائر	6.6	4.3	534
جزر القمر	0.1	0.1	-
جيبوتي	0.2	0.1	45
السعودية	3.9	2.1	952
السودان	8.5	5.2	-
سوريا	2.3	1.7	22
الصومال	-	-	-
العراق	4.8	3.2	180
عمان	-	-	50
قطر	0.1	0	3
الكويت	0.2	0.1	-
لبنان	0.2	0.1	-

تابع لجدول-3-

التنمية الاجتماعية وانتشار الامية

البلد	الامية بين الكبار(15سنة فأكثر)(بالملايين) 1995	الامية بين الاناث(15 سنة فأكثر) (بالملايين) 1995	اطفال خارج المدارس الابتدائية(بالالاف) 1992
ليبيا	0.7	0.5	-
مصر	19.0	11.8	-
المغرب	9.7	6.0	1645
موريتانيا	0.8	0.5	-
اليمن	-	-	-
مجموع الوطن العربي	59.8	37.4	3604
جميع البلدان النامية	850	540	-
البلدان الاقل نموآ	360	150	90
افريقيا جنوب الصحراء	290	120	80
البلدان الصناعية	-	-	-
العالم	-	-	-

ينبغي ان تكون الاولوية العليا في البلدان النامية لاستثمار الموارد البشرية حتى لاتصبح اوجه القصور في رأس المال البشري عائقآ للتنمية او عاملآ يؤدي الى ابقاء الناس في حالة فقر مطلق [15]، ويوضح جدول -4- بعض اوجه العناية بالاستثمار البشري[16]، الا وهو الطفل فيوضح نسبة الاولاد الذين يولدون ناقصي الوزن، ومعدل وفيات الرضع، ومعدل وفيات الاطفال دون سن الخامسة، واطفال دون سن الخامسة يعانون من نقص الوزن[17].

جدول-4-

التنمية الاجتماعية ومعدل وفيات الاطفال

اطفــال دون ســن الخامسة يعانون مـن نقص الوزن(بامئة) 1995-1985	معدل وفيات الاطفال دون ســن الخامســة (لكــل 1000مولــود حي) 1994	معدل وفيات الرضع (لكــل 1000 مولــود حي) 1993	الاولاد الـذين يولـدون ناقصي الوزن(بامئة) 1994-1983	البلد
6	25	35	7	الاردن
-	20	18	6	الامـــارات العربيـــة المتحدة
-	20	18	-	البحرين
10	34	43	8	تونس
9	65	54	9	الجزائر
-	126	88	-	جزر القمر
23	158	114	-	جيبوتي
-	36	28	7	السعودية
-	122	77	15	السودان
12	38	39	11	سوريا
-	211	121	16	الصومال
12	71	58	15	العراق
24	27	29	10	عمان
-	24	20	-	قطر
-	14	18	7	الكويت
-	40	34	10	لبنان
-	95	67	-	ليبيا
9	52	66	10	مصر
9	56	67	9	المغرب
48	199	100	11	موريتانيا

جدول-4-

التنمية الاجتماعية ومعدل وفيات الاطفال

البلد	الاولاد الذين يولدون ناقصي الوزن(بامئة) 1983-1994	معدل وفيات الرضع (لكل 1000 مولود حي) 1993	معدل وفيات الاطفال دون سن الخامسة (لكل 1000مولود حي) 1994	اطفال دون سن الخامسة يعانون من نقص الوزن(بامئة) 1985-1995
اليمن	19	119	112	30
مجموع الوطن العربي	11.0	64.0	71.0	-
جميع البلدان النامية	19	70	97	32
البلدان الاقل نمواً	23	110	171	43
افريقيا جنوب الصحراء	16	97	174	31
البلدان الصناعية	6	13	18	4
العالم	18	63	86	31

اختيار الاساليب المناسبة وغير التعجيزية لتحقيق التنمية الاجتماعية:

عقد اجتماع مشترك بين وزارة العمل والشؤون الاجتماعية ووزارة المالية وشركة بيرنك بوينت الوكالة العالمية للتنمية الاجتماعية عام 2006.

وتم خلال الاجتماع الاتفاق على عقد اجتماع مشترك بين الاجهزة المختصة في العاصمة المصرية القاهرة بهدف تذليل العقبات والمشاكل التي تعترض برنامج شبكة الحماية الاجتماعية، وقال وزير العمل والشؤون الاجتماعية الدكتور ادريس هادي صالح أن البنك الدولي أبدى استعداده التام لدعم برنامج الحماية الاجتماعية وتجهيز الوزارة بالاجهزة الحديثة للتنفيذ وتطويره بما يخدم العوائل العراقية التي سيشملها هذا البرنامج كمرحله اولى من الاعانات والمنح التي سيتم توزيعها خلال عام 2006 والبالغة مليون عائلة عراقية.

واوضح خلال الاجتماع الذي عقد في وزارة المالية بحضور وكيل وزارة العمل والشؤون الاجتماعية ووزارة المالية والسيدة سيمونه مارينسكو المدير التنفيذي لشركة /بوينك بيرنت/لايجاد منافذ جديدة لشبكة اتصالات لاحدث الاجهزة لتسهيل عملية توزيع المنح على العوائل عن طريق البريد الالكتروني للقضاء على الاساليب والتقاليد عن طريق البريد الالكتروني للقضاء على الاساليب والتقاليد الروتينية التي كان معمولاً بها سابقاً.

واشار في حديثه خلال الاجتماع الذي حضره كبار المسؤولين من الوزارات والجهات ذات العلاقة.ان لجنة الاتصالات والاعلام التي شكلتها الوزارة ستقوم بتنفيذ 150 لوحة معدنية ثابتة تحتوي على أهداف برنامج شبكة الحماية الاجتماعية يتم تثبيتها في الاماكن العامة واماكن التجمعات المختلفة في بغداد والمحافظات فضلاً عن اصدار البوسترات والكراسات والاعلانات في الفضائيات العراقية والعربية والصحف المحلية. وبين ضرورة ان يلعب الاعلام دوراً مهماً واساسياً بروح شفافة وعقول ناضجة وايصال المعلومات الى المواطنين بكل يسر وسهولة.والابتعاد عن الاساليب الروتينية والتعجيزية كما اوضح الوزير بانه سيتم ربط جميع المحافظات بقاعدة المعلومات في مركز الوزارة لتنفيذ الشبكة.

واوضح ان هذا النظام قابل للتقويم كل 6 اشهر كمرحلة اولى ويكون تقويمه من قبل المختصين من اجل توسيع قاعدة المشمولين بالشبكة. لان هذا البرنامج يعد من البرامج المهمة والاساسية التي تساعد على رفع المستوى المعيشي والاقتصادي للفرد العراقي.

ذكرت وزارة العمل والشؤون الاجتماعية ان نسبة الفقر في العراق بلغت حوالي 20% من اجمالي عدد السكان.وقالت ليلى كاظم عزيز المديرة العامة في دائرة الرعاية الاجتماعية التابعة لوزارة العمل والشؤون الاجتماعية ان الدراسات التي اجرتها الوزارة بالتنسيق مع صندوق النقد الدولي والوكالة الدولية للتنمية، بينت ان نسبة الفقر في العراق بلغت حوالي 20% من اجمالي عدد السكان .واضافت ان حوالي

مليوني عائلة عراقية تعيش ليس في حالة فقر وانما دون مستوى خط الفقر على اساس المقاييس في ضوء المؤشرات والتي تحددت بدولار للفرد الواحد.

واوضحت عزيز انه بعد الحرب برزت ظاهرة خطيرة في المجتمع العراقي وهي ظاهرة الفقر والتي من اهم اسبابها البطالة وحوادث العنف والغاء الكثير من الدوائر والوزارات، مشيرة الى ان رؤية الوزارة لعدد المشمولين برعاية الاسرة يكاد يكون قطرة في بحر قياسا مع الاعداد الهائلة من الفقراء. واشارت المسؤولة الى (ان عدد المشمولين حتى هذه اللحظة هو 171 الف اسرة على مستوى العراق براتب 40 الى 50 الف دينار عراقي في الشهر حوالي 30 دولارا امريكيا وهو ضئيل قياسا للحالة الاقتصادية والمعيشية السائدة في العراق.

- يذكر ان من اهم اهداف قانون الرعاية الاجتماعية الرقم 126 لسنة 1980 كان منح راتب حكومي الي العائلات المتدنية الدخل او المعدومة والمقسمة الى ثماني فئات.

من جهة اخرى، قال السيد هادي جليل كاظم مدير قسم الرعاية الاجتماعية في بابل ان وزارة العمل والشؤون الاجتماعية خصصت معونات لـ[46] الف شخص سيتم استقبالها خلال عام 2006 حيث سيتم شمولهم بقانون شبكة الرعاية الاجتماعية.

وبين كاظم ان المشمولين بهذا القانون هم العاطلون عن العمل والعاجزون عن العمل بسبب الشيخوخة والمرض بالإضافة الى المطلقات والأرامل اللواتي لديهن أطفالا قاصرين إضافة إلى زوجات السجناء والمحكومين لمدة سنتين فأكثر و أضاف إن الطلبة المتزوجين شملهم القرار لاول مرة بشرط استمرارهم بالدراسة والمصابين بالشلل الرباعي والمكفوفين من فاقدي البصر.

غياب التنمية الاجتماعية وانعكاساتها:

ينعكس الأمر على العراق باعتباره أحد الدول النامية، فغياب التنمية الاجتماعية في العراق يشكل أحد الملامح الأساسية في العراق، وذلك على الرغم من أن العراق

يمتلك من الثروات ما تؤهله إلى أن يحقق تنمية اقتصادية ينجم عنها بالمحصلة تطور وتنمية على الصعيد الاجتماعي، ولعل من أبرز سمات غياب التنمية الاجتماعية في العراق ضعف مستوى التعليم، ضعف المستوى الصحي للمواطن العراقي فضلا عن نقص كبير في عدد المساكن الملائمة وغيرها من المستلزمات الاساسية للحياة بحيث أصبح المواطن العراقي يعاني بشكل كبير من أبسط مستلزمات الحياة، وبما أن العراق مقبل على تغير كبير في الأوضاع السياسية والاقتصادية فإن من الأولويات الأساسية التي يجب أن يتم الاهتمام بها من قبل أي حكومة عراقية قادمة هو العمل على تحقيق تنمية اجتماعية حقيقية تعيد التوازن لحياة المواطن العراقي الذي ظل يعاني الأمرين بسبب الحروب المتواصلة والعقوبات الاقتصادية التي كانت محصلتها الأساسية إنهاك ومعاناة المواطن العراقي، ولذلك حان الوقت لكي نعيد الاهتمام بهذا المواطن لكي يكون للحياة معنى، ورب سائل يسأل عن الأسس التي يمكن من خلالها وعن طريقها تحقيق التنمية الاجتماعية الحقيقية في العراق، ويمكن الإجابة عن هذا التساؤل بالقول بأن التعليم يعد أحد العناصر الأساسية والمهمة لتحقيق التنمية الاجتماعية الحقيقية في العراق، ولذلك يتوجب على أية حكومة عراقية قادمة أن تجعل التعليم من أولوياتها الرئيسية خصوصا في الوقت الحاضر نتيجة دور التعليم في خلق أجيال متعلمة تساهم في بناء العراق وتعمل على تطوير وتحقيق تقدمه، ويمكن تحقيق هذا الأمر عن طريق زيادة حجم التخصيص الممنوح للتعليم والتدريب على صعيد الخطط الاقتصادية فضلا عن الاهتمام بالتعليم الخاص بمرحلة ما قبل المدرسة (أي رياض الأطفال، والتركيز على المدارس الفنية والمهنية الثانوية والتي تعتبر خطوة مبكرة لتدريب التلميذ بمهارات العمل اللازمة بالإضافة إلى إيجاد ومنح اهتمام خاص لتدريب المعلمين وتأهيلهم وذلك من خلال تأسيس معاهد خاصة لتدريب المعلمين والهدف من وراء ذلك هو تزويد قطاع التعليم بالتوجيهات المهمة لأعداد المعلمين والتفتيش والتأهيل التربوي، وأخيرا وليس أخرا، يجب أن تلجأ الحكومة العراقية إلى إعادة تصنيف المدارس الحكومية بالاتجاه نحو اقامة العديد مما يعرف بـ (المدارس الذكية) التي تتوفر فيها مواد دراسية تساعد التلاميذ على تطوير مهاراتهم واستيعاب التقنية الجديدة ومن المواد التي يتم الاعتناء بها من تلك المدارس أنظمة التصنيع الذكية وشبكات الاتصال

ونظم استخدام الطاقة غير الملوثة وانظمة النقل الذكية، وذلك أن (المدارس الذكية) ستعمل على إدخال البلاد في عصر المعلومات وإتاحة نوعية التعليم الملائمة للبلاد في المستقبل.

أما على المستوى الصحي فيتوجب على الحكومة العراقية أن تركز على برامج خاصة بتنمية وتطوير القطاع الصحي بالعراق عن طريق تقديم مدى متكامل وواسع وشامل من الخدمات الصحية النوعية وتشمل الرعاية الصحية الأولية والمتقدمة ومن تلك البرامج على سبيل المثال برنامج الحياة الصحية النموذجية وبرنامج الحضانة من الأمراض وبرنامج السلامة الوظيفية والصحية وبرامج خدمات الرعاية الطبية وبرامج القوة البشرية الصحية وأخيرا برامج البحوث والتطوير الطبية فضلا عن زيادة عدد الأطباء والمستشفيات نسبة إلى المواطنين العراقيين.

ويتوجب على الحكومة العراقية المقبلة أن تبذل قصارى جهدها لتحسين مستوى معيشة المواطن العراقي ويكون الاساس في ذلك إيجاد وخلق مرحلة جديدة وتحسين وتطوير هيكلية التوظيف لأنه أساس من تحسين مستوى معيشة المواطن العراقي فضلا من تخفيض مستوى الفقر عن طريق منح إعانات مالية للفقراء خصوصا لمن يعول أسرة وهو معوق أو غير قادر على العمل بسبب الشيخوخة وتأسيس صندوق لدعم الفقراء وانشاء مشروعات اجتماعية موجهة لتطوير الريف والأنشطة الزراعية وتوفير مرافق البنية الأساسية الاجتماعية والاقتصادية في المناطق النائية الفقيرة بما في ذلك مرافق النقل والاتصالات السلكية واللاسلكية والمدارس والخدمات الصحية والكهرباء والعمل على إيجاد ضمان اجتماعي للعاملين وأخيرا وليس أخرا التركيز على نواحي الحياة العائلية والاهتمام بالنساء والشباب ووضع برامج خاصة بتطوير العائلة وتقويتها وخلق عائلة صحية ومستقرة ومتجانسة ومن تلك البرامج برامج تركز على الزواج، الوالدين، الأبوة، تطوير المراهقين الاهتمام بتطوير الجانب الثقافي الذي يعد الأساس في تحقيق تنمية اجتماعية حقيقية فضلاً عن الاهتمام بالبعد البيئي، ونقول إنه يتوجب على أية حكومة عراقية قادمة معالجة هذه القضايا بشكل أساسي إذا ما أرادت قيام تنمية اجتماعية حقيقية في العراق[18].

هوامش ومصادر الفصل الخامس:

1. د. السيد محمد بدوي، علم الاجتماع الاقتصادي، دار المعرفة الجامعية، الاسكندرية، مصر، 1983، ص359-387.

2. جورج قرم، التنمية البشرية المستدامة والاقتصاد الكلي، حالة العالم العربي، سلسلة دراسات التنمية البشرية، الامم المتحدة، 1999، نيويورك، ص14.

3. غير ان الاشياء المرغوبة شيئ والحقوق بالمعنى الدقيق شيئ اخر. ولكن هذا التحليل لايمنع بأي حال من الاحوال ان تتحول المطالب المشروعة لشعوب بعض الدول الى حقوق معترف بها.

4. د. سعيد زيداني، الديمقراطية وحماية حقوق الانسان في الوطن العربي، مركز دراسات الوحدة العربية، بيروت، 1994، ص184.

5. د. برهان غليون واخرون، حول الخيار الديمقراطي، دراسة نقدية، مركز دراسات الوحدة العربية، بيروت، 1994، ص171-190.

6. فالحرية عند العرب كانت مكتسباً بديهياً لايستدعي فتح جبهة للمطالبة بها فقد منحت الصحراء العرب حرية التعبير والاجتماع والتنقل والتجارة والملكية حتى صارت من سجاياهم، فلم يكن احد يملك الوقوف امام حرية النقد والتعبير حتى لو بلغت حد التطاول.

7. د. علي خليفة الكواري واسامة عبد الرحمن واخرون، الخليج العربي والديمقراطية، مركز دراسات الوحدة العربية بيروت، 2002، ص136.

8. عبد الرحمن الكواكبي، الاعمال الكاملة للكواكبي، اعداد وتحقيق محمد جمال طحان، سلسلة التراث القومي، مركز دراسات الوحدة العربية، بيروت،1995، ص484-494.

9. فاتسلاف هافل، كتاب مفتوح الى غوستاف هوساك، دار الجديد، بيروت،1990، ص437.

10. وانزوى بذلك اصحاب الحس الوطني او المهني واستكانت اغلبيتهم تحت طائلة الحرمان مـن الحقوق الاقتصادية والاجتماعية، لذلك فهذه الظاهرة تستحق دراسة معمقـة في علـم الـنفس السياسي وتكيف السلوك الاجتماعي ضد المصالح والاعتبارات الاجتماعية المستقبلية.

11. د.محمد جابر الانصاري، الديمقراطيـة ومعوقـات التكـوين السـياسي العربي، مجلـة المستقبل العربي، السنة 18، العدد 203، بيروت،1996، ص4-12.

12. لذا فان ماهو من الديمقراطية من ماهو ليس منها ليست عملية مداهنة بقدر ما هي مقاربة وذلك لايجاد نموذج للديمقراطية يحافظ على اهدافها وينسجم مـع ثـقافتنا وقيمنا وثوابتنا الاجتماعية.

13. سيكون من اصعب المهام في النظريـة وفي الممارسـة امام الـديمقراطيين الاسـلاميين، في وضـع الحدود التمييزية الفاصلة وعدم الفصل المطلق بين الدين والسياسة في الاسلام.

14. د. عدنان ياسـين مصطفى، شبكات الامان الاجتماعي العربية الفعل، والتحـدي، دراسـات اجتماعية، بين الحكمة، العدد 5، العراق،2000، ص49-67.

15. ليلى الخواجة، انعكاسات العولمة على التنمية الاجتماعية العربية، ورقة عمل مقدمة الى نـدوة منتدى اقليمي : العالم العربي والعولمة تحديات وفرص، تونس، 1999، ص3.

16. The world Bank ,1995,investing in people, The world Bank in action ,Washington. D.c 1995,p5.

17.   United Nations ,Human Development Report.

18.   د.رواء زكي يونس الطويل، التنمية الاجتماعية في العراق، مركز الدراسـات الاقليميـة، جامعـة الموصل، العراق، 2009، ص18.

الفصل السادس

التنمية المستدامة و الاستقرار النفسي والاقتصادي والاجتماعي
وعلاقته بالتنمية الاجتماعية والامن الغذائي

التطبيق العملي لمبادئ التنمية الاجتماعية والامن الغذائي
دراسة ميدانية في مدينة الموصل

مقدمة الفصل السادس:

يعد التموين واحداً من المواضيع الرئيسية والمهمة في حياة الافراد والدول بصورة دائمة، وفي كافة الظروف، وذلك لما له من تأثيرات مباشرة في استقرار الاوضاع الاقتصادية للبلاد بشكل عام، وانعكاساته بطبيعة الحال على الاوضاع السياسية والاجتماعية والثقافية التي تؤدي الى احداث التطورات الجوهرية في مجتمع ما. فالتموين الآن هو الشاغل الرئيسي لتوجهات الدول الحديثة واهتماماتها بوصفه وظيفة أساسية ومهمة تعتمدها الدولة في تحقيق أمنها الغذائي واستقلالها الاقتصادي والسياسي، وأن كثيراً من دول العالم تعاني اليوم من نقص متزايد في المواد الغذائية والضرورية.

وفي ظروف العراق فإن دراسة التموين تعطي نتائج ودروس مستنبطة من تجربة مؤلمة أحاطت بالعراق في ظروف عصيبة لم يكن طرفاً فيها. فاستخدمت البطاقة التموينية وكانت واحدة من أهم المواضيع الرئيسية في حياة الافراد والدول وبصورة خاصة في ظروف ندرة المواد الاستهلاكية المتاحة، كظروف الحصار الشامل على العراق، وذلك لما للبطاقة التموينية من تأثيرات مباشرة في استقرار الاوضاع الاقتصادية للدولة بشكل عام وانعكاس ذلك على الاوضاع السياسية والاجتماعية والثقافية.

وقد حققت البطاقة التموينية وظيفة مهمة جداً وهي الامن الغذائي وبالتالي الاستقرار الاقتصادي والسياسي. فقد تمكنت الدولة في ظروف الحصار الاقتصادي ومنذ 1990/8/13 من توفير المواد التموينية الضرورية وبكفاءة نادرة، قلما يشهد لها التاريخ مثيلاً، مما أثارت الاعجاب نظراً لامتلاك العراق الارادة الوطنية واتباعه التخطيط العلمي الصحيح المدروس في تنظيم وتوزيع المواد الضرورية الحيوية فضلاً عن توظيف الخبرة الفنية اللازمة لانجاح شؤون التموين بواسطة البطاقة التموينية.

فالمستهلك الفرد أو المواطن ماهو إلا وحدة اقتصادية تطلب سلعاً وخدمات استهلاكية وقد تكون هذه الوحدة الاقتصادية بشكل أسرة بسيطة أو مركبة انفاقها

مشترك، والمحصلة النهائية، أن المواطن الفرد أو العائلة تحقق أكبر منفعة كلية ممكنة من خلال البطاقة التموينية بالحصول على السلع الضرورية الاساسية في ظل ظروف قاسية كظروف الحصار الشامل على العراق.

أهمية الفصل السادس:

تنبع أهمية البحث من أهمية التموين المعاصرة الذي يعد واحداً من أهم المواضيع الرئيسية في حياة الشعب العراقي وكثير من الشعوب التي تعاني من محدودية الموارد الاستهلاكية وفي ظروف مشابهة لظروف الحصار الشامل.

إن تأثيرات التموين الاساسية تنعكس في استقرار الاوضاع الاقتصادية والسياسية والاجتماعية والثقافية النابعة أساساً من الشعور بالامان والعدل من قبل السلطة الحاكمة.

من الامور المتعلقة بالتموين المنزلي والتي تؤثر وتتأثر به هي الامن الغذائي للاسرة واستقلالها الاقتصادي ورفاهيتها ومكانتها الاجتماعية كذلك الاستقرار الاقتصادي والاجتماعي. كذلك تأثيراتها النفسية مثل الاطمئنان على توفر المواد الاستهلاكية والخشية من الظروف المفاجئة ... الخ.

أهداف الفصل السادس:

يهدف البحث الى دراسة مجموعة من النقاط المهمة المتعلقة بالتموين، فمثلاً ماهي أسباب التموين أهي عادات قديمة أم هي ظروف الحصار الجائر، ثم تنظيم مجموعة من الاسئلة في الاستبيان تؤدي الى التوصل الى النتيجة النهائية من خلال معرفة الدوافع الاقتصادية والاجتماعية للتموين المنزلي.

كما يهدف البحث الى توضيح ستراتيجية الاسرة وبلورة وجهة نظرها ومحاولة توجيه فلسفة الاسرة التموينية في ظل الظروف القاسية هذه.

وأخيراً يهدف الى وضع المقترحات التي يمكن أن تفيد الجهات المسؤولة في الوقوف على المشاكل وايجاد السبل الكافية لحلها ومحاولة الوصول الى الرفاهية بالتنظيم والتدبير.

فرضيات الفصل السادس:

وضعت الباحثة ثلاث فرضيات أساسية ومن خلال الدراسة والبحث الميداني سوف يتم تأكيدها أو رفضها وهي الآتي :

1. وجود علاقة بين اقدام الاسرة على التموين وبين الاطمئنان النفسي.
2. وجود علاقة بين اقدام الاسرة على التموين وبين العوامل الاجتماعية.
3. وجود علاقة بين اقدام الاسرة على التموين وبين العوامل الاقتصادية.

حدود الفصل السادس:

تدرس الدوافع الاقتصادية والاجتماعية والنفسية للتموين في الموصل في ظل محددان اثنان هما اثر الحصار الجائر وثانياً الظروف التاريخية التي مرت بها مدينة الموصل.

تحت هذين المحددين درسنا حالة الاطمئنان أو الخشية من الظروف المفاجئة ومدى الاستقرار والاستقلال الاقتصادي والاجتماعي، وتأثير موسمية المواد وحجم الاسرة ومحدودية الوقت والمال، وتأثير تقلبات الاسعار، والزيارات المفاجئة، وفقدان السلعة من السوق، وامكانية اعتبار التموين نوع من التباهي، أو عنصراً من عناصر تحقيق الرفاه، وهل يمكن اعتباره ادخار بشكل مواد بدلاً من النقود.

الاطار النظري :
يدرس هذا الفصل نقاط أساسية وخطوط واضحة تقع تحت نقطتين رئيسيتين هما :
1. الجذور التاريخية للتموين في العراق.
2. التموين نتيجة اثرحصار الغاشم على العراق.

أولاً – الجذور التاريخية للتموين في العراق :

تعرض العراق للمجاعة الرهيبة أواخر عام 1917 وحتى صيف 1918[1] وظهرت المجاعة في الموصل والمنطقة الممتدة الى الشمال منها، وامتدت الى بغداد والمدن القريبة منها وذلك لرداءة الموسم الزراعي لعام 1917 وموجات البرد والثلج[2] مما أدى الى موت أعداد كبيرة من الماشية واتلاف معظم المنتجات الزراعية مع تزايد احتياجات الجيش العثماني الى الموارد التموينية بعد انسحابه من بغداد وفقدانه الكثير من المؤن التي وقعت بيد القوات البريطانية[3] وزاد الامر سوءاً تواجد أعداد كبيرة من المهاجرين من شرق تركيا أثر تزايد المذابح الاهلية خلال سنوات الحرب العالمية الاولى 1914-1915.

معالجة الازمة التموينية :

لقد كان هذا العلاج كعلاج الذئب للحمل الجريح فعندما[4] تمكنت القوات البريطانية من دخول الموصل في السابع من تشرين الثاني 1918 سعت الى كسب السكان عن طريق معالجة آثار المجاعة والازمة التموينية ففسحت المجال أمام التجار العراقيين لاستيراد الحنطة والشعير والرز من الهند[5]. كما أسعفت بعض المنكوبين وخففت آثار المجاعة عنهم ووجهت اهتمامها للزراعة منذ دخولها بغداد في آذار 1917.

لقد لجأت بريطانيا الى تأسيس مشروع الانماء الزراعي[6] لزراعة 600 ألف دونم[7] من الاراضي الزراعية التي تسقى بماء الفرات لغرض انتاج 280 ألف طن من الحنطة وجندت لهذا المشروع الموظفين والآلات الزراعية ووسائل النقل وعملت على كري الانهار واعطاء السلف الزراعية للفلاحين. بذلك ضمنت بريطانيا[8] تأمين الاحتياجات الغذائية لقواتها واعفاء الهند من مهمة تموين العراق بالمواد الغذائية.

استخدام نظام الكوبونات :

لقد أدى الارتفاع الفاحش في الاسعار وتردي مستوى المعيشة وضعف القدرة الشرائية وخاصة في المدن الرئيسية[9] الى توزيع الطحين والحبوب بالبطاقات حيث نشطت الحركة التجارية خلال فترة الاحتلال فقد أوجدت سلطات الاحتلال دائرة للتجارة والصناعة عام 1919[10] تضم دوائر الكمارك والبرق والبريد والمخازن المدنية والنقل والنقليات ومطبعة الحكومة مما أدى الى زيادة الاستهلاك المحلي وزيادة نفقات القوات البريطانية التي كانت متواجدة في العراق والتي أدت الى حصول تضخم في التداول النقدي[11].

إن الجانب السلبي للتضخم النقدي هو ارتفاع أسعار المواد الغذائية وضعف القدرة الشرائية للفلاحين الذين لايملكون أرضاً فكان معظمهم يعيش عيشة الكفاف[12].

لقد عانى العراق مشكلة التموين خلال الحرب العالمية الثانية كما حصل في الحرب العالمية الاولى (1914-1918) من معاناة بسبب الغلاء والمجاعة والتي عولجت من قبل رجال الاقتصاد بوضع الحلول الناجحة لها وتجاوزها. إن مشكلة التموين خلال الحرب لم تكن مقتصرة على العراق بل شملت الدول المجاورة له مثل ايران وتركيا وسوريا ومصر وغيرها، ناهيك عن الاطراف المتحاربة نفسها[13].

لقد كان وضع التموين في العراق خلال السنتين الاوليتين من الحرب[14] حسناً بشكل عام. حيث لم تطرأ تغيرات أو تأثيرات واسعة على الاقتصاد العراقي لاسيما في وضعه التجاري والمالي بشكل خاص. من حيث توفر المواد الغذائية والضرورية، كما أن الاسعار لم ترتفع إلا قليلاً[15].

تزامن مشكلة التموين مع الاحتكار والتضخم النقدي :

لقد كان من نتائج وجود القوات البريطانية بأعداد كبيرة جداً حدوث زيادة كبيرة في كميات العملة وشدة تداولها بين الاهالي لاسيما في الاعوام 1942، 1943، 1944 وذلك بسبب المصاريف الكبيرة[16] بشكل أجور للعمال وخدمات للجنود وكثمن لشراء المواد التموينية الغذائية والاستهلاكية الاخرى، فارتفعت العملة المتداولة في العراق من 6 ملايين عام 1941 الى 43 مليون عام 1942 مما أدى الى هبوط القيمة الشرائية للدينار الى (150-200) فلس.

لقد كان التضخم نعمة لأصحاب العقارات وكبار المزارعين والاثرياء، وذلك لزيادة أرباحهم وسيطرتم ونفوذهم، ونقمة على ذوي الدخل المحدود حيث أثر التضخم على أسعار المواد الاستهلاكية بشكل كبير فانخفضت أجرة العامل وزاد عدد المتسولين.

في ظل هذه الظروف الشاذة ظهر الاحتكار في صورة التجار المستغلين الذين استغلوا ظروف الحرب ومابعدها من حيث شحة المواد التموينية الضرورية وارتفاع أسعارها والقيود المفروضة على التجارة وعمدوا الى تخزين بضائعهم في مخازن سرية. وقد استأثر هؤلاء المستغلون بمعظم ثروة العراق وأصبح عدد أصحاب رؤوس الاموال يعد بالعشرات في بغداد والموصل والبصرة فازداد نفوذهم الاجتماعي والاقتصادي والسياسي تبعاً لذلك.

اشتداد المجاعة ودور المستغلين في اشتدادها :

في النصف الثاني من عام 1947 ارتفعت أسعار الحنطة والشعير ارتفاعاً فاحشاً لم يشهد مثلها العراق من قبل فأصبح سعر الطغار[17] من الحنطة يتراوح مابين (150-240 دينار) بعد أن كان سعره 40 دينار كذلك ارتفعت أسعار الشعير مما أدى الى ارتفاع أسعار الخبز الاهلي بحيث عجزت عامة الشعب في الحصول عليه كما نقصت كمية الطحين التي تستلمها الافران والمخابز لصنع الصمون والخبز باشراف الحكومة

مما شجع هؤلاء على المضاربة بنصيبهم من الطحين مستغلين الارتفاع الفاحش في الاسعار ثم عمدوا الى تعويض مايبيعونه من الطحين بخلط ماتبقى لديهم بأنواع رديئة من الطحين.

عانت من هذه الازمة الفئات الفقيرة والمتوسطة والتي كانت تؤلف السواد الاعظم من الشعب (حوالي 93%) وكانت تعتمد في معيشتها على خبز السوق فكانت الجموع الغفيرة تلتف حول المخابز والافران منذ منتصف الليل من أجل الحصول على بضعة أرغفة من الخبز المغشوش والمخلوط بكافة أنواع المواد الغريبة التي تقتاتها الحيوانات فكان يشاهد فضلاً عن الازدحام التدافع بالمناكب والصدور والصياح والعويل.

ثانياً - التموين نتيجة ظروف الحصار الشامل على العراق :

قامت الدول الاستعمارية بفرض الحصار الاقتصادي الشامل على العراق بالقرار 661 في 1990/8/13[18] الصادر عن مجلس الامن الدولي وأعقبتها بالقرارات الاخرى المرقمة 665، 705، 706، 707[19]. وتمثل هذه القرارات انتهاكاً للقيم الانسانية والمواثيق الدولية. فقد أكد ميثاق بوغونا لعام 1948 في مادته الخامسة عشر مبدأ عدم التدخل في الشؤون الخاصة للدول الاخرى بطريقة مباشرة أو غير مباشرة أو ضد عناصرها السياسية والاقتصادية والثقافية، وجاء التأكيد على هذا المبدأ في مؤتمر باندونغ عام 1955[20]، وكذلك المؤتمر الاول لدول عدم الانحياز الذي عقد في بلغراد عام 1961[21].

إن المخططات الاستعمارية في تحطيم البنى الارتكازية والمنجزات الحضارية للعراق لم يكن يستهدف البنى الاقتصادية فحسب وإنما يستهدف الانسان وتخريبه وتحطيمه من الداخل. حيث أن للحصار انعكاساته الاجتماعية والاقتصادية والنفسية على المجتمع. ويمكن اعطاء مثل على ذلك ماحدث في روسيا أثناء الحرب وبعدها مباشرة عام 1921 عندما أدى القحط في منطقة (القولجا) الى المجاعة وارتفاع عدد الوفيات[22]. كذلك لبنان عندما فرض الحصار الشامل على مخيم تل الزعتر لمدة ستة

أشهر مما أدى الى وفاة الكثير من النساء والشيوخ والاطفال. وقد أدى الحصار الذي فرض على مدينة لينغراد الى وفاة 632253 شخصاً نتيجة المجاعة التي نجمت عن الحصار[23]. كما عانت الموصل من الحصار الذي قام به نادر شاه ودول عديدة أخرى تعرضت للحصار الاقتصادي ومنها كوبا وفيتنام ومصر وفنزويلا.

بعض آثار الحصار الاقتصادي على العراق :

لقد نتجت عن الحرب حالة تضامن اجتماعي لم تعرف له الدول الاخرى مثيلاً لمجابهة الاشرار، إلا أن ظروف الحصار الشامل المفروض على العراق منذ 1990/8/13 كانت له آثاره السلبية على المجتمع.

1. لقد أشارت وسائل الاعلام المحلية والعالمية الى ازدياد وفيات الاطفال وذلك يعني على المستوى البعيد زيادة نسبة كبار السن مقارنة بالفئات العمرية الاخرى مما يؤدي الى زيادة نسبة الاتكال الاقتصاي ويضاف الى ذلك كثرة المعاقين والمصابين بالامراض المختلفة خاصة بعد العدوان الثلاثيني على العراق[24].
2. انتشار الامراض بعد العدوان الثلاثيني والحصار بسبب قلة الادوية المستخدمة في العلاج والتشخيص كذلك نقص الادوات الجراحية مما أدى الى محدودية اجراء العمليات الجراحية.
3. المشاكل النفسية بسبب عدم الاشباع التام مما يؤدي الى الانحراف لأجل اشباع تلك الغرائز، ويعتبر جنوح الاحداث انعكاس لذلك حيث أن الاحداث لم تتبلور لديهم بفعل عدم الادراك الفعلي وصغر السن الحصانة الكافية من أجل ترويض تلك الغرائز والسيطرة عليها.
4. إن القلق والخوف من المستقبل يؤدي الى الحد من اندفاع الانسان إذ قد يضفي القلق على الشخصية صفة التكاسل والاتكالية فيندفع الشخص

للحصـول عـلى متطلباتـه بـأي وسـيلة كانـت ومنهـا ظـواهر التسـول والتشـرد والجريمـة والانحراف فضلاً عن مسبباتها الاجتماعية.

5. التسابق من أجل الحصول على الثروة باسهل وسيلة فقد ازدادت الجـرائم وخاصـة السرقـة وغش البضاعة والتلاعب بالاسعار.

6. اختلاف نسبة الذكور الى الاناث أدى الى زيادة القلق الاجتماعي والخـوف مـن المسـتقبل في تقليص نطاق الزواج وبالتالي حدوث المشاكل الاجتماعية.

7. عدم كفاية الحصص التموينية وخاصة العوائل الكبيرة ذات الامكانيـات المحـدودة أدت الى زج الاطفال وأفراد العائلة الاخرى في مجالات الحياة المختلفة مـما أدى الى تسـرب الاطفـال من المدارس وبالتالي زيادة نسبة جنوح الاحداث في المجتمع.

8. أدت ظروف الحصار الجائر الى هجرة فئات مهمة وفعالة في المجتمع الى خارج العراق.

اجراءات الدراسة:

1- نوع الدراسة ومنهجها :

يعد هذا البحـث مـن البحـوث الوصـفية التحليليـة التـي تعتمـد عـلى جمع الحقـائق وتحليلهـا وتفسيرها لاستخلاص دلالاتها. أما المنهج المستخدم فهو المسح الاجتماعي عن طريق العينة.

2- العينة :

لقد تم اختيار عينة عشوائية (100 عائلة) من مناطق وأحياء الموصل المختلفة الفقيرة والمتوسطة والغنية لتكون الدراسة معبرة وواقعية.

وتمثلت الاحياء التي اختيرت منها العوائل الفقيرة في حي الكرامة وحي التنك ومحلة النبي يـونس وحي التحرير وحي القدس وحي القاهرة ومحلة باب لكش. أما العوائل المتوسطة فقد اختيرت من حي اليرموك ومحلة النبي شيت وحي الحدباء وحي المحاربين وحي البلديات ومحلة الدواسة واختيرت العوائل الغنية من حي الطيران وحي الجوسق وحي الكفاءات وحي العربي وحي الشرطة وحي السكر.

3- أدوات الدراسة :

يتطلب البحث الاستعانة بمجموعة متكاملة من الادوات واستخدامها للحصول على البيانات التـي تتفق مع كل جانب من جوانب الظاهرة المدروسة وأهمها مايلي :

أ.   الاستمارة الاستبيانية : وهي عبارة عن استمارة تحوي مجموعـة مـن الاسـئلة تعد بشكل محدد وبأهداف معينة.

ب. طريقة الملاحظة والمقابلة : وهي الطريقة التي تهيـء للباحثـة الاطـلاع عـلى معـالم البيئـة للمبحوثين والحصول على البيانات والمعلومات التي تـود التوصل اليهـا مـن خـلال معرفـة أحوالهم النفسية والذاتية مما يساعد على جمع المعلومات والحقائق عن موضـوع البحـث والتوصل للنتائج النهائية.

4- مجالات الدراسة :

1.   المجال البشري : ويقصد به العوائل المشمولة بالعينة، كما ورد ذلك في مجال شرح العينة.

2.   المجال الجغرافي : ويقصد به النطاق المكاني لاجراء البحث وهي أحياء الموصل وتشمل حي الكرامة والتنك والنبي يونس والتحرير والقـدس والقاهرة وبـاب لكـش واليرمـوك والنبي شيت والحدباء والمحاربين والبلـديات والدواسـة والطـيران والجوسـق والكفـاءات والعـربي والشرطة وحي السكر.

3. المجال الزمني : ويتحدد هذا المجال وفقاً لما استغرقه البحث بمراحله المختلفة ويتضمن الآتي :

أ. مرحلة الاعداد النظري.

ب. مرحلة الاعداد للعمل الميداني.

ج. مرحلة جمع البيانات من المبحوثين.

د. مرحلة تفريغ البيانات ثم جدولتها وتحليلها احصائياً، وأخيراً كتابة البحث بشكله النهائي.

تحليل نتائج الدراسة[25] :

المحور الاول : بيانات عامة :

حجم عوائل المبحوثين :

يبين الجدول رقم (1) حجم العائلة حيث تعتبر العائلة مؤشراً مهماً لمعرفة المستوى المعاشي، ولأن حجم العائلة يتناسب عكسياً مع دخلها نظراً لأهمية الظروف الاجتماعية والاقتصادية التي يجب أن تتلائم مع متطلبات العائلة، وقد بلغ الوسط الحسابي لحجم الاسرة في العينة 6.5. ومن معطيات الجدول رقم (1) إن أعلى نسبة من العوائل تتصف بمتوسط حجم عوائلهم فقد بلغت نسبتها 41% من حجم العينة ويتراوح عدد الافراد بين (6-8) فرداً. في حين أن 40% من العينة يتراوح عدد أفرادها بين (3-5) فرداً. أما باقي أفراد العينة وتمثل 19% من حجم العينة فقد زاد حجم عوائلهم عن 8 أفراد.

مهنة رب الاسرة :

يوضح جدول رقم (2) مهنة رب الاسرة في العينة وقد قسمت الى بنود رئيسية وهي موظف وغير موظف، وقد تبين أن 43% من أرباب الاسر المبحوثة موظفين و

57% منهم غير موظفين ويعملون بمختلف الاعمال الحرة. إن مهنة رب الاسرة من المؤشرات المهمة التي لها آثارها الواضحة على متغيرات عدة منها المستوى الثقافي والسكن وطرق التنشئة الاجتماعية وغيره من المتغيرات لأفراد الاسرة.

مهنة ربة الاسرة :

لاتقل مهنة ربة الاسرة أهمية عن مهنة رب الاسرة حالياً للاسباب السابقة ويبين الجدول رقم (3) أن 41% من ربات أسر العينة موظفات بمختلف المهن من طبيبة وأستاذة ومحامية ومعلمة ومدرسة وكاتبة طابعة و ... الخ، و 59% من ربات أسر العينة غير موظفات أي ربات بيوت.

درجة تعليم رب الاسرة :

يتبين من الجدول رقم (4) المستوى التعليمي لرب الاسرة، فقد ظهر أن 9% من أرباب أسر العينة يحملون شهادات عليا من ماجستير ودكتوراه، 29% من أرباب أسر العينة بكالوريوس بمختلف التخصصات العلمية والانسانية، 7% منهم خريجي المعاهد المختلفة، 27% منهم خريجي الاعداديات المختلفة، 10% منهم حصلوا على شهادة الابتدائية، 7% منهم يقرأ ويكتب دون الحصول على أي شهادة، 4% منهم يقرأ فقط دون المقدرة على الكتابة، 7% منهم أميون.

إن لدرجة التعليم أهمية كبيرة في التجاوب مع الظروف المختلفة وتفهم الاوضاع والتفاعل مع كافة القوانين وامتصاص الهزات التي قد يتعرض لها المجتمع عن طريق التغيير السريع في نمط الحياة.

لذا نستطيع القول أن 93% من مجتمع العينة يتجاوبون بشدة تتفاوت من شخص الى آخر حيث أن التعليم يساعد على زيادة الوعي الاجتماعي لدى الافراد وتأثير ذلك على أفراد الاسرة كافة.

درجة تعليم ربة الاسرة :

لايقل المستوى التعليمي لربة الاسرة أهمية عن مستوى تعليم رب الاسرة بل قد تكون لها أهمية أكبر نظراً للاحتكاك الكبير بين ربة الاسرة وبقية أفراد الاسرة من جهة ومع الظروف الحياتية الاقتصادية والاجتماعية ومعاناة الحصار والغلاء وتعذر الحصول على بعض المواد دون الاخرى، فيلعب عامل تعليم ربة الاسرة دوراً أهم من عامل تعليم رب الاسرة في زيادة الوعي الاجتماعي لدى أفراد الاسرة والتكيف مع كافة المتغيرات والظروف الحرجة والازمات، وقد تبين من العينة أن 15% من ربات أسر العينة أميات و 85% منهم متعلمات، وتختلف درجة التعليم كالآتي : 7% منهن حصلن على شهادات جامعية عليا، 11% جامعية بكالوريوس، 8% منهن معهد، 31% منهن اعدادية، 16% ابتدائية، 8% يقرأن ويكتبن، 4% يقرأن فقط (جدول رقم (5)).

المستوى المعاشي :

يوضح جدول (6) المستوى المعاشي لأسر العينة فيتبين أن 56% منها متوسطة الحال وأن 21% أسر غنية الى حد ما وأن 23% أسر فقيرة، أي أن الاسر المشمولة بالدراسة هي ممثلة الى حد ما للمجتمع الكبير.

كما تبين الاجهزة التي تمتلكها أسر العينة المستوى المعاشي المتوسط لأسر العينة كمعدل للمجموع الكلي للاسر، جدول (7). وقد يطلق على بعض السلع بالضرورية ويكون الطلب عليها غير مرن، أما إذا كانت السلعة غير ضرورية أو كمالية فيكون الطلب عليها مرن، والحقيقة أن كون السلعة ضرورية أو كمالية لاتعتبر العامل المهم في تحديد مرونة الطلب على السلع فقد يكون الطلب على بعض السلع الكمالية المرتفعة الثمن غير مرن لعدم وجود سلع بديلة يمكن أن تحل محلها[26].

ويمكن ملاحظة ذلك من طلب بعض المستهلكين للسكاير والمشروبات فبالرغم من ارتفاع الضرائب المفروضة عليها وارتفاع أسعارها يبقى الطلب عليها على حاله تقريباً[27]، وذلك لأن عادة التدخين أو الشرب تكون قوية عند أولئك الاشخاص من

جهة، ولعدم وجود سلع بديلة لهاتين السلعتين من جهة أخرى. أما إذا وجدت سلع بديلة فسيكون الطلب مرناً بصرف النظر إن كانت السلع ضرورية أم كمالية. إن زيادة الدخول تؤدي الى زيادة الطلب على معظم السلع بصورة عامة، فالطلب على الفواكه والخضراوات واللحوم يزداد بصورة أكبر عند ارتفاع الدخول ويقل عند انخفاضها، إلا أن الافراد من ذوي الدخول المرتفعة ينفقون نسبة أقل من دخولهم على شراء السلع الغذائية من أصحاب الدخول المنخفضة[28]. وكان أنجل Ernest Engle أول من أشار الى هذه الظاهرة، فبالرغم من أن أصحاب الدخول المرتفعة ينفقون مبالغ أكبر على شراء السلع الغذائية، إلا أن نسبة ماينفقونه من زيادة الدخل لشراء تلك السلع تكون أقل من أصحاب الدخول المنخفضة، فكلما زاد دخل العائلة، قلت نسبة ماتنفقه في تلك الزيادة على شراء السلع الغذائية، وهذا مايعرف بقانون أنجل Engle's Law.

وتمثل السلع نسبة عالية من الدخل في الدول النامية أو في المستويات المنخفضة للدخل، حيث وجد أن مرونة الدخل في القطاع الزراعي يقدر بحوالي 0.8 في قارة آسيا والشرق الاقصىـ و 0.6 في قارة أفريقيا والشرق الاوسط و 0.2 في دول أوربا الغربية و 0.16 في أمريكا الشمالية حسب الدراسات التي قامت بها منظمة الغذاء والزراعة الدولية FAO. وهذه النسبة فضلاً عن أنها عالية في المجموعة الاولى، فإن نسبة مايخصص من الدخل لشراء تلك السلع تكون مرتفعة أيضاً.

وقد قرر سميث A. Smithies أن دالة الاستهلاك والتي توضح التغيرات في الاستهلاك والتي تنتج من التقلبات في الدخل هي أساساً علاقة غير نسبية، ولكن النمو البطيء في الدخل أدى الى الانتقال التدريجي للدالة الى أعلى بالشكل الذي حال دون اتجاه الميل المتوسط للاستهلاك الى الانخفاض مع نمو الدخل.

إن امتلاك أفراد العينة المعبرة عن المجتمع الكبير للاجهزة، ومن خلال درجة الحدة والوزن المئوي ونسبة التكرار المئوي، يتبين أن بعضاً منها ضرورية جداً في المنزل مثل التلفاز والثلاجة والطباخ فقد بلغ الوزن المئوي لكل منهم 99% ودرجة الحدة 1.98

وبلغت نسبة التكرار 98% وبلغت درجة الحدة للمروحة والمبردة 1.95 ووزن مئوي 97.5% ونسبة تكرار 95%، وبلغت درجة الحدة للراديو 1.94 ووزن مئوي 97% وتكرار 94%. وبلغ الوزن المئوي للمسجلة 92% ودرجة حدة 1.84 ونسبة تكرار 84%، وبلغ الوزن المئوي للغسالة الكهربائية 89.5% ودرجة حدة 1.79 ونسبة تكرار 79%، وبلغ الوزن المئوي للمجمدة (ابداء) 97.5% ودرجة حدة 1.95 ونسبة تكرار 76%، جدول (7).

إن بعضاً من هذه الاجهزة كمالية كما أظهرتها القياسات في جدول (7) كالايركوندشن والفديو والكمبيوتر والاتاري والمكنسة الكهربائية فقد تراوح الوزن المئوي لهذه الاجهزة بين 58% و 63.5% وتراوحت درجة الحدة بين 1.16 و 1.27 ونسبة التكرار بين 16% و 27%. وقد بلغ معدل الوزن المئوي لجميع الاجهزة 85.3%[29].

ومن جدول (8) يتبين مدى استغلال الوقت لغرض العمل والانتاج ورفع المستوى المعاشي، فعلى مستوى ربات الاسر، نرى أن 11% منهن ليس لديهن وقت فراغ، وعلى مستوى أرباب الاسر فإن 17% ليس لديهم وقت فراغ، وعن بقية أفراد الاسرة فإن 5% فقط ليس لديهم وقت فراغ. أما باقي أفراد الاسرة وأربابها ورباتها فلديهم وقت فراغ ويستثمر في نشاطات كثيرة منها القراءة والتثقيف والقيام بالهوايات والاعمال المختلفة المنتجة ومشاهدة برامج التلفاز من أفلام ومسلسلات ومتابعة الاخبار المحلية العربية والعالمية السياسية والاجتماعية والاقتصادية والفنية والقيام بالسفرات السياحية ومزاولة الرياضة البدنية مثل كرة القدم وكرة السلة والهرولة والريشة والتنس والالعاب السويدية، كما أن نسبة وقت الفراغ كالآتي 89% من ربات الاسر، 83% من أرباب الاسر، 95% من بقية أفراد الاسر، ونستطيع أن نعتبر ذلك ادخار لوقت منتج يمكن استغلاله عند توفر العمل المناسب أو مشروع انتاجي مربح أو عند الحاجة الى ذلك الوقت لغرض رفع المستوى المعاشي بدرجة تزيد المنفعة المتأتية منه عن المنفعة المتأتية من وقت الراحة أو الفراغ.

إن كـل مـن الـدخـل والاسـتهلاك ينبغـي تقسـيمهما الى جـزئين ثابـت Permanent وانتقـالي Transitory، كما يقرر ميلتون فريدمان M. Friedman[30]، إن الاستهلاك الثابت يتناسب مـع الـدخل الثابت أي أن :

$$C\,p = K\,Y\,p$$

حيث تشير كل من C P، Yp الى الدخل الثابت والاستهلاك الثابت على الترتيب، بيـنما تشير k الى النسبة بينهما والتي يقدر فريدمان أن قيمتها تسـتند الى أسـعار الفائـدة، والتوزيـع العمـري للسـكان. ويتضمن الدخل الانتقالي كافة البنود القدرية مثل التغيرات المؤقتة في الدخل نتيجة لـبعض العوامـل الموسمية، أو التقلبات الدورية في حين أن الدخل الثابت هو الذي ينظر اليه على أنه الـدخل العـادي. كما أن مفهوم الدخل الثابت هو مفهوم يتعلق بالمستقبل أكثر من تعلقه بالحـاضر، بـالرغم مـن عـدم وجود وسيلة عملية لقياسه بهذا الشكل[31].

دوافع التموين :

1. الدوافع الاقتصادية للتموين :

يوضح جدول (9) دوافع التموين الاقتصادية لأفراد العينـة وكانـت كـالآتي وحسـب درجـة الحـدة الموضحة فقد جاء بالدرجة الاولى عامل تـوفير الحاجـات الضـرورية للكسـب بدرجـة حـدة 1.82 ووزن مئوي 91% وتلاه عامل موسمية بعض المواد بدرجة حـدة 1.75 ووزن مئـوي 87,5، وبالدرجـة الثالثـة تقلب الاسعار بدرجة حدة 1,7 ووزن مئوي 85%، وبالدرجـة الرابعة عامل الاستقرار الاقتصادي للعائلـة بدرجة حدة 1.68 ووزن مئوي 84%. وبالدرجـة الخامسة عامل كمية المـواد التموينيـة واعتمادهـا علـى حجم الاسرة بدرجة حدة 1.65 ووزن مئوي 82.5%، وبالدرجـة السادسـة عامـل الاستقرار الاقتصادي للاسرة بدرجة حدة 1.62 ووزن مئوي 81%، وبالدرجـة السابعة وجود الامكانية الكافيـة للشـراء بدرجـة حدة 1.6 ووزن مئوي 80%.

فاستهلاك الفرد يستند الى توقعاته بالنسبة لمستوى دخله في المستقبل، فإذا توقع أن دخله سيتجه الى التزايد في المستقبل فقد يتجه استهلاكه الى التزايد، كما ورد ذلك في نظرية فرض دورة الحياة (MBA) والتي تقدم بها ثلاثة من الاقتصاديين هم [32]:

F. Modigliani , R. Brumberg , A. Andy

وتشتق النظرية من دوال المنفعة الخاصة بالافراد المعادلة التالية :

$$C\ t = K\ V\ t$$

حيث تشير $C\ t$ الى استهلاك الفرد، في حين تشير $V\ t$ الى القيمة الحالية لاجمالي الاصول التي تؤول الى المستهلك طيلة حياته، بينما تشير K الى نسبة معينة [33].

2. الدوافع الاجتماعية للتموين :

ويوضح جدول [10] الدوافع الاجتماعية للتموين وجاء بالدرجة الاولى دافع الاستقرار الاجتماعي بدرجة حدة 1.79 ووزن مئوي 89.5%، وبالدرجة الثانية توفير الوقت بدرجة حدة 1.68 ووزن مئوي 84%، وجاء بالدرجة الثالثة تحمل رب الاسرة مسؤولية التموين بدرجة حدة 1.62 ووزن مئوي 81%، وبالدرجة الرابعة دافع التقليل والتعود بدرجة حدة 1.59 ووزن مئوي 79.5%، وبالدرجة الخامسة دافع التنبؤ للمناسبات والضيوف بدرجة حدة 1.52، ووزن مئوي 76%، وبالدرجة السادسة دافع تحقيق الرفاهية الاجتماعية بدرجة حدة 1.49 ووزن مئوي 74.5%، وبالدرجة السابعة تحقيق رغبة الشراء لأفراد الاسرة بدرجة حدة 1.49 ووزن مئوي 74.5%، وبالدرجة الثامنة دافع التباهي بدرجة حدة 1.25 ووزن مئوي 62.5%.

فالنمو الاقتصادي السريع والبناء الاجتماعي السليم يصعب تحقيقه مالم تسود المجتمع حالة الاطمئنان والاستقرار السياسي، فيشعر الفرد بمسؤوليته القومية، ويشعر المسؤولون عن الحكم بواجبهم تجاه الشعب من حيث تحقيق التقدم والرفاهية. فالنظام الديمقراطي السليم من أهم عوامل تحقيق الديمقراطية الاقتصادية بمعنى سيادة المصلحة

الجماعية فوق المصالح الفردية، واعتراف بحق الافراد في الارتقاء عن طريق تحقيق الانتاج الامثل من الموارد المتاحة وتوزيع الثروة القومية المنتجة توزيعاً يقترب من العدالة فضلاً عن التحرر من الاستغلال.

ويتبادر الى الذهن الدور الهام للقيم الاجتماعية في تحديد المصير الاقتصادي للمجتمع، فمن هذه القيم مايعتبر ايجابياً يدفع بالتنمية الى الامام ومنها مايعتبر سلبياً ويعمل على اعاقة جهود الانماء[34]، ومن القيم الايجابية الطموح وروح المبادرة والتطلع الى الرقي وادراك واجبات المسؤولية والرغبة في الادخار والتمسك بأخلاقيات العمل والتفكير العلمي وحسن استغلال وقت الفراغ والشعور بروح الجماعة، واحترام قوانين الدولة والالتزام بالتشريعات البناءة الهادفة الى الاصلاح ... الخ. ومن المنطقي أن عكس كل ماسبق يعتبر من العوامل المعوقة للانماء، مثلاً نزعة الاسراف، والاستهلاك المظهري والتكاسل والتواكل وعدم الالتزام بقواعد الانضباط الاجتماعي وعدم صيانة الآلات ... الخ.

وفي ظروف الدول النامية خاصة باتت القيم الاجتماعية موضع اهتمام الدولة لما لها من أثر على مصير المجتمع اقتصادياً[35].

3. الدوافع النفسية للتموين :

ويوضح جدول [11] دوافع التموين النفسية حيث ظهر أن دافع خلق الاطمئنان يأتي بالدرجة الاولى بدرجة حدة 1.92 ووزن مئوي 96% وبالدرجة الثانية دافع الخشية من الظروف المفاجئة بدرجة حدة 1.84 ووزن مئوي 92%، ودافع خشية فقدان المواد الغذائية من السوق بالدرجة الثالثة بدرجة حدة 1.79 ووزن مئوي 98.5، وبالدرجة الرابعة تفضيل الاحتفاظ بالمواد عن الاحتفاظ بالنقود بدرجة حدة 1.57 ووزن مئوي 78.5% وبالدرجة الخامسة العوامل النفسية للظروف التاريخية التي مرت بها مدينة الموصل بدرجة حدة 1.35 ووزن مئوي 67.5، وبالدرجة السادسة قدم عادة التموين بدرجة حدة 1.59 ووزن مئوي 79.5%، وبالدرجة السابعة نتيجة الحصار بدرجة حدة 1.52% ووزن مئوي 76%.

ومع كل ذلك فإن الدخل يلعب دوراً كبيراً في الشراء والاستهلاك والتموين، فضلاً عن عوامل أخرى[36].

ويمكن تحديد نوعين من العوامل المؤثرة على الاستهلاك وهي عوامل ذاتية وأخرى موضوعية، فالعوامل الذاتية ترتبط بالمتغيرات النفسية والتي تؤثر في سلوك الافراد تجاه الاستهلاك السلعي ومنها التأثيرات الاعلانية والمحاكاة، كما ترتبط هذه العوامل بالتوقعات المستقبلية للحياة الاقتصادية وماتتطلبه هذه التوقعات من ضمان اجتماعي أو الاتجاه نحو الادخار، وبصورة عامة فإن هذه العوامل تحدد سلوك الافراد سواء الاستهلاكي أو الادخاري، أما العوامل الموضوعية فتتحدد بكونها قابلة للقياس وذات سمات اقتصادية مثل طبيعة توزيع الدخل، سعر الفائدة، تغير حجم الثروة، تغير الاسعار، لذا فقد أخذت الدراسات الاحصائية الحديثة لدالة الاستهلاك اتجاهين رئيسيين، الاول هو تحليل دالة الاستهلاك باستخدام بيانات مقطعية Cross Section، والثاني تحليل دالة الاستهلاك باستخدام السلسلة الزمنية لبيانات الانفاق الاستهلاكي وذلك باستخدام العلاقة بين الدخل والانفاق الاستهلاكي خلال فترة زمنية محددة، ويدرس من خلالهما الميل الحدي للاستهلاك والميل المتوسط للاستهلاك[37].

ويرى ديوزنبري Duesenberry أن العلاقة الاساسية بين الاستهلاك والدخل هي علاقة نسبية[38]. ففي محاولة تفسير هذا التناسب أوضح عدم اتفاقه مع الظروف الاساسية لدالة الاستهلاك التي قدمها كينز والتي تتعلق باعتماد الاستهلاك على مستوى الدخل الحالي، وتقرر الاعتماد الى العوامل السيكولوجية المختلفة التي توضح أن أنماط الانفاق الخاصة بالمستهلكين لاتعد مستقلة عن بعضها البعض ولكن المستهلك يحاول دائماً المحافظة على مستوى استهلاكه بالنسبة للآخرين، ولهذا فإن حجم الاستهلاك لايعتمد بدرجة مطلقة على الدخل المطلق الذي تحصل عليه العائلة قدر اعتماده على المركز النسبي لهذه العائلة في سلم توزيع الدخل وفي حالات النمو المستمر والارتفاع المضطرد في مستويات المعيشة لغالبية السكان، فإن التغير في المركز

النسبي للعائلات المختلفة فيما يتعلق بتوزيع الدخل سيكون ضئيلاً للغاية وستظل نسبة الاستهلاك الى النقل (الميل المتوسط للاستهلاك) ثابتة لاتتغير[39]، وعلى العكس من ذلك لو حل الكساد واتجه مستوى الدخل للانخفاض، فإن مستويات الدخل المرتفعة في الماضي ستضع حدوداً دنيا لمستويات المعيشة والتي يرغب المستهلكون في الابقاء عليها. وهذا يعني أن بانخفاض مستوى الدخل فإن المستهلكين سيقاومون أي انخفاض في مستويات الاستهلاك مما يؤدي الى انخفاض الادخار عوضاً عن ذلك وانخفاض الاستهلاك بنسبة أقل من الدخل، وهذا يعني أن دالة الاستهلاك يتم التحرك عليها في حالة زيادة الدخل ولكن لايتم الرجوع عليها في حالة انخفاض الدخل[40].

استثمار وقت الفراغ :

يتبين من جدول (8) وجود فراغ لأفراد العينة وبنسبة 89% لربة الاسرة و 83% لرب الاسرة و 95% لبقية أفراد الاسرة. ويقضي أفراد الاسرة وقت الفراغ في نشاطات معينة هادفة أو منتجة أو علاقات اجتماعية أو ترفيهية وهذه الامور مهمة جداً في حياتنا اليومية. ومن خلال جدول (12) يتبين أن 24% من أرباب أسر العينة ممن لديهم وقت فراغ يقضيه بالقيام بأعمال مختلفة منتجة وضرورية وأن 17% منهم يقضيه في القراءة ويدل هذا دلالة واضحة على حب أرباب الاسر للثقافة وتوسيع مداركهم، وهي مهمة جداً في تنمية المجتمع اقتصادياً واجتماعياً وأن 16% منهم يقضيه في زيارة الاصدقاء والاقارب وصلة الارحام ويسهم ذلك في تقوية الروابط الاجتماعية في البلد وزيادة التعاون والتآلف وأن 13% منهم لايقوم بعمل معين وإنما يقضيه في الراحة والاستجمام من أجل اعادة النشاط والتهيؤ ليوم جديد بهمة وجدية، وأن 9% منهم يقضيه في مشاهدة برامج التلفزيون لغرض المتعة والتسلية والثاقفة واكتساب الخبرات ومتابعة أخبار العالم. وأن 2% فقط يقضي فراغه في السفرات العائلية وزيارة الاماكن السياحية ... وهذا يتطلب من أجهزة الاعلام التركيز على هذه الناحية وتوفير الاماكن المناسبة لذلك، فهي ناحية حضارية، ومشجعة لتهيئة البلد للسياحة واستقبال الضيوف، ويكون ذلك بتشجيع أبناء البلد أنفسهم.

أما جدول (13) فيوضح كيفية قضاء ربة الاسرة لوقت فراغها، حيث تقضي 36% منهن فراغها في القيام ببعض الاعمال مثل التطريز والحياكة والخياطة وعمل المربيات والحلويات وترتيب الدار وتغيير الديكورات والعناية برب الاسرة وقضاء طلباته والتهيئة لهواياته الشخصية، فضلاً عن العناية بتبعية أفراد الاسرة واجابة طلباتهم، وإن 21% منهن تقضي فراغها في مراقبة برامج التلفزيون المختلفة من مسلسلات عربية وأجنبية وأفلام مختلفة وبرامج ثقافية وأخبار سياسية واجتماعية وبرامج الاسرة وبرامج تعليمية، وأن 11% منهن تقضي وقت الفراغ في القراءة والتثقيف والسعي لأن تصبح أماً مثقفة وربة بيت ناضجة والتفكير بجدية وبعد نظر في حل المشاكل التي تواجهها الاسرة، وأن 9% تقضين وقت الفراغ بالراحة والاستجمام وتجديد نشاطهن، و 10% منهن تقوم بزيارة الاقارب والاصدقاء والجيران وصلة الارحام، وأن 2% تقوم بالسفرات العائلية وزيارة الاماكن السياحية مع أفراد الاسرة.

ويتبين من الجدول (14) كيفية قضاء وقت الفراغ من قبل بقية أفراد الاسرة حيث أن 28% يقضين الوقت في اللعب وهذا يدل دلالة صحيحة على وجوب اللعب للاطفال ليتنشأوا أطفال صحيحي التفكير والصحة وقادرين على الانسجام مع أفراد المجتمع، وأن 25% منهم يقضيه في القراءة والتثقيف، وأن 13% يقضيه في مراقبة برامج التلفزيون من أفلام ومسلسلات عربية وأجنبية وبرامج الرياضة وكرة القدم وبرامج ثقافية والاخبار اليومية والاسبوعية وأفلام كارتون وهذه مهمة جداً، فهي مؤثرة في نفسية وعقلية أفراد الاسرة وخاصة الاطفال، وأن 8% يقضيه في القيام ببعض الاعمال الخاصة به أو أبويه أو قضاء أعمال للبيت ومساعدة الابوين، وأن 6% منهم يقضيه في زيارة الاقارب والاصدقاء وتوطيد العلاقات الاجتماعية معهم، وأن 5% منهم يقضي وقت فراغه في الراحة والاستجمام، و 5% يقضي وقت فراغه في النوم. وأن 2% فقط يقضي وقف فراغه في السفرات العائلية وزيارة الاماكن السياحية مع بقية أفراد العائلة.

إن الدول المتقدمة تهتم بوقت الفراغ وكيفية استثماره في الاعمال المفيدة والبناءة أو استغلاله في الترفيه عن النفس بمختلف الوسائل، وقد شجعت على ذلك بتحديد ساعات العمل وتخصيص يومين عطلة في الاسبوع لكي يتسنى للمواطنين قضاء عطلة سعيدة في السفر والسياحة أو زيارة الاماكن المخصصة للترفيه والمنتزهات والمخيمات مع أفراد عوائلهم ... وقد قام العلماء بدراسة ذلك من خلال معادلات ودوال لقياس مستوى الرفاهية لأي شريحة من الناس من خلال متغيرات تفي لهذا الغرض [41].

مناقشة الفرضيات :

1. الفرضية الاولى :

لقد أثبتت الدراسة صحة وجود علاقة بين التموين والدوافع النفسية فهو يخلف حالة من الاطمئنان النفسي بدرجة حدة 1.92 ووزن مئوي 96% وقبلت بنسبة 92% ورفض 8%، كما أثبتت صحة خوف الاسر من الظروف المفاجئة بدرجة حدة 1.84 ووزن مئوي 92% وقبلت بنسبة 84% ورفض 16%، كذلك يخشى الناس من فقدان المواد الغذائية من الاسواق بدرجة حدة 1.79 ووزن مئوي 89.5%وقبلت بنسبة 79% ورفضت بنسبة 21%. كما يفكر بعض الناس أن النقود قد تفقد قيمتها الشرائية لذا يفضلون الاحتفاظ بالمواد الغذائية وغيرها بدلاً من الاحتفاظ بالنقود بدرجة حدة 1.57 ووزن مئوي 78.5% وقبلت بنسبة 57% ورفضت بنسبة 43%، كذلك أثبتت الدراسة أن التموين متأثر بالظروف التاريخية التي مر بها البلد من مجاعة بدرجة حدة 1.35 ووزن مئوي قدره 67.5% وقبلت بنسبة 35% فقط ورفضت بدرجة 65%. وأن التموين عادة قديمة بدرجة حدة 1.59 ووزن مئوي قدره 79.5 وقبلت بنسبة 59% ورفضت بنسبة 41%، وكان لظروف الحصار الاقتصادي على العراق دوره الفاعل في ذلك في خلق الخوف والقلق والنفسي وبدرجة حدة 1.52 ووزن مئوي 76% وقبلت بنسبة 52% ورفضت بنسبة 48%، لذا نقبل الفرضية الاولى [42].

2. الفرضية الثانية :

لقد أثبتت الدراسة وجود علاقة بين التموين وبين الدوافع الاجتماعية، فالتموين يخلق نوع من الاستقرار الاجتماعي بدرجة حدة 1.79 ووزن مئوي 89.5% وقبلت بنسبة 79% ورفضت بنسبة 21%. كما أنه نوع من التعود الاجتماعي والتقليد بدرجة حدة 1.59 ووزن مئوي 79.5% وقبلت بنسبة 59% ورفضت بنسبة 41%، كذلك فإنه نتيجة توقع زيارات مفاجئة وقدوم ضيوف أعزاء بدرجة حدة 1.52 ووزن مئوي 76% وقبلت بنسبة 52% ورفضت 48%، كما أكدت الدراسة أن الاسر تعتقد أن التموين يحقق نوعاً من الرفاهية الاجتماعية بدرجة حدة 1.49 ووزن مئوي 74.5% وقبلت بنسبة 49% ورفضت بنسبة 51%. كما أكدت الدراسة أن الاسر تعتقد أن التموين وتخزين المواد الغذائية يحقق لها التباهي بدرجة حدة 1.25 ووزن مئوي 62.5% وقبلت بنسبة 74% ورفضت بنسبة 26%، وحيث أن أغلب عمليات التسوق يقع على عاتق رب الاسرة لذا يفضل التموين بدرجة حدة 1.62 ووزن مئوي 81% وقبلت بنسبة 62% ورفضت بنسبة 38%، كذلك فإن عمليات الذهاب الى السوق تحتاج الى وقت وجهد وتكاليف لذا تفضل الاسر عملية التموين بدرجة حدة 1.68 ووزن مئوي 84% وقبلت بنسبة 68% ورفضت بنسبة 32%، وبذلك نقبل الفرضية الثانية.

3. الفرضية الثالثة :

لقد أثبتت الدراسة وجود علاقة بين التموين والدوافع الاقتصادية، فقد أكدت الدراسة بنسبة 68% ورفضت بنسبة 32% أن التموين يعمل على خلق الاستقرار الاقتصادي للاسرة بدرجة حدة 1.68 ووزن مئوي 84%، كذلك يعمل على الاستغلال الاقتصادي للاسرة بدرجة حدة 1.62 ووزن مئوي 81% وتأكدت بنسبة 70% ورفضت بنسبة 30%. وأثبتت الدراسة بنسبة 70% ورفضت بنسبة 30% أن التموين نتيجة تقلب الاسعار وارتفاعها بصورة مفاجئة بدرجة حدة 1.7 ووزن مئوي قدره 85%، كذلك أثبتت الدراسة بنسبة 75% ورفضت بنسبة 25% أن سبب التموين هو موسمية بعض المواد بدرجة حدة 1.75 ووزن مئوي قدره 87.5%، كذلك أثبتت

الدراسة بنسبة 65% ورفضت بنسبة 35% وجود علاقة طردية بين التموين وحجم الاسرة فكلما كبر حجم الاسرة ازدادت الحاجة الى التموين نظراً لتشابك العوامل السابقة التي ذكرناها مع حجم الاسرة فكلما كبر حجم الاسرة كبرت المشكلة أي تضرب العوامل في خمسة إذا كان حجم الاسرة خمسة أفراد وتضرب في 11 إذا كان حجم الاسرة أحد عشر فرد أي تزداد المشكلة وتتضاعف بزيادة حجم الاسرة وذلك بدرجة حدة 1.65 ووزن مئوي 82.5%، وأخيراً فإنه عند توفر القوة الشرائية لدى الاسرة والامكانية المادية كان بها، فيمكن الشراء والتموين بأي كمية تستطيع الاسرة أن تخزن وتكون العلاقة طردية بينهما وبنسبة قبول 60% ورفض بنسبة 40% وبدرجة حدة 1.6 ووزن مئوي قدره 80%، وبذلك نقبل الفرضية الثالثة.

هوامش ومصادر الفصل السادس:

1. محمد طاهر العمري، تاريخ مفردات العراق السياسية، ج3، (بغداد 1925).

2. علي الوردي، لمحات اجتماعية في تاريخ العراق الحديث، ج4، (بغداد 1974).

3. ك. ل. أستار جيان، تاريخ الامة الارضية، (الموصل 1951).

4. يوسف رزوق غنيمة، تجارة العراق قديماً وحديثاً، ط1، بغداد، 1922.

5. زهير علي أحمد، التموين في العراق (1935-1948)، رسالة ماجستير غير منشورة في التاريخ الحديث، جامعة الموصل، 1989.

6. ستيفن همسلي لونكريك، العراق الحديث (1900-1951)، ج1، ترجمة سليم طه التكريتي، بغداد، 1988، ص 159.

7. عبدالفتاح ابراهيم، على طريق الهند، بغداد، 1935، ص 161.

8. عبد الفتاح ابراهيم، مشكلة التموين، (بغداد 1942).

9. المس بيل، فصول في تاريخ العراق القريب، ترجمة جعفر الخياط، بغداد، 1971، ص 232.

10. زهير علي أحمد النحاس، التموين في العراق، مصدر سابق.

11. مظفر حسين جميل، سياسة العراق التجارية، القاهرة، 1949، ص 73.

12. دورين وورنر، الارض والفقر في الشرق الاوسط، ترجمة حسن أحمد السليمان، القاهرة، 1950.

13. عبدالفتاح ابراهيم، مشكلة التموين، بغداد، 1944.

14. (أيلول 1939 - نيسان 1941).

15. وزارة الاقتصاد، المجموعة الاحصائية السنوية العامة لسنة 1948، ص 19.

16. (حوالي ثلاثة ملايين دينار شهرياً).

17. الطغار = 27 كغم.

18. جريدة الجمهورية، العدد 22، دار الجماهير للصحافة والنشر، بغداد، 1990/8/14

19. جريدة الثورة، العدد 223، دار الحرية للطباعة، بغداد، سنة 1961.

20. د. عصام العطية، القانون الدولي العام، دار الحكمة، بغداد، 1985، ص 85.

21. د. عصام العطية، مصدر سابق.

22. روجرز باركنسن، موسوعة الحرب الحديثة، ترجمة سمير الجلبي، دار المأمون، بغداد، 1990، ص 82.

23. روجرز باركنسن، مصدر سابق، ص 107.

24. د. رواء زكي يونس، الابعاد الصحية للحصار على العراق ووفيات الاطفال – دراسة ميدانية، رئاسة صحة نينوى، 2000.

25. لقد أستخدمت في البحث الوسائل الاحصائية التالية :

النسبة المئوية للتكرار : وتساوي = $\dfrac{\text{الجزء}}{\text{الكل}} \times 100$

الوسط الحسابي للتكرار : ويساوي = سَ = $\dfrac{\text{مج س ك}}{\text{مج ك}} = \dfrac{\text{مج س}}{\text{ن}}$

درجة الحدة : وتساوي = $\dfrac{\text{الاحتمال الاول} \times \text{درجته} + \text{الاحتمال الثاني} \times \text{درجته}}{\text{حجم العينة}}$

الوزن المئوي : ويساوي = $\dfrac{\text{درجة الحدة}}{\text{أعلى درجة الاحتمالات}} \times 100$

26.   Look at :

Alfred Marshall , Principles of Economics , 8th edition , London , 1947.

27.   Look at :
Albert Leverson & D. Solon Babette , Qutline of price Theory , New York , U.S.A. , 1961.

28.   وتفيدنا مرونة الدخل في التنبؤ عن مدى استهلاك السلع في المستقبل، فإذا انخفضت مرونة الدخل في الطلب على السلع الزراعية خلال فترة من الزمن مـــن 0.6 – 0.4 فهذا يعني أن نسبة ماسيخصص من زيادة الدخول لشراء السلع الزراعية في السنة القادمة سيكون أقـل مـن السنة الحالية، ومن جهة أخرى إن كانت مرونة الدخل في الطلب على التلفزيونات هي لعـدة سنوات فمن المؤكد التنبؤ أنه عن زيادة الدخول في السنة القادمة سيخصص نسبة أكبر مـن تلك الزيادة لشراء التلفزيونات.

29.   A. Smithies , Forecasting Postwar Demand , Econometrica , Vol. 13 , Jan. , 1945 , PP. 1-14.

30.   M. Friedman , A Theory of the Consumption Function , Jrinceton University Press , 1957.

31.   من المعادلتين التاليتين :

$$Y = Y_p + Y_t$$

$$C = C_p + C_t$$

تشير كل من Y , C الى الارقام الخاصة بالدخل والاستهلاك والتي نحصل عليها من حسابات الدخل القومي بينما تشير كل من Y_p , C_p الى الدخل الثابت والاستهلاك الثابت، في حين أن Y_t , C_t تشير الى الدخل الانتقالي والاستهلاك

الانتقالي. والافتراض الاساسي الذي يفترضه فريدمان هو أنـه لاتوجـد علاقـة منتظمـة بـين الـدخل الانتقالي والاستهلاك الانتقالي، أي أن الميل الجدي للاستهلاك من الدخل الانتقـالي يعـادل الصـفر. فيأخـذ فريدمان الدخل الثابت على أنه متوسط متحرك لدخول السنتين السابقتين.

32. **F. Modigliani and R. Brumbery , Utility Analysis and the Consumptive Function , Rutgers University Press , 1954.**

33. إن اجمالي الاصول التي تؤول الى المستهلك يمكن تقسيمها الى اجمالي ثروة المستهلك في الفترة السابقة مضافاً اليها الدخل الذي يحصل عليه المستهلك خلال الفترة الجارية من مصادر أخرى غير الملكية، مضـافاً اليهـا القيمـة الحاليـة للـدخل الـذي يتوقـع المسـتهلك الحصـول عليـه في المستقبل من مصادر أخرى غير الملكية.

34. د. محمد يحيى عويس، أصول الاقتصاد، الجزء الاول، دار غريب للطباعة، القـاهرة، 1977، ص 132.

35. ومالحملة الايمانية إلا أكبر مثل على ذلك.

36. للمزيد أنظر :

- د. عبدالمنعم السيد علي، مدخل في علم الاقتصاد، مطابع جامعة الموصل، 1984.
- جيمس م. هندرسن وريتشارد أ. كواندت، نظرية اقتصاديات الوحدة، دار ماكروهيـل للنشرـ القاهرة، 1983.
- ريتشارد هـ ليفتويتش، نظام الاسعار وتخصيص الموارد، جامعة بنغازي (ب. ت.).

— A. Ackley, Gardner, Macroeconomic Theory, New York, The Macmillan Co., 1961.

37. للمزيد أنظر :

— د. رواء زكي يونس، تحليل اقتصادي قياسي مقارن للانفاق الاستهلاكي والانماط الاستهلاكية بـين الاسر الزراعية وغير الزراعية والمشتركة في قرية قبر العبد (دراسة ميدانيـة)، جامعـة الموصـل، 1980.

— A.L.Jhingan,Macro Economic Theory, Delhi, 1983.

38. Duesenberry , Income , Saving and the Theory of Consumer Behavior Harvard University Press , 1944.

39. ومن خلال تحليل العلاقة بين الدخل والاستهلاك قرر ديوزنبري أن الانفـاق الاسـتهلاكي يعتمـد بصورة جزئية على مستوى الدخل الحالي، وبصورة جزئية على مستويات المعيشة والتي تعتمد بدورها على أعلى مستوى للدخل تم تحقيقه في الماضي.

40. د. صقر أحمد صقر، النظرية الاقتصادية الكلية، وكالة المطبوعات، الكويت، 1977، ص 179.

41. د.رواء زكي يونس الطويـل، البطاقـة التموينيـة وسـيلة مـن وسـائل مواجهة الحصـار، دراسـة ميدانية، مجلة ام المعارك، بغداد، كانون الثاني 1996.

42. د.رواء زكي يونس الطويل، دوافع التموين الاقتصادية والنفسية والاجتماعية، دراسـة ميدانيـة، مجلة اداب الرافدين، العدد 43، 2006، ص253-274.

ملحق الفصل السادس

جدول (1): حجم الاسرة

%	عدد الافراد
40	5-3
41	8-6
19	اكثر من 8
100	المجموع

المصدر: احتسبت البيانات من قبل الباحثة بالاستعانة بالاستمارة الاستبيانية والمقابلة الميدانية

جدول (2): مهنة رب الاسرة

%	العنوان
43	موظف
57	غير موظف
100	المجموع

المصدر: احتسبت البيانات من قبل الباحثة بالاستعانة بالاستمارة الاستبيانية والمقابلة الميدانية

جدول (3): مهنة ربة الاسرة

%	العنوان
41	موظفة
59	غير موظفة
100	المجموع

المصدر: احتسبت البيانات من قبل الباحثة بالاستعانة بالاستمارة الاستبيانية والمقابلة الميدانية

جدول(4): درجة تعليم رب الاسرة

%	التحصيل الدراسي

ماجستير ودكتوراه	9
بكلريوس	29
خريج معهد	7
ثانوية ومتوسطة	27
ابتدائية	10
يقرأ ويكتب	7
يقرأ فقط	4
امي	7
المجموع	100

المصدر:احتسبت البيانات من قبل الباحثة بالاستعانة بالاستمارة الاستبيانية

جدول (5): درجة تعليم ربة الاسرة

التحصيل الدراسي	%
ماجستير ودكتوراه	7
بكلريوس	11
خريج معهد	8
ثانوية ومتوسطة	31
ابتدائية	6
تقرأ وتكتب	8
تقرأ فقط	4
امية	15
المجموع	100

المصدر: احتسبت البيانات من قبل الباحثة بالاستعانةبالاستمارة الاستبيانية

جدول (6): مستوى الاسرة المعاشي

نوع المنطقة	%
فقيرة	23

متوسطة	56
غنية	21
المجموع	100

المصدر:احتسبت البيانات من قبل الباحثة بالاستعانة بالاستمارة الاستبيانية

جدول (7): امتلاك الادوات المنزلية

الجهاز/القياس	درجة الحدة	الوزن المئوي	نسبة التكرار%
راديو	1,94	97	94
مسجلة	1,84	92	84
تلفاز	1,98	99	98
ثلاجة	1,98	99	98
مروحة	1,95	97,5	95
غسالة كهربائية	1,79	89,5	79
مجمدة	1,76	88	76
طباخ	1,98	99	98
مبردة	1,95	97,5	95
ايركوندشن	1,25	62,5	25
فديو	1,27	63,5	27
كومبيوتر	1,16	58,0	16
اتاري	1,22	61,0	22
مكنسة كهربائية	1,27	63,5	27

المصدر: احتسبت البيانات من قبل الباحثة بالاستعانة بالاستمارة الاستبيانية والمقابلة الميدانية

جدول (8): نسبة وجود وقت فراغ

	لديهم وقت فراغ%	ليس لديهم وقت فراغ %	المجموع %
ربة الاسرة	89	11	100
رب الاسرة	83	17	100
بقية افراد الاسرة	95	5	100

جدول (9): الدوافع الاقتصادية للتموين

التسلسل	الدوافع /القياس	درجة الحدة	الوزن المئوي	نسبة التكرار
1	توفير الحاجات الضرورية للبيت	1,82	91	82
2	موسمية بعض المواد	1,75	87,5	75
3	تقلب الاسعار	1,7	85	70
4	الاستقرار الاقتصادي للعائلة	1,65	84	68
5	كمية المواد التموينية تعتمد على حجم الاسرة	1,65	82,5	65
6	الاستقلال الاقتصادي للاسرة	1,62	81	70
7	وجود الامكانية الكافية للشراء	1,6	80	60

المصدر: احتسبت البيانات من قبل الباحثة بالاستعانة بالاستمارة الاستبيانية والمقابلة الميدانية

جدول (10): الدوافع الاجتماعية للتموين

نسبة التكرار	الوزن المئوي%	درجة الحدة	الدوافع/القياس	التسلسل
79	89,5	1,79	التموين يخلق نوع من الاستمرار الاجتماعي	1
68	84	1,68	توفير الوقت للذهاب الى السوق	2
62	81	1,62	التموين المنزلي يقع على عاتق رب الاسرة	3
59	79,5	1,59	التعود الاجتماعي والتقليل الاجتماعي	4
52	76	1,52	التنبؤ للمناسبات واستقبال الضيوف	5
49	74,5	1,49	التموين يحقق الرفاهية الاجتماعية	6 *
51	74,5	1,49	التموين يخلق كل مايرجوه افراد الاسرة	7
74	62,5	1,25	خزن المواد الغذائية يحقق نوع من التباهي	8

المصدر:احتسبت البيانات من قبل الباحثة بالاستعانة بالاستمارة الاستبيانية والمقابلة الميدانية

جدول (11): الدوافع النفسية للتموين

التسلسل	الدوافع / القياس	درجة الحدة	الوزن المئوي	نسبة التكرار
1	التموين يخلق حالة من الاطمئنان النفسي	1,92	96	92
2	الخشية من الظروف المفاجئة	1,84	92	84
3	الخوف من فقدان المواد الغذائية من السوق	1,79	89,5	79
4	الاحتفاض بالمواد افضل من الاحتفاض بالنقود	1,57	78,5	57
5	نتيجة الظروف التاريخية	1,35	67,5	35
6	التموين عادة قديمة	1,59	79,5	59
7	متأثرة بالحصار	1,52	76	52

المصدر :احتسبت البيانات من قبل الباحثة بالاستعانة بالاستمارة الاستبيانية والمقابلة الميدانية

جدول (12):قضاء اوقات فراغ بالاسرة

التسلسل	وقت/فراغ	نسبة التكرار%
1	القراءة	17
2	زيارة الاقارب والاصدقاء	16
3	القيام ببعض الاعمال	24
4	النوم	2
5	عدم القيام بأي عمل	13
6	مشاهدة التلفاز	9
7	لايوجد فراغ	17
8	زيارة الاماكن السياحية والسفرات العائلية	2

المصدر: احتسبت البيانات من قبل الباحثةبالاستعانة بالاستمارة الاستبيانية والمقابلة الميدانية

جدول(13): اوقات فراغ ربة الاسرة

نسبة التكرار	وقت الفراغ/القياس	التسلسل
11	القراءة	1
10	زيارة الاقارب والاصدقاء	2
36	القيام ببعض الاعمال	3
صفر	النوم	4
9	عدم القيام باي عمل	5
21	مشاهدة التلفاز	6
11	لايوجد فراغ	7
2	زيارة الاماكن السياحية والسفرات العائلية	8

المصدر: احتسبت البيانات من قبل الباحثة بالاستعانة بالاستمارة الاستبيانية والمقابلة الميدانية

جدول(14) : اوقات فراغ افراد الاسرة عدا رب وربة الاسرة

نسبة التكرار	وقت الفراغ/القياس	التسلسل
28	اللعب	1
25	القراءة	2
3	الرياضة	3
6	زيارة الاقارب والاصدقاء	4
8	القيام ببعض الاعمال	5
5	النوم	6
5	عدم القيام باي عمل	7
13	مشاهدة التلفاز	8
5	لايوجد فراغ	9
2	زيارة الاماكن السياحية والسفرات	10

المصدر: احتسبت البيانات من قبل الباحثة بالاستعانة بالاستمارة الاستبيانية والمقابلة الميدانية

الفصل السابع

تطورالممارسة الديمقراطية من خلال تطوير وسائل
ممارستها

مقدمة الفصل السابع:

يتبادر الى ذهن القارئ عن الديمقراطية بأنها تحصيل حاصل، وبالذات في شأن اتفاق الاراء حول تعريف واحد للديمقراطية والذي يقترب من المعنى الرفي التي اتت من اندماج كلمتين من اللغة اليونانية القديمة وهما **Demos** وتعني الشعب و **Kratien** وتعني حكم او سيطرة (**Nenes Brockhaus Lexikon, 1978**)، والكل يكاد يقر ان الديمقراطية هي حكم الشعب بالشعب وللشعب، وحيث ان ازمة الديمقراطية في الوطن العربي لم تعد محصورة بفشل الاشكال التقليدية لها وتجاوزتها الى الاشكال الجديدة البديلة التي طرحت والى القوى السياسية التي تتبناها، لذا انطبق على موضوع الديمقراطية الوصف العربي (السهل الممتع)، لكثرة الدراسات التي تناولتها والتجارب المختلفة لتطبيقها.ان احتمالات التحول الديمقراطي تزداد بازدياد سيطرة القطاعات المنتجة، وجود طبقة اجتماعية خاصة تستمد قوتها من قدراتها الانتاجية وليس من سيطرتها على السلطة، وبذلك يكون التحول الديمقراطي في هذه المجتمعات نتيجة الوصول الى حد ادنى من التوازن بين المصالح الاجتماعية، فالتوسع الاقتصادي والذي يمثل قدرة النظام الانتاجي على سد الحاجات الاجتماعية المتطورة للسكان، كما ان تزايد الثروة العامة يخلق مناخاً اجتماعياً مختلفاً كلياً عن ذلك المناخ الذي يخلقه الكساد او الركود الاقتصادي، لدرجة انه يمكن جعل هذا التزايد او النمو معياراً للتميز بين نموذجين اجتماعيين مختلفين.

ان التوسع الاقتصادي يتحكم الى درجة كبيرة بنمط العلاقات الاجتماعية والتوزيع الطبقي للمجتمعات، فقيام نظام اجتماعي يسمح بتعديل الفوارق بين الطبقات، سواء أحصل ذلك من خلال نظام ضريبي ام من خلال تبني نظم قيمية واخلاقية ودينية تمنع النمو المفرط لمشاعر الغنى والظلم، مما يسمح بوجود تواصل بين جميع الطبقات الاجتماعية ويمنع حصول التناقضات الحدية والتوترات التاريخية التي تقود الى نمو تيارات المواجهة الثورية، وليس هذا الوضع الذي يشجع على التفاهم والتعاون بين القوى الاجتماعية والسياسية كما تفرضه الديمقراطية. وفي الاقطار

العربية يسيطر الان منهجان ومتقاربان احداهما يركز على العوامل الثقافية من دين وثقافة وتقاليد تاريخية والاخر ينطلق من دراسة المجتمع المدني وطبيعة المؤسسات التي تنظم حياة هذا المجتمع ليصل الى فهم اشكاليات الديمقراطية.

مما سبق نستنتج ان مقولة حكم الشعب بالشعب، أي ان يقوم الناس انفسهم بحكم انفسهم وتسيير امورهم بأنفسهم، صعب ويستحيل تطبيقها من الناحية العملية وخاصة بالنظر الى كبر حجم التشكيلات الاجتماعية وتعقد العلاقات بين الناس، لذا يفوض الامر الى مجالس او لجان او افراد تنوب بدورها عن الناس، فهذه اول التناقضات التي تحملها الديمقراطية في طياتها كون انحسار حكم الشعب في يد جزء ضئيل منه، بذلك تواجه الديمقراطية معضلة حل المعادلة الصعبة بين الفرد والمجتمع، فلا يمكن بذلك القبول بالقول ان الديمقراطية هي ممارسة الحرية على علانها ولا سيما الفردية لان حرياتهم ومصالحهم سوف تتعارض مع بعضها من جوانب كثيرة، فيبرر مفهوم الحرية النسبية وهكذا.

اهمية الفصل السابع:

ان ممارسة الانسان لحقوقه وحرياته في المجتمع لاتتحقق بمجرد النص عليها في دستور الدولة وفي القوانين ولا بمصادقة الدولة على اتفاقيات ومواثيق دولية بشأن تلك الحقوق والحريات، وهذه الحقيقة لم نتعلمها بالمنطق، بل من واقع المجتمعات.فممارسة الحقوق والحريات نجدها في نظام حكم حر قبل ان نجدها في النصوص[1]، فالحرية عن كل صورها هي حقاً للمواطن في نظام لاتكون فيه سلطة الحكم ارادة شخص وانما ارادة الشعب داخل اطار في التنظيم القانوني والسياسي[2]، هذا التنظيم هو الدولة الديمقراطية دولة القانون.

ولغرض تحديد برنامج للاصلاح الديمقراطي في المجتمع العراقي فيجب احترام المصالح الاجتماعية المختلفة لجموع الفئات المشتركة في البنيان الاجتماعي الوطني فلا بد للنظام الاجتماعي ان يحترم اختلاف المصالح فتختلف معاني الديمقراطية بالنسبة للفلاح والمثقف والمنتمي للاغلبية وللاقلية للرجل او المرأة، ضرورة ربط مشكلة

الديمقراطية بمشاكل العالم الثالث او الدول النامية، ضرورة ربط الديمقراطية السياسية بالديمقراطية الاجتماعية أي يجب تكملة الاصلاحات الاساسية لضمان قدر من المساواة والتضامن الاجتماعي، مع مراعاة احتياجات اليات الاقتصاد القومي للبلد، ضرورة الاخذ بمبادئ الديمقراطية السياسية الكاملة أي الاعتراف دون تحفظ بحقوق حرية التنظيم السياسي والتنظيم الاجتماعي والنقابي وحرية الصحافة والنشر.

ولضمان تطور الممارسة الديمقراطية في المجتمعات الاوربية الحديثة جرى بتطوير وسائل تضمن ممارسة هذه الديمقراطية، وذلك بانشاء تدريجي لما يسمى بالنظام السياسي الديمقراطي وكانت مكوناته[3] اولآ الاعتماد على مبدأ انتخاب عناصر السلطة المختلفة التشريعية والتنفيذية وان كان الاعتماد على الانتخاب محدودآ في مرحلة اولى، حيث كانت السلطة مقسمة بين المجالس المنتخبة والملكية الوراثية، ومحصورآ على فئات معينة من الشعب، ولم يتم تعميم مبدأ الانتخاب العام الا في اوخر القرن التاسع عشر، وثانيآ تعميم مبدأ السلطة القانونية التي حلت محل السلطة المطلقة للحاكم غير المحدود بالقانون ومبدأ احترام السلطة القضائية التي لاتخضع الا للقانون، وثالثآ الاعتراف بمجموعة الحريات العامة واساسآ حرية تكوين تنظيمات نقابية وسياسية وحرية الصحف والنشر.

وقد تطورت هذه الوسائل منذ اكثر من قرن تمت تأثير الحركة العمالية التي عملت من اجل الحد من نتائج الحرية الاقتصادية، فالحركة العمالية ادخلت قيم التضامن الاجتماعي، وهي في الواقع قيم تتعارض ومبدأ الحرية الاقتصادية غير المحدودة، فأدخلت قوانين تحد من حق المالك والمنظم الراسمالي في ميادين مختلفة مثل فصل العامل، فأصبح تدخل الدولة في الحياة الاقتصادية مطلوبآ ومعترفآ به لضمان اعادة توزيع الدخول وضمان التعليم والصحة لافراد المجتمع وضمان التوظيف العام، وتعتبر هذه الحقوق والقيم والاغراض الاجتماعية من اركان الديمقراطية الصحيحة.

هدف الفصل السابع:

يهدف البحث الى دراسة الديمقراطية معناها ومضامينها والتحولات الديمقراطية، دراستها كحركة سياسية واقتصادية واجتماعية واوضاع الديمقراطية في الوطن العربي.

كما يهدف البحث الى دراسة وسائل فرض النهج الديمقراطي وضرورة حصول التغير الاجتماعي لتطبيق الديمقراطية كذلك التطبيق الديمقراطي في العراق.

لقد اصبح من الصعب الفصل بين الديمقراطية بمضمونها السياسي ومضمونها الاجتماعي فالديمقراطية بمفهومها الشامل لم تعد مجرد ممارسات واجراءات سياسية فحسب، وانما هي منظومة في القيم وانماط التفكير والسلوك والاتجاهات والاحاسيس، من هنا تصبح التربية الباب والمفتاح لاكساب الكائن الحي منظومة القيم وانماط التفاعل والتفكير التي تمكنه من تحقيق الديمقراطية وترسيخها.

مشكلة الفصل السابع:

عند دراستنا لمفهوم الديمقراطية في الانسايكلو بيديا البريطانية [4]نجد انها استخدمت عندما كان سكان المدينة يجتمعون دورياً لاخذ القرارات الخاصة بتلك المدينة، ويستثنى من هذه الاجتماعات العبيد والنساء والاطفال[5].لقد غابت الديمقراطية الاغريقية الفي سنة وظهرت بعد ذلك في القرون الوسطى الديمقراطية الدستورية في بعض البلدان الاوربية، ثم اخذت الديمقراطية الكلاسيكية ثلاث صور وهي الديمقراطية المباشرة، الديمقراطية التمثيلية، الديمقراطية الدستورية.

فالديمقراطية المباشرة تعني شكلاً من اشكال الحكم يعطي الحق المباشر لكل الناس لاخذ القارارات السياسية بأنفسهم عن طريق التصويت على كل شيئ، وتثبيت رأي الاكثرية، اما الديمقراطية التمثيلية فتعني تلك التي تثبت تشكلآ من الحكومة التي تتخذ القارارات فيها لا من قبل السكان بل من قبل ممثليهم المنتخبين والمسؤولين امامهم[6].والديمقراطية الدستورية فهي التي تقرر نوعاً من الحكومة تخضع للقيود التي

يفرضها دستور الدولة [7]، الذي يثبت واجبات السكان، كخدمة العلم ودفع الضرائب والقبول بقرارات الملك، والخضوع للقرارات التي تصدرها الحكومة او البرلمان، ويثبت الدستور حقوق السكان، مثل حق الكلام والصحافة والاضراب [8]، وان الملك او الملكة في البلدان المستقرة سياسياً، لايلجأ الى استخدام صلاحياته بخفه بل يستشير رئيس الوزراء اذا رغب.

ومن الجدير بالذكر انها ادت الى ظهور الاحزاب السياسية الديمقراطية التمثيلية والدستورية، حيث يعمل كل حزب من اجل الحصول على اكثرية المقاعد البرلمانية لكي يشكل الحكومة (السلطة التنفيذية بمفرده او بالائتلاف مع الحزب الذي يختاره) [9].

اما عن الاوضاع الديمقراطية في الوطن العربي [10] فهي تلخص بالتالي، حرى خلال الفترة من عام 1989-1999، انتخابات رئاسية10 مرات، انتخابات برلمانية27 مرة، انتخابات بلدية 12 مرة، استفتاء رئاسي3 مرات، الغاء انتخاباتمرة واحدة.

فلو افترضنا ان معدل الدورة الرئاسية او البرلمانية او البلديات هي خمس سنوات كان من المفروض ان يحدث في الوطن العربي 22(دولة) × دورتين (1989-1999)3×(رئاسية+ برلمانية+بلدية)=132 ممارسة ديمقراطية ولو حسبنا الوضع في الوطن العربي سنجد ان الممارسة الديمقراطية= 49 حالة، أي ان نسبة الممارسة الديمقراطية =49: 132(أي مانسبته37.12%).

فاذا اضفنا الى ذلك ان الانتخابات الرئاسية انتهت في كل المرات لصالح الرئيس، وان الانتخابات البرلمانية انتهت في كل المرات لصالح حزب السلطة باستثناء حالتين، لدل ذلك على ان النسبة اقل مما سبق ذكره، فتشجيع الديمقراطية في الوطن العربي يستهدف تعزيز مكانة القطع الخاص الخاص في العملية الانتاجية، وكلما تعززت مكانة القطاع الخاص في الانتاج القومي تنامى دوره في تكييف السياسات الداخلية والخارجية، وكلما تنامى دور القطاع الخاص تزايدت احتمالات ربط اقتصاد الدولة بالنظام الرأسمالي بشكل اكبر [11].

الديمقراطية حركة سياسية اجتماعية:

ان الديمقراطية ليست بذرة موجودة في الثقافة الخاصة بأي شعب، ولكنها حاصل تضافر عوامل متعددة داخلية وخارجية، مادية وذاتية، تدفع الى احداث طفرة النظام السياسي القائم، وهي التي تنبغي الكشف عنها ودراستها، ومن الممكن للنظام السياسي ان يعيش ويستمر من دون ان يتحول الى نظام ديمقراطي، كما يمكن لنظام سياسي استبدادي ان ينتج بعد انهياره وكرد عليه نزوعاً ديمقراطياً قوياً[12].

فالديمقراطية ليست ظاهرة تاريخية وليست ظاهرة موضوعية حتمية، ولكنها تعبير عن حركة سياسية اجتماعية، وهذا يعني ان هناك مجموعتين من العوامل:

- **العوامل الذاتية**

وهي التي تعين للحركة اهدافها وقيمها والغايات التي تناضل ارادياً من اجل تحقيقها، وتغيير الواقع الموضوعي نفسه للوصول اليها.

- **العوامل الموضوعية**

وهي البنى الاقتصادية والاجتماعية والثقافية والسياسية، ولايمكن قيام أي حركة متميزة ومنظمة من دونها، وهي التي تخلق الحركة وتشترط تطورها وتعني افاق عملها وتاريخيتها العميقة والطويلة، ان مجموعتا العوامل تكمل احداهما الاخرى، ويتوقف اثر كل واحدة منهما على الاخرى، فالديمقراطية ثمرة تفاعل وتنازع هاتين المجموعتين معاً لاثمرة عمل واحدة منها. واذا لم يجتمعا معاً لايمكن احداث أي تقدم حقيقي على هذه الجهة السياسية[13].

ان النضج النظري والسياسي قد يسمح باحداث تغييرات ديمقراطية سريعة تساهم هي نفسها في اعادة تنظيم العلاقات الاقتصادية والاجتماعية، وتوزيع الاستثمارات على ميادين الانتاج المختلفة وتخفيض الفوارق الطبقية[14].

وقد تساهم الظروف الموضوعية المفاجئة او الناشئة من تراكمات بطيئة في احداث طفرة فكرية، وهذا يعني ان الديمقراطية ليست نظاماً سياسياً مستقلاً كل الاستقلال عن

غيره من النظم الاجتماعية، ولايمكن ان يوجد دون محتوى اجتماعي وثقافي خاص به⁽¹⁵⁾.

وان الديمقراطية مرتبطة بنتائج معركة فكرية، وهي تخضع بالتالي في تقدمها وتراجعها لما تتمتع به القوى التي تتبناها كمبدأ ونظام سياسي من قدرات ذاتية، سواء ما تعلق فيها بدرجة الوعي النظري او بمستوى الممارسة السياسية وادارة الصراع السياسي، فهي لاتولد من تلقاء نفسها وبصورة عفوية او حتمية من الثقافة التاريخية الوطنية ولا في التنمية الاقتصادية ⁽¹⁶⁾.

ان التقدم في معركة الديمقراطية لاينفصل عن التقدم في العمل النظري والتحليلي والسياسي داخل معسكر القوى الديمقراطية وخارجه، وعن حل الاشكالات الكثيرة المتعلقة بمفهومها والمشكلات التي تحيط بتطبيقها كنظام سياسي، لكن اذا كان الوعي بالديمقراطية هو المدخل الى أي مسار ديمقراطي فلا يعني ذلك الانتصار، فقد يكون الطلب الشعبي قوي على الديمقراطية الا انه ليس لديه امل في الحصول عليه.

ان مسار الانتقال الى الديمقراطية وبدأ عملية التحول الديمقراطي يتطلب نظام حكم ديمقراطي يقوم على مرتكزات فكرية ومقومات تنظيمية يتم بناؤها تدريجياً في الثقافة السياسية، ويتم تصحيح البنى الاجتماعية وفقاً له.

فعملية التحول الديمقراطي لاتستمر الا اذا ارسبت مقومات الديمقراطية وانتشرت الثقافة الديمقراطية في المجتمع، واهم هذه المقومات هي اعتبار المواطنة مصدر الحقوق ومناط الواجبات، الاقرار بأن الشعب مصدر السلطات، الاحتكام الى شرعية دستور ديمقراطي، قيام مجتمع مدني ونمو رأي عام مستنير، تحول الديمقراطية الى قيمة اجتماعية ومعيار اخلاقي.

الديمقراطية وصندوق النقد والبنك الدولي:

قبل الحديث عن الديمقراطية في المجتمعات العربية، نتذكر ان نقطة الانسداد الرئيسية في مسار تحقيقها لاهدافها الاجتماعية والوطنية والامنية، بما في ذلك علاقات

التضامن والتعاون والتكامل بين بلدان المنطقة، تكمن في طبيعة السلطة القائمة وبنيتها الراهنة، فهي مستمدة من ادارة الاصلاح والتجديد والتطوير السياسي التي يتوقف عليها مستقبل التطور العربي نفسه، والحديث عن ارادة الاصلاح، يعني طبيعة هذا الحديث في الديمقراطية، وطبيعة القوى المحدودة التي يمكن ان تدرك اهمية المدخل الديمقراطي لمواجهة تحديات النمو والتطور في البلد.

فالديمقراطية لاتشكل اولوية من اولويات السياسة العربية، وتنبع حقيقة معرفة الاولوية هذه من عدة نقاط، بداية انها اصبحت مطلباً اساسياً وشاملاً لدى جميع اعضاء المجتمع او لدى الاغلبية، تشكل مدخلاً الزامياً الى مواجهة الاولويات الاخرى، مدى الحاجة الى الديمقراطية فعلياً، التغطية على حاجات حقيقية، ويساير نزعة عالمية لتحويل شعار الديمقراطية الى عقيدة هيمنة دولية، وجود فرص تاريخية موضوعية لتحقيقها، مدى الرغبة في الحصول على الديمقراطية، مدى مسايرة النزعة الدولية في الوصول للديمقراطية الاعتقاد بأن مبدأ الحرية وقيمها اصبحت مطالب الاغلبية في المجتمعات العربية، الديمقراطية التي تتحدث عنها المؤسسات الدولية هي جزء من استراتيجية الهيمنة والاحتواء العالمية.

ان الاولويات التي تخضع لها اغلبية الطبقات في البلدان العربية لاتزال تتراوح بين تحقيق الحاجات الاساسية بما تتضمنه من عدالة واعادة توزيع للثروة ومن تحقيق المطالب الوطنية.فبعد انتصار الشعوب المتحدة في الاتحاد السوفيتي في ربيع 1943 في معركتي ستالينغراد وكورسك الاسطورتين، اخذ الجيش الاحمر الجبار يسجل الانتصارات الباهرة ضد المحتلين الالمان ويزحف بسرعة فاصاب الفزع كل من بريطانيا والولايات المتحدة حول امكانية انتصار الاشتراكية في كل اوربا، فأسرعت الى تدبير الامور بطريقتين العسكرية والاقتصادية. فمن الناحية العسكرية قررتا في 1944/6/6 فتح جبهة ثانية للزحف نحو برلين من الغرب ومجابهة الجيوش السوفيتية الزاحفة ومنعها من التقدم نحو فرنسا وايطاليا، ومن الناحية الاقتصادية فاتجهتا الى بريتن وودز Bretton woods في امريكا لتأسيس صندوق النقد الدولي IMF في تموز 1944

(خلال الحرب العالمية الثانية) واصبحت الاتفاقية قيد التنفيذ في اذار 1947 وعدد اعضائها 44 عضو [17] وبحلول 1990 اصبح عدد الاعضاء 152 عضو [18]. وقام بتسليف البلدان الاعضاء بالاستثمارات اللازمة عند الازمات الاقتصادية بشروط يفرضها الاخرون [19]. اما البنك الدولي لاعادة البناء والاعمار IBRD فقد تم تأسيس في نفس الاجتماع في برتين وودز وبدأ عملياته في حزيران 1946 وحضره الرئيسي في واشنطن وغرضه تشجيع رؤوس الاموال للاستثمار لاعادة ما خربته الحرب ولاعمار البلدان الاعضاء [20]. وفي سنة 1980 اخذ المصرف على عاتقه برنامج التعديلات الهيكلية structural Adjustment programme (ASP) وبموجبه يقدم البنك الديون الى اعضائه من البلدان النامية لتخفيف عجزها التجاري، ولكن بشروط [21].

ان البلد الفقير الذي يحتاج الديون من المصرف ليس فيه من الاغنياء المحليين الذين يستطيعون شراء هذه المؤسسات الكبيرة من الحكومة، فتدخل الشركات الغربية وتشتريها بأسعار بخسة لان الدولة لاتستطيع فرض اسعارها على هذه الشركات [22].

ان الفكرة التي تدعي بأن هناك نوعاً من التسوية المتكافئة للفروق القائمة بين الغرب وبقية البلدان فكرة تستحق الاستغراب، لان عولمة رؤوس الاموال لم توحد العالم او تجلب الخير للشعوب الفقيرة، كما ان رؤوس الاموال المستثمرة الان هي سبب التباين والخلافات والحقد المطلق [23]، والنظريات الحديثة للعولمة تغطي على هذه الحقائق، وتقوم المؤسسات المماثلة بالبنك الدولي باستخدام هذه النظريات كعصي الطاعة ضد العالم الثالث [24].

ويلاحظ المراقب السياسي ان المعارضة الرئيسية للنظم القائمة ليست ديمقراطية النزعة، الا ان غياب التوجه الديمقراطي عنها لايعبر بالضرورة عن حتمية استثنائية بقدر مايعبر عن نقص سياسي في هذه المعارضة، فالديمقراطية تطرح هنا باعتبارها محاولة لبناء قاعدة جديدة في التعامل بين الاطراف الاجتماعية والسياسية المتنازعة في الساحة العربية [25].

والديمقراطية هنا لايمكن ان تقدم أي حل للمشاكل العميقة التي تنخر المجتمعات العربيـة بقـدر ما تطمح الى خلق مناخ وسلوك عام وقاعدة قانونية واخلاقية في التعامل بين الاطراف، في الوقـت الـذي يبشر منظرو العولمة بانتهاء دور الدولة القطرية وبأن الحدود الدولية قد تم محوها نجد قـدرة الـدول الغربية قد توسعت بصورة مثيرة للدهشة، وسيتشرع منظرو العولمة(النظام العالمي الجديد) بحجـة ان الغرب هو الادرى ومضطر الى قهر المنبوذين، لنشر الظروف المطلوبة لجريان الارباح.

ضرورة التغيير الاجتماعي لتطبيق الديمقراطية:

ان الفرد العربي هو نتاج العائلة القائمة على التسلط والتراتبية، اذ يتم تشكيل الفرد ليكون قمعياً. وتصبح علاقاته الاجتماعية امتداداً لعلاقاتـه الاسريـة، فهـذه الـدائرة مـن القمـع يجـب ان تواجـه، وان تفكك حلقاتها من اجل انتاج فرد صحيح غير اناني او متقلب وقادر على تحمل المسؤولية ولديه الـوعي الكامل لكافة حقوقه وواجباته وبالتالي يصبح ديمقراطياً. فعلى الناس ان يدخلوا في عمليـة قطـع معـرفي (ابستمولوجي) مع التراث القائم على القمع من اجل ترميم واعادة خلق انفسهم كأفراد صحيحين عـلى وعي تام بحقوقهم وواجباتهم كمواطنين، وان تكون لهم القـدرة عـلى الحـوار والنقـاش والتفـاوض مـع اطراف اخرى ذات وجهات نظر مختلفة ضمن مجتمعاتهم[26].

فالعائلة مازالت احدى اهم المؤسسات في الوطن العربي، وهي المكان الاول والرئيس لتبنـي اعـادة انتاج وممارسة انواع متعددة من القمف في دورات متتالية[27].والعائلة الممتدة هي النموذج السـائد في الوطن العربي، وغالباً مايحكم الاب هذه المؤسسة التـي يعتقـدان ابنـاؤه هـم امتـداد لشخصـيته فيهـا، ويتعامل معهم على هذا الاساس، فيصبح الطفل العربي موضع قمع من مثل والده في حين يجد الحماية المبالغ بها من قبل والدته[28]. لذا يجب تفكيك هذه السيطرة (التسلط الابوي) المميزة للعائلـة العربيـة من خلال تحرر النساء عبر اعادة تركيب شامل للاسرة النووية[29].

ان التناقض ما بين جوهر الانسان العربي ومظهره الخارجي، كأثر العلاقة المستمرة مع الغرب وقيمة الاجتماعية، وكنتيجة لاستمرار السياق التقليدي للتفكير والبنى الاجتماعية المختلفة في الوطن العربي تم انتاج انسان عربي متناقض[30].

قد يبدو الانسان العربي غربياً متطوراً، ظاهرياً، لكنه في الحقيقة يفتقد الشعور بالثقة والامان ويعاني ازدواجية المعايير، فهو يرفض باللاوعي السلطة التي تمارس قمعاً متتالياً ضده، لكنه في الوقت نفسه يعفي نفسه من الاحساس بالمسؤولية، هذا التناقض في المشاعر يقود بالضرورة الى غياب النقد الذاتي والرغبة في العمل والانتاج[31].

وسائل فرض النهج الديمقراطي:

في 1974 ربط موضوع حقوق الانسان والديمقراطية بجوانب ثلاثة وهي المعونة الخارجية، تبادل المساعدات، الاصلاح التجاري[32]، وفي 1977تبلورت الدعوة الخاصة بربط قانون المؤسسات المالية الدولية بحقوق الانسان والديمقراطية بحيث يتم ربط التفاعل الايجابي بين هذه المؤسسات المالية الدولية[33]، والدول الاجنبية بمقدار ماتتبنى تلك الدول السلوك الديمقراطي. وان اهم الادوات المستخدمة لضمان تنفيذ النهج الديمقراطي هي :

- **الوسائل السياسية والاعلامية**

وذلك يتجديد البعثات الدبلماسية بعناصر جديدة لها دراية في ميدان الدعاية للتحول الديمقراطي واستخدام المؤتمرات الدولية لممارسة الضغط على الدول غير الديمقراطية او من خلال المنظمات الدولية كالامم المتحدة بشكل اساسي.كما ساهمت وسائل الاعلام[34] في الترويج لهذا التحول.

- **الوسائل الاقتصادية**

كالربط بين التحول الديمقراطي والمعونات او الحضر على التجارة والاستثمارات او التجميد الاداري للمعونة او التصويت في البنك الدولي او صندوق النقد الدولي

ضد الدول غير المنسجمة مع الدعوة للتحول الديمقراطي. وقد تأخذ هذه الاداة طابع المنح بدل المنع من خلال تقديم المساعدات من قبل وكالة التنمية الدولية او الصندوق القومي للديمقراطية[35].

- **الوسائل العسكرية**

مثل الغزو المباشر او تقديم المساعدات العسكرية لدول التحول الديمقراطي او الدعم المالي للمتمردين على الحكومات غير الديمقراطية، او استعراض العضلات امام السواحل.ثم بعد ذلك البحث عن شخصية كاريزمية لدفع امور التحول الى الامام، والتأكيد على تبعية الجيش للقيادة المدنية، وتخفيض عدد الجيش وتحويل الاموال الناتجة من التخفيض لتحسين ظروف افراد الجيش[36].

مؤسسات المجتمع المدني والديمقراطية:

ان الامكانات المتاحة لتعزيز التحول الديمقراطي محدودة، ويمكن ان تسبب قراءة الواقع الراهن احباطآ للمرء ويأسآ من امكانية التحول الديمقراطي في المدى القصير، الا ان النظرة التاريخية التي لاتقف عند حدود اللحظة الراهنة وانما تمتد الى المستقبل بهدف المشاركة في صنعه، لابد لها من الصبر والامل [37]. فاذا عدنا الى تعريف الديمقراطية وهو حكم الشعب بالشعب وللشعب، نجد انه من السهل ان ينزلق المرء الى الاستنتاج المبسط بأن الديمقراطية تفترض وجود نظام مستقر له الشرعية طالما انه يستوفي اركان هذا التعريف [38]، كما ان المدارس المختلفة والتي تدعي كل منها انها هي الصورة الحقيقية للديمقراطية، تبني شرعيتها على هذا الاساس وتصون هذه الشرعية بالترغيب والترهيب[39] وتوجد متغيرات معينة بتوفرها يتم تعزيز التحول الديمقراطي.

ان المجتمع المدني نوع من المؤسسات تنشأ من تبلور التفاعلات والعلاقات بين مختلف القوى الاجتماعية، محورها المركزي انماط متباينة من التضامنات الخاصة، ان يتميز المجتمع السياسي عن المجتمع المدني بناحيتي المركزية والرسمية، لايؤثر في الطبيعة

المؤسسية للتنظيمات المدنية، فمؤسسات المجتمع المدني شأنها شأن مختلف المؤسسات تخضع لقواعد واليات داخلية خاصة بها، ومن ثم فان تكوينها كمؤسسات يستند الى عدد من الاسس الجوهرية وهي الاقتصادية والسياسية والايديولوجية والقانونية[40]

قيام نقابات وتنظيمات سياسية وجمعيات حقوق انسان:

ان التغييرات الاقتصادية وتراجع دعم الدولة، حيث قد تعجز الدولة عن توفير وظائف للمواطنين في القطاع العام وقد تقلص في دعمها للخدمات، ومهما استخدم اسلوب الجزرة اواسلوب العصا والجزرة، لن تجدي الاساليب السابقة في حل المشكلة، لذا تلجأ الى حسم الحال امام القطاع الخاص الانتاجي وتشجيع المهنيين على الحرف الحرة والاهتمام بالتنمية الاقتصادية لتوفير فرص عمل منتجة وتوليد مصادر دخل للمواطنين وللدولة نفسها من خلال الرسوم والضرائب[41].

وتبرز بسبب تقلص الدعم الحكومي وانحيازه ضد مصلحة ذوي الدخل المحدود اضافة الى ضرورة اعتماد المواطنين على انفسهم وتزايد الدور الانتاجي للمواطنين، حاجة لقيام تنظيمات اهلية تطرح اهتمامهم وتدافع عن مصالحهم، الامر الذي يؤدي الى قيام نقابات وتنظيمات سياسية وجمعيات حقوق الانسان وبروز نواة حركات ديمقراطية تحقق الانتقال السلمي الى الديمقراطية[42].

التحولات الديمقراطية:

من المرتكزات الاساسية للتحول الديمقراطي هو الاعتبارات الدينية والتقليدية في علاقة الحكام بالمحكومين، فتعطي تصرفاتها السلطوية بعداً دينياً ومظهراً تقليدياً قبلياً وعائلياً ولاتفرط في استخدام العنف، وانما تستخدمه بالقدر الكافي للاحتفاظ بسلطتها المطلقة تجاه كل من يهدد سلطة الحاكم ولو كان اقرب المقربين[43].

وتبين الدراسات التاريخية هيمنة مفاهيم الخضوع والاستبداد عبر قرون عديدة، ففي اغلب الدول العربية لاتزال علاقة الحاكمين بالمحكومين تتم بتوسط لغة الاداب السلطانية، ومازالت السلطة تنظر الى نفسها من الزاوية نفسها، زاوية نظر الحاكم

بالسلطات، الآمر الناهي، الآمر الذي لا راد لامره، ولا ضابطآ قانونيآ ومؤسسيآ لقراره وحكمه وسطوته[44].

والاستبداد الشرقي حسب ما ادعاه مونتسكيو الفرنسي، وما جاهر به عبد الرحمن الكواكبي عن تطبيع المجتمعات الاسلامية بطبائع الاستبداد فان الحقيقة المؤكدة هي ان هناك قلة وسوء فهم لكل موضوع الديمقراطية سواء على مستوى الحاكمين او بين جموع الناس الماديين، وان منابع تعليم قيم الديمقراطية وممارستها ممثلة في الاسرة والمدرسة ووسائل الثقافة والاعلام ومؤسسات المجتمع المدني، كانت ولا تزال جافة[45].

العراق والتطبيق الديمقراطي:

ان عملية مأسسة المشاركة السياسية التي تتميز بها النظام الديمقراطي، ليست الا نقل الممارسة السياسية الى مستوى العمل المؤسسي وتكديسها في اطار بنية سياسية ديمقراطية[46].ويتم ذلك عبر اضواء النشاطات السياسية للافراد والقوى السياسية[47].الهادفة الى المساهمة والتأثير في عملية صنع واتخاذ القرارات السياسية داخل قنوات المؤسسات السياسية المختلفة [48].

اما على مستوى العمل الديمقراطي فليست مؤسسات المجتمع المدني عبر الادوات الاساسية المستخدمة من جانب قواه الرئيسية، فلا وجود للديمقراطية الحقيقية الا بوجود مؤسسات المجتمع وابلائها الدور الفعلي في التعبير عن المصالح المتمايزة والمنافسة وتمثيلها في اجواء ديمقراطية سلمية[49]. فالمجتمع المدني مفهوم يشير الى بنية مجتمعية انصهارية اعيدت هيكلتها، تشكل فيها الطبقات والمنظمات غير الحكومية والنقابات والهيئات الاهلية المختلفة اشكالآ للوجود الاجتماعي مستقلة عن القوى التي تقف في مواجهتها دفاعآ عن مصالح اعضائها[50].

ان المرحلة الراهنة هي مرحلة التحسس في العراق ولعلها اصعب المراحل، فان ما سيتم بناءه وهو سيحدد مصير البلاد فيما سيأتي من السنوات، وطبيعي هناك امثلة

عديدة في التاريخ المعاصر تشير الى ان تطوير نظام ديمقراطي ليس مستحيلاً [51]. فموسكو عاشت تحت دكتاتورية داخلية وخارجية منذ نهاية الحرب العالمية الثانية، ان تتحول في بضع سنوات الى انظمة مقبولة ومعقولة من حيث استجابتها للمعايير الديمقراطية [52]. ومن تاريخ العراق الحديث مايؤهله لهذا التحول، ففي العهد الملكي(1921-1958) كان هناك نظام برلماني منقول عن النظام البريطاني، امكن في ظله للقوى السياسية المختلفة ان تتواجد في الساحة، وان تتنافس بحرية نسبية، وكان بوسع النواب في البرلمان مثلاً ان يناقشوا ويعارضوا الحكومة دون خوف، وكان لهذه النقاشات اصداؤها في الصحافة العراقية، التي كان يصدر منها في بغداد والابصرة والموصل وحدها 23 صحيفة، في الفترة التي سبقت الاطاحة بالحكم الملكي[53].

ان الاراء حول النهج الذي ينبغي ارساؤه وان اتفق الجميع على ضرورة انشاء مؤسسات ديمقراطية، لانها الضمان الوحيد لتغيير العقليات والمواقف نحو ترسيخ المواثيق الحقوقية والدستورية[54]. كما ان هناك مشكلة تتعلق بمن سيحكم العراق، رئيس ضمن نظام جمهوري رئاسي او برلماني ام ملك ضمن نظام ملكية دستورية. وليس هناك في العالم العربي الى حد الان نوع النظام الرئاسي البرلماني الذي يكون لرئيس الوزراء فيه مهمة قيادة السلطة التنفيذية وبشكل عام، فالانظمة من هذا النوع لاتنتج الافي الدول الديمقراطية[55]، اما في البلدان المتخلفة، فهي تقود عادة الى التسلط والانقلابات [56]. وهناك رأي يقول ان ما قد يناسب بناء الديمقراطية في العراق هو هذا النوع الثاني في الانظمة الجمهورية، حيث يراقب البرلمان السلطة التنفيذية ويختار الرئيس[57].

وهناك شرطين لابد من وجودهما لضمان مبدأ المواطنة وتطبيقها وهي زوال مظاهر حكم الفرد او القلة من الناس وتحرير الدولة من التبعية للحكمام، وذلك باعتبار الشعب مصدراً للسلطات وفق شرعية دستور ديمقراطي ومن خلال ضمان مبادئه ومؤسساته والياته الديمقراطية على ارض الواقع، والشرط الثاني اعتبار جميع

السكان الذين يتمتعون بجنسية الدولة او الذين لايحوزون على جنسية دولة اخرى والمقيمين على ارض الدولة، مواطنين متساوين في الحقوق والواجبات[58].

توصيات الفصل السابع:

خرجت الدراسة بالتوصيات التالية:

- ان الحوار افضل وسيلة فكرية لتوسيع افاق الرؤية وتنمية الوعي الديمقراطي وانفتاح كل طرف على الامر من خلال لغة منسجمة مع الواقع وواضحة وشفافة ولاتنكفئ داخل ذاتها نتيجة قناعات جامدة ومتصلبة خشية التورط في تعقيدات الواقع.
- ان عملية التغيير الاجتماعي والتحديد والتحديث، رغم انها ستواجه مشاكل تزداد حدتها وخطورتها حسب طبيعة المجتمع والتي ابرزها حضور الولاءات الاجتماعية والمذهبية والطبقية والعرفية والعشائرية الضيقة، وتشكلها هذا يأتي انعكاساً وتجسيداً لشروط تاريخية وسياسية واجتماعية وثقافية واقتصادية متأصلة في داخل المجتمعات العربية والاسلامية، وبالتالي فان امكانية تغير هذه الشروط تبقى قائمة لصالح ثقافة عربية اسلامية اصيلة شاملة.
- يجب الالتزام بقيم ومعايير الاحترام والتراضي والتسامح والمشاركة والشفافية وتقبل النقد البناء والادارة السلمية للتنوع والاختلاف، كما ينبغي السعي الى تنمية المهارات الذهنية ومهارات المشاركة التي تمكن الانسان من التفكير والتعرف على نحو يوازن بين حقوقه الفردية وبين الصالح العام.ان هذه المهارات تمكن المواطن من تحديد المعلومات ووصفها وشرحها والاحتكار ذات العلاقة بالقضايا العامة، فضلاً عن ايجاد الحلول للمشاكل التي تواجه حياته اليومية، فيتمكن من التأثير في

السياسة ومسألة ممثليه والمسؤولين، وهذه القيم هي جوهر الثقافة الديمقراطية.

- يجب وضع تعريف واضح بعلاقة الدين الاسلامي كنص بالديمقراطية مـن خـلال جهـد تثقيفي، فقد ظهرت في العقود الاخيرة العديد مـن الكتـاب الاسـلاميين والعـرب وغـيرهم اقتربوا من حسم الموضوع.

- في العملية الديمقراطية يجب الاخذ بنظر الاعتبـار ان مـايطلق عليـه المشـكلة الطائفيـة المقصود بها ما زرعته القوى الاستعمارية التـي سـيطرت عـلى العراق في بـدايات القرن العشرين من مشاريع سياسية وان سياسة التمييز الطائفي ليس المقصود بها الانتماء الى مذهب او طائفة الـذي هـو لـيس عيبـآ، المهـم لايتجـاوز الاعتـزاز بالقبيلـة الى قبليـة او الاعتزاز بالطائفة الى طائفية

هوامش ومصادر الفصل السابع:

1. د.حسن جميل، حقوق الانسان في الوطن العربي، المعوقات والممارسة، مركز دراسات الوحدة العربية، بيروت، ط2، 1987، ص530.

2. د.محمد عصفور، ضمانات الحرية، مجلة المحاماة، نقابة المحامين المصريين، السنة 48، العدد 3، 1968، ص21.

3. سمير امين، ملاحظات حول منهج تحليل ازمة الديمقراطية في الوطن العربي، مركز دراسات الوحدة العربية، بيروت، ط2، 1987، ص309.

4. **Encyclopedia Britannica**

5. فقد كانوا يشكلون الاكثرية الساحقة، ولازالت الديمقراطية حتى يومنا هذا مقتصرة على الاحرار، ولكن الديمقراطية مثل أي شيئ اخر في تطور وتغير مستمرين.

6. لقد تطور هذا النوع من الديمقراطية الى خضوع الممثلين لقرارات القيادات الحزبية التي تختارهم مقدماً بدل الناخبين.

7. كما هو الحال في بريطانيا.

8. والمثال البارز في الديمقراطية الدستورية هو الديمقراطية في بريطانيا، حيث يؤكد الدستور على ان الملك (مصون غير مسؤول) وله حق الغاء نتائج الانتخابات وحق حل البرلمان او تعطيله وحق اسقاط الحكومة وتعيين اعضاء الحكومة الجديدة من اعضاء البرلمان او من خارجه.

9. د. كمال مجيد، العولمة والديمقراطية، دراسة لاثر العولمة على العالم والعراق، دار الحكمة و **woodstock publishing**، لندن،2000، ص ص102-105.

10. د.وليد عبد الحي، قسم العلوم السياسية، كلية الاداب، جامعة اليرموك، الاردن، علاقة السياسة الخارجية الامريكية بالتحولات الديمقراطية في الوطن العربي، مجلـة المستقبل العربي، العـدد 267، 2001/5، مركز دراسات الوحدة العربية، ص ص59-74.

11. Richard K.Betts and samuel Huntington, Dead Dictators and Rioting Mobs : Does the Demise of Authoritarian Rulers Lead to political instability?, internatonal security Affairs, vol. 10,no.3 (winter 1985-1986), pp113-145.

12. ولا يعني ذلك مصادرة التاريخ السياسي للمجتمع بحجة البحـث عن الديمقراطيـة فيـه، لكن دراسة عوامل واحتمالات التطور نحو الديمقراطية في هذا التاريخ، بمعنـى اخر تحليل الواقع كما هو والنزاعات والتوازنات والمالب المتميزة والمتعددة والمتباينـة التي تكون حقيقـة هذا الواقـع السياسي الخـاص بكـل مجتمـع، انظـر د.عـلي خليفـة الكـواري واخـرون، (المسـألة الديمقراطية في الوطن العربي، مركز دراسات الوحدة العربية، بيروت،2000، ص243.

13. والقول بتوقف فاعلية العوامل الذاتية على وجود بعض الظروف الموضوعية يعني ان المسـألة ليست ارادية، وان كان للارادة دور اساسي فيهـا، او توقـف فاعليـة العوامـل الموضوعية عـلى توفر الارادة والـوعي الـديمقراطيين يعني ان الشـروط الموضـوعية ليسـت مرادفـة لحتميـات صارمة لاانسانية ولا اجتماعية.

14. د.برهان غيلون، منهج دراسة مستقبل الديمقراطية في البلدان العربية، مجلة المستقبل العربي، مركز دراسات الوحدة العربية، السنة 19، العدد 213، بيروت،1996، ص ص37-53.

15. يجب معرفة ما اذا كانت هناك علاقة ايجابية او سلبية، بين نمط معين من السـلطة السياسـية ونمط معين من التوزيع الاجتماعي للثروة ونمط معين من

البنية الاقتصادية، ونمط معين من الثقافة القائمة، ونمط معين من السياسة الخارجية ومن الوضع الجيوسياسي من جهة وامكانات التحول الديمقراطي من جهة ثانية.

16. انها نبتة قائمة بذاتها لاتتطور الا بقدر ما يعمل المجتمع او اطرافه على تنميتها، ولا تصبح امرآ واقعآ الا بقدر استعداد المجتمعات للتوظيف فيها والتضحية من اجلها، ومن الطبيعي في هذه الحالة ان يكون مصيرها كمصير أي قضية صراعية، خاضعة للتقدم والتراجع والاخفاق.

17. بموجب هذه الاتفاقية تم تأسيس صندوق للاعتمادات المالية بغية تشجيع التعاون العالمي في حقول النقد مع ازالة القيود التي كانت تعرقل التبادل الخارجي والحد من التقلبات التي تطغى على قيمة العملات في الاسواق النقدية.

18. د.كمال مجيد، العولمة والديمقراطية، دراسة لاثر العولمة على العالم والعراق، **woodstock publishing**، دار الحكمة، الطبعة الاولى، 2000، ص ص37-41.

19. لقد كان على العضو ان يرصد في الصندوق مبلغآ مقررآ كونه **Quota** ويكون حق التصويت وحق استلاف الاموال طبقآ لحصة الدولة في الصندوق، في الوقت الحاضر تملك الولايات المتحدة 20% من قوة التصويت ويملك الاتحاد الاوربي 25% وبما ان اتخاذ القرارات يحتاج الى 85% من الاصوات، فهذا يعني ان كلآ من الولايات المتحدة والاتحاد الاوربي يملك من النقض او الفيتو. للمزيد انظر:-**Dictionary of Economics, penguin Books, 1992**.

20. ويتم ذلك عن طريق توجيه رؤوس الاموال الخاصة او عن طريق تقديم القروض من ثروته الخاصة، كذلك جمع الاموال عن طريق بيع السندات **Bonds** في الاسواق المالية العالمية.

21. يشترط البنك ان يقوم البلد التي يستلم بتبني السياسة الاقتصادية التي يقررها البنك والتي تسمى غالباً الليبرالية الاقتصادية، وتعني الغاء المؤسسات المؤممة كالماء والكهرباء وتوزيع الحاجيات والبرق والبريد والتلفونات والمواصلات السلكية واللاسلكية والخطوط الجوية والمطارات والسكك الحديدة والبواخر ومنابع النفط والغاز او تصفيتها او توزيعها او ادارتها، والمناجم الحكومية والخدمات البلدية كمجاري المياه القذرة وتصفية المجاري والمشاريع الكبيرة كالمصافي والبنوك والموانئ والسدود وخزانات المياه والري والمستشفيات ووسائل الاستيراد والتصدير.

22. كمال مجيد، العولمة والديمقراطية، woodstock publishing، دار الحكمة، الطبعة الاولى،2000، ص40.

23. لقد تم الاستثمار المباشر FDI لثمانين بليون دولار فيما يسمى بالبلدان النامية، وذهب ثلث المقدار الى الصين وحدها بينما ذهب الثلث الثاني الى اربع بلدان وهي ماليزيا وتايلند والارجنتين والمكسيك واستثمر ربع المبلغ في 51 بلد فقير أي ان 20 بلداً في اسيا وافريقيا استلمت 90% من الاستثمارات ونالت 130 بلداً 10% منها للمزيد انظر: -المصرف الدولي، جدول الديون لسنة 1995/1994.

24. في الوقت الذي يعترف المصرف الدولي بمصائب افريقيا يحثها على ارخاء القيود المفروظة على اقتصادها، لفتحها على مصراعيها لقوى السوق العالمية.

25. وهي ليست بديلاً من أي برنامج وطني واجتماعي، وهي لايمكن ان تدعي تقديم أي حل للمشاكل العميقة التي تنخر المجتمعات العربية، بقدر ما تطمح الى خلق مناخ وسلوك عام وقاعدة قانونية واخلاقية في التعامل بين الاطراف والبرامج المتنازعة، فهي لتقويم السياسة لاسياسة بديلة.

26. د.فادية احمد الفقير، نساء ديمقراطيات بدون ديمقراطية، جامعة درم، انكلترا، ترجمة محمد العزي، مركز دراسات الوحدة العربية، بيروت،2001، ص19.

27. الفقير، مصدر سابق، ص189.

28. د.هشام شرابي، مقدمات لدراسة المجتمع العربي، ط4، عكا، دار الاسوار،1981، ص ص27-31.

29. شرابي، مصدر سابق، ص14.

30. في اطار العائلة العربية تمارس على الطفل العربي ضروب متعددة من اساليب القمع فهو عرضة للعقاب الجسدي، ولمفهوم العيب الاجتماعي، وللتضييق والسخرية، متى يفقد الطفل احترامه لذاته ولقراراته ويدخل في غمار عملية بغض لهؤلاء الذين يمارسون هذا النوع من القمع عليه، هذه العملية المتناقضة من المقاومة والاحساس بعدم القدرة على الانعتاق تحوله الى انسان اتكالي يتبنى ثنائية التعبير، للمزيد انظر: الفقير، مصدر سابق، ص190.

31. عادة يشعر الاب العربي بأن عليه ان يلجأ لاسلوب القمع، ليثبت رجولته، لذا فهو يستمر في هذا الاسلوب بدلآ من خلق قنوات اتصال صريحة وصادقة ومفتوحة، فالاطفال الذين لايعرفون اسلوبآ اخر للتربية يطبقون الاسلوب ذاته على ابنائهم.

32. ان اهمية نصيب اقتصاد السوق تعني نقل القرار الاستراتيجي الى قوى السوق، وتشير احدى الدراسات الى ان تعبير ديمقراطيات السوق **Market Democracies** كان كلينتون اول مستخدم له.

33. **Democracy in the Middle East Defining the Challenge ,edited by yehudah Mirsky and matt Ahrens Cwashington DC:washington institute for Near East policy,1993.**

34. ولاسيما صوت امريكا، واذاعة اوربا الحرة واذاعة الحرية، وتعتبر وكالة المعلومات الامريكية **US information Agency** التي ادمجت بوزارة

الخارجية من ابرز الهيئات وتركز على الافراد في الدول الاجنبية ممن تتوسم فيهم القدرة على تبني وتعزيز السياسات الديمقراطية الامريكية.

35. ويقول وارن كرستوفر في احد تقاريره ان الديمقراطية ليست لحماية الحقوق السياسية فقط، بل تعتبر العناصر الاساسية لاقتصادات السوق الحرة كما ان التجارة الحرة تتيح المجال لدعم مؤسسات المجتمع المدني.

36. د.وليد عبد الحي، التحولات الديمقراطية في الوطن العربي، مجلة المستقبل العربي، العدد 267، 2001/5، مركز دراسات الوحدة العربية، بيروت، لبنان، ص64.

37. لابد ان ندرس الواقع وتتحرى ماضيها وحاضرها وما فيها من عوامل تساعد على تنمية امكانيات التحول الديمقراطي وزيادة فرص الانتقال الى الديمقراطية، وهذه النظرة لابد ان تكون على مستوى الدولة ومن قبل المواطنين الذين هم اقرب الى الواقع واعرف بالباطن واقدر على معرفة الامكانيات واغتنام الفرص.

38. د.خالد الناصر، ازمة الديمقراطية في الوطن العربي، المستقبل العربي، السنة 6، العدد 55، ايلول، 1983، ص ص78-107.

39. نتيجة لذلك يبدو للوهلة الاولى ان عملية الثورة في مجتمع ما، تتناقض مع الديمقراطية حيث انها بخروجها على الشرعية القائمة وهدمها لكثير من مؤسسات النظام السائد وفرضها وجهة نظر اجتماعية مضادة او مغايرة عمل لا ديمقراطي وفق منظور ذلك النظام.

40. د.حنين توفيق ابراهيم، بناء المجتمع المدني، مركز دراسات الوحدة العربية، بيروت، لبنان، 1992.

41. ان هذه السياسات سوف تجبر عليها الحكومات مالياً ان عاجلاً او اجلاً، تقتضي رفع سقف الحرية الاقتصادية والسياسية، وسوف تفسح المجال

للمبادرات غير الحكومية على المستوى السياسي والاجتماعي والاقتصادي، نتيجة زيادة عدد المستقلين في دخلهم وترقيهم المهني وحراكهم الاجتماعي عن هيمنة الحكومات.

42. هذا في حال كون التيارات التي تنشد التغير والحكومات قادرة على ادراك فضائل ارساء نظم حكم ديمقراطي تقيم العدل والانصاف على قاعدة المساواة بين المواطنين، وتؤسس لسلم اجتماعي ومصالحة تاريخية على قاعدة الديمقراطية.

43. د.علي خليفة الكواري، الخليج العربي والديمقراطية، مركز دراسات الوحدة العربية، بيروت،2002، ص95.

44. د.كمال عبد اللطيف، في تشريح اصول الاستبداد، قراءة في نظام الاداب السلطانية، دار الطليعة، بيروت، 1999.

45. علي محمد فخرو، باحث ووزير بحريني سابق، الخليج العربي والديمقراطية،(مجموعة باحثين)، مركز دراسات الوحدة العربية، بيروت، 2000، ص ص 181-182.

46. ان مؤدى هذه العملية تأطير الصراع السياسي بين القوى السياسية حول سلطة صنع واتخاذ القرارات السياسية ووضع السياسات العامة، بأطر واليات مؤسسية سياسية.

47. د.حسين علوان البيج، الديمقراطية واشكالية التعاقب على السلطة، مجلة المستقبل العربي، السنة 21، العدد 236، مركز دراسات الوحدة العربية، بيروت، 1998، ص ص95-107.

48. فاذا كانت المؤسسات الحكومية هي محور التنافس بين القوى السياسية، فان مؤسسات المجتمع المدني هي القنوات التي يجري عبرها التنافس الامر الذي يجعل وجودها بمثابة العمود الفقري لعملية صنع القرار السياسي.

49. تتميز مؤسسات المجتمع المدني بالنرونة والديناميكية، فهي تولد وتنشأ على اساس العمل الطوعي للافراد المستند الى المصالح الخاصة والمشتركة ولكنها تنمو وتتطور في سياق نمط من العلاقة مع المجتمع السياسي يقوم على اساس الاستقلالية، ولهذا فانها ترتبط بالدولة بعلاقة عكسية قوامها المحافظة على ذايتها الخاصة كونها تنطلق من هدف اساسي هو حماية المواطنين من تعسف سلطة الدولة.

50. د.منذر خدام، الديمقراطية والمجتمع المدني، الحوار المتمدن، العدد 2004،745، ص2.

51. فالاتحاد الاوربي على سبيل المثال ما كان ليفعل بعضويته بلداناً كانت الى وقت قريب نسبياً تتميز بالدكتاتورية والتسلط الشيوعي، فمن معايير الاتحاد الاوربي التي يتضمنها اعلان كوبنهاكن ان يكون البلد المرشح للعضوية محافظاً على القيم الديمقراطية.

52. د.هشام القروي، العراق والتحول نحو الديمقراطية، الانترنيت، **google**، حزيران، 2003، ص1.

53. في هذه الفترة لم تخلو البلاد من التسلط والقبلية والعنف الاثني والطائفي، ولكن هناك نوع من التسامح والتعايش وايآ كان الامر فلا يمكن ان تحدد امكانيات التطور الديمقراطي عندما يكون سياقه قد قطع بواسطة الانقلاب.

54. هل يمكن القول ان الفدرالية هي افضل ما يمكن اختياره للعراق، والتعليل للبعض ان ذلك سيكون لغرض ترسيخ مبدأ الوحدة للبلاد وتنوعها في ان واحد، ومن الضروري ان يكون التلازم بين الوحدة والتنوع مبدئياً، واذا وقع الاختيار على الفدرالية فهل ينبغي الحفاظ على التقسيم الاداري السابق(18 محافظة) مع تمكين كل من اختيار حاكمها ونوابها من البرلمان الفدرالي.

55. هناك محاولة لنزع النظام الجمهوري البرلماني من الاراضي الفلسطينية، ولكن فلسطين ليست دولة بعد.

56. د.هشام القروي، مصدر سابق، ص2.

57. ويوجد رأي اخر يذهب الى ان افضل الحلول هو اعادة الهاشميين الى العراق تحت قيود دستورية مضبوطة بعناية، ويذهب اصحاب هذا الرأي الى ان اعادة الاسرة الهاشمية الى العراق يمثل ضماناً للاقلية السنية لان التغيير في موازين السلطة لن يهمشها، فمن مميزات الملكية انها عادة تتقيد بالتقاليد، بحيث تكون قوة استقرار في زمن مضطرب وفي نفس الوقت حاجزاً دون التطرف، ومن ثم يمكن للملكية الدستورية في العراق ان تكون رمزاً للوحدة والتمدن وفي نفس الوقت ان تكون حارساً للقيم التقليدية ويكفي النظر الى اسبانيا التي استعادت ملكيتها سنة 1975 بعد اربعين سنة من حكم فرانكو الديكتاتور وكان الملك رجل التحول الى الديمقراطية هو الذي حقق الاستقرار والتقدم، وبامكان هذا النظام ايضاً ان يطمئن المملكة العربية السعودية وبقية الدول الخليجية بأنها لن تواجه المصاعب والتحديات السابقة في علاقتها مع العراق.

58. انظر:

– د.علي خليفة الكواري، مفهوم الديمقراطية، مركز دراسات الوحدة العربية، بيروت، 2001.

– د.خالد الخروب، مبدأ المواطنة في الفكر القومي العربي، مركز دراسات الوحدة العربية، بيروت، لبنان،2001.

– د.رواء زكي يونس الطويل، متطلبات الممارسة الديمقراطية والتغيير الاجتماعي، مجلة دراسات دولية، 27، جامعة بغداد، العراق، 2005، ص13-26.

الفصل الثامن

دور الصناعة الاعلامية والراي العام في حماية حقوق الانسان

مقدمة الفصل الثامن :

ان كان لانسان او مجموعة محددة من الناس او البشرية جمعاء حق فعليها واجباً مقابلاً، وان يكون لك حق انساني معناه ان على البشر جميعاً واجبات مقابلة تجاهك.وان يكون لي حق في الحياة، مثلاً يعني وجوب امتناع الناس اينما كانوا عن الاعتداء على حياتي[1]، كما ان تلازم حقوق الانسان مع الواجبات، وصلة الواجبات اهم العناصر الفاعلة المسؤولة عن اعمال حقوق الانسان.

واؤلئك الذين يتحملون واجبات فيما يتعلق بحق من حقوق الانسان يخضعون للمساءلة اذا لم يعمل الحق، وعندما ينتهك حق او تكون حمايته غير كافية يكون هناك دائماً شخص ما او مؤسسة لم يؤد واجباً[2]، ان القابلية للتطبيق هي احدى الاسس التي يتم على اساسها تحديد الحقوق الانسانية، اذ لايعقل ان تفرض على شخص ما واجبات لايستطيع القيام بها.

ونظراً الى قابليته للتطبيق فان حقه في الحياة يمكن تحويله فوراً الى حق وصفي عن طريق تثبيته في الدستور او القانون المحلي، وجميع الحقوق السياسية والمدنية تستوفي هذا الشرط، ان يكون للانسان حق انساني بالمعنى الدقيق لكلمة حق فمعناه ان أي انسان اخر في أي مكان وزمان يمتلك مثل هذا الحق وذلك بغض النظر عن جنسه او لونه وطبيعته او قوميته او دينه او زظيفته. حقوق الانسان هي كلها حقوق عامة **general** وعالمية **Univers**)[3] .

ان الحقوق بالمعنى الدقيق، تقابلها دائماً واجبات صارمة **dutiesstrict**، والواجبات الصارمة هي عادة واجبات سلبية **negative duties**، واجبات الاحجام عن القيام بأعمال معينة، بغض النظر عن الامكانات، غير المتوفرة في كثير من الاحيان فان الواجب هنا هو ليس على الناس جميعاً، انما هو محصور في مجموعة اصغر من المجتمع البشري الاسرة او الدولة مثلاً، ان الحقوق الانسانية بالمعنى الدقيق هي ايضاً امور غاية في الاهمية والالحاح وهناك فرق هائل، من حيث الاهمية

والالحاح، بين الضمان الاجتماعي وبين خطر التعذيب او الاعتداء المنظم على الحياة وحريات الناس[4].

ان الممارسة السلمية لحقوق الانسان لاتحتاج الى اعلان عنها فحسب، بل تحتاج ايضا الى حماية سياسية وتشريعية وقضائية على الصعد الوطنية والاقليمية والعالمية. وتلك الحماية تقتضي وجود آليات دولية (عالمية واقليمية) ووطنية فعالة لتعزيز حماية حقوق الانسان وكفالة التمتع بها.لأن حقوقا بغير آليات تحميها تكاد تصير هي والعدم سواء.ومن ثم صار متعينا على المهتمين بحقوق الانسان عوما بذل الجهد من اجل حمل الحكومات على القبول بالآليات المتاحة وفي ايجاد آليات جديدة تسد النقص الموجود في هذا المجال لاسيما في الساحة العربية.

ويتضمن تقويم برامج وانشطة الاعلام العربي المشترك طبقاً للتقارير الخاصة ببرامج وانشطة مكاتب الاعلام العربي :

1. انشطة واجتماعات رؤساء البعثات الدبلوماسية العربية في المناطق التي تعمل فيها المكاتب لتخطيط وتنسيق البرامج والانشطة الاعلامية المشتركة والقطرية [5].
2. انشطة الادارة العامة للاعلام في مجال توثيق علاقاتها الاعلامية مع الاجهزة القطرية والاجنبية.
3. انشطة الاعلام العربي المشترك مصنفة حسب وسائل الاعلام المستخدمة، مع التركيز على الانشطة التي تدعم الموقف العربي في الصراع العربي -الاسرائيلي.
4. انشطة مكاتب الاعلام العربي كل على حدة[6].

اهمية الفصل الثامن :

ان حقوق الانسان بدورها ليست جزءآ هامشيآ موجودة بمعزل عن علاقة الافراد بعضهم ببعض وبالسلطة الحاكمة، حقوق الانسان هي في صميم هذه العلاقة المزدوجة. وهي اولآ وقبل كل شيئ قيم اخلاقية عالمية تقابلها وتشتق منها، واجبات على الافراد وعلى السلطة الحاكمة وعلى البشرية جمعاء. وهي ذلك الجزء من القيم الاخلاقية الذي يحتل اولوية قصوى من حيث الحاجة الى الحماية القانونية المحلية والاقليمية والدولية، والواجبات والالتزامات اعراف، والاعراف تزود الناس والعناصر الفاعلة الاخرى بأسباب تجعلهم يتصرفون بطرق معينة، وبعض الواجبات والالتزامات لايتطلب من الشخص سوى ان يشرع في مسار سلوكي معين.

ان حقوق الانسان والمقصود بها الحقوق السياسية والمدنية والحقوق والحريات الاساسية او الحقوق الطبيعية اما الحقوق الاقتصادية والاجتماعية والثقافية، فقد انحدرت من سلالة مختلفة وترعرعت في فترة زمنية لاحقة.وهي بالتأكيد حقوق من نوع مختلف عن نوع الحقوق المدنية والسياسية.ان ادخال هذين النوعين المتميزين من الحقوق في الاعلان العالمي لحقوق الانسان عام 1948 والصكوك الدولية اللاحقة، جاء نتيجة اتفاق بين ايديولوجيات تمثلها معسكرات وكتل سياسية.

ولكن هذا الاتفاق لا يلغي ما احدثه الجمع بين النوعين من خلط في المفاهيم ومن هواجس فكرية يعانيها كل من يسعى جادآ للعمل على نشر حقوق الانسان وحمايتها والدفاع عنها.ومن بين جميع التقصيرات الموجودة حاليآ فيما يتعلق بحقوق الانسان تؤثر التقصيرات في المجالات الاقتصادية والاجتماعية على اكبر عدد من الناس وهي الاوسع انتشارآ بين دول العالم وبين اعداد غفيرة من الناس.

مشكلة الفصل الثامن :

يبقى الحديث عن حقوق الانسان والية حمايتها في الوطن العربي ناقصآ مالم يقترن بدعوة صريحة وغير قابلة للتأويل الى اصلاح او تغيير، والانتهاكات الكثيرة والموجعة

لحقوق الانسان العربي وما يترتب عليها من مساس بشخصيته وكرامته وتعطيل لدوره الوطني والقومي. صحيح ان السلطة الحاكمة، اية سلطة حاكمة، تجنح بطبيعتها الى التجاوز والاعتداء على حقوق الافراد والجماعات وصحيح ايضاً ان الحكم مهمة صعبة، غير ان السلطة الحاكمة في بلدان الوطن العربي قد تجاوزت كل الحدود واصبح خرق حقوق الانسان المواطن طبيعة ثابتة لها.

لقد واصلت الدول العربية جهودها في تنمية مواردها المادية والبشرية، وشهدت الاقتصادات العربية خلال العقود الثلاثة الاولى من النصف الثاني للقرن العشرين جهوداً كبيرة في اطار التنمية والتحديث، كلاً حسب رؤيتها الاقتصادية وفلسفتها في نوع النظام الاقتصادي والسياسي القائم، فبعضها انتهج فلسفة اقتصادية ليبرالية وبعضها الاخر رأى في الاشتراكية الفلسفة المناسبة لتجاوز اوضاع التخلف والتبعية، وبما ان الالتزام بحقوق الانسان المواطن يفرض على السلطة الحاكمة واجبات محددة، واجبات ايجابية للقيام بأعمال معينة وواجبات سلبية أي الاحجام عن القيام بأعمال معينة.

هدف الفصل الثامن :

يهدف البحث الى دراسة دور الاعلام في حماية حقوق الانسان من خلال دراسة حقوق الانسان العربي واساليب تحكم الاعلام ثم الحماية الدولية لحقوق الانسان كما يهدف الى دراسة الجذور التاريخية لحرية الاعلام ودوره في حماية حقوق الانسان من خلال تطبيقاته المختلفة وكذلك الاساليب المختلفة التي يتعرض لها الاعلاميين خلال ممارسة نشاطهم .

حماية حقوق الانسان العربي والعولمة:

بصدد حقوق الانسان في اطارها العربي فأنها تكشف اجمالا عن العديد من الامور ذات الدلالة بالنسبة الى كل من يرصد الواقع الراهن لحقوق الانسان في الوطن العربي فكرا وممارسة. وان غياب المشاركة السياسية الحقيقية بما تعنيه من تعددية

وتداول للسلطة فيما بين مختلف اطراف النخبة الاجتماعية العربية وبما تعنيه ايضا من اعادة توزيع السلطة على مواقع النفوذ والسيطرة الفعلية في المجتمعات العربية [7].

ان فقدان العمق الشعبي هو ما يجعل حركة حقوق الانسان في الوطن العربي محصورة في الاوساط الثقافية اساسا وذلك اضافةً الى غلبة الطابع السطحي والضعف النظري او التأصلي على هذه الحركة، لذا وجب انشاء مرصد يعني بدراسة دور وسائل الاعلام في نشر ـ ثقافة حقوق الانسان وتعزيزها.كذلك ضرورة مشاركة الاتحاد العام للصحفيين العرب مع المعهد العربي لحقوق الانسان الى تأسيس بنك معلومات اقليمي يسهم في توفير المعلومات وحرية تناولها.

ان الحديث عن حركة حقوق الانسان في اطارها العربي تثير اشكالية العلاقة بين حقوق الانسان ومنظومة القيم الاسلامية او بالاحرى اشكالية التنازع على حقوق الانسان بين الغرب والاسلام وصولا الى اشكالية الخصوصية والعالمية في حقوق الانسان [8]. وفي محاولة لبلورة رؤية عربية اسلامية او موقف عربي اسلامي ازاء الجدل الفكري الدائر منذ فترة ليست بالقصيرة حول ماهية الموقع الذي تشغله حقوق الانسان وحرياته الاساسية في النظرية السياسية العربية الاسلامية نستطيع القول ان تلك النظرية تشكل واحدا من المصادر الدينية والفكرية المهمة في حقوق الانسان ان لم تكن تأتي على رأس هذه المصادر جميعا.

ان استخدام بعض الدول المتقدمة معيار حقوق الانسان كأداة حمائية ضد الدول النامية يمثل خطراً كبيراً على مستقبل هذه الدول التي تعاني من بعض انتهاكات حقوق الانسان شأنها شأن الدول المتقدمة، الا ان الدول النامية تعاني من الفقر الذي يعتبر في حد ذاته افدح انتهاك لحقوق الانسان والمجتمعات وابرز دليل على عجز التعاون الدولي، كما انه لايمكن قبول المشروطية التي تتضمنها علاقة حقوق الانسان والتنمية والتي تتمثل في قيام بعض الدول بدور الخصم والحكم [9].

اما العلاقة بين حقوق الانسان وحرياته الاساسية وبين منظومة العلاقات الدولية الجديدة او مايعرفها البعض بظاهرة العولمة. فان عالم اليوم ينطوي دون شك في اطار تطوراته بعض الايجابيات بالنسبة الى مسيرة التقدم الانساني عموما.

الا انه من الصحيح ايضا ان بعض هذه التطورات تصاحبها جهود غير عادية لمحاولة "عولمة" الفهم الغربي الامريكي بشكل خاص لحقوق الانسان وهو فهم تتأكد خطورته ليس فقط فيما يتعلق بالخصوصيات القومية والحضارية ومنظومة القيم الثقافية وانما حتى بالنسبة الى الحركة الدولية لحقوق الانسان ذاتها على مستوييها الفكري والتطبيقي ومؤدى ذلك في عبارة اخرى، ان حركة حقوق الانسان مطالبة الان وكنتيجة لهذه التطورات الحاصلة في النظام الدولي ومنذ نحو عقد من الزمان بان تكثف جهودها لمحاولة تفعيل القواعد التي تتضمنها المواثيق والاتفاقات والاعلانات الدولية ذات الصلة بحقوق الانسان ومن دون تفرقة في ذلك بين ماهو دولي عالمي او دولي اقليمي[10].

ان حقوق الانسان هي حقوق طبيعية لاتعطى ولاتمنح ولا توهب من احد لاحد فهي حقوق اصلية متأصلة في طبيعة الانسان يعلن او يكشف عنها في الدساتير والعهود والمواثيق والاعلانات بكلمة اوضح ان حقوق الانسان لاتخلق بهذه المسميات لانها " مخلوقات طبيعية " اصلية لاتنبع من سلطة تجود بها على الفرد، وانما هي نابعة من صميم كيان الانسان نفسه. فليس للمجتمع او للدولة او للسلطات الدينية او القوة من القوى ذات التأثير والنفوذ ان تدعي انها صاحبة الحق او الفضل بمنحها للأفراد.

اساليب تحكم الاعلام :

ان حقوق الانسان لاتتمثل بالحقوق الفردية فقط بل بالجماعية ايضا وهذه الرؤية قررتها مسيرة تطور التاريخي لحركة حقوق الانسان جعلت منها حقوقا ذات اجيال وصولا الى رؤية متوازنة لحقوق الانسان ببعديها وطبيعتها الفردية والجماعية. وتلك الرؤية المتوازنة تقطع دابر المتاجرة بحقوق الانسان الفردية كسيف مسلط على حقوق الشعوب والامم من جهة، كما تقطع دابر المتاجرة المقابلة بحقوق الانسان الجماعية

كسيف مسلط على حقوق الفرد من جهة اخرى، لذا فان على الاعلام دور عظيم في حماية حقوق الانسان بأساليبه المختلفة واهمها :

1. اسلوب عرض الحقائق :ـ ويعتمد هذا الاسلوب في تغيير اتجاهات الراي العام من راي عام فاسد الى راي عام صالح عن طريق ايصال الحقائق الى اكبر عدد ممكن من الناس بوصفها حقائق ثابتة وملموسة لتكون هي الاقوى والاكثر بقاء من الاكاذيب والخداع، لذا يجب ضمان حرية تكوين الجمعيات والنقابات والانضمام اليها والتأكيد على اهمية الدور الرقابي لوسائل الاعلام المختلفة في حماية حقوق الانسان، والدعوة الى تطوير لغة اعلامية تساهم في نشر ثقافة حقوق الانسان.

وهذا الاسلوب يقدم على اساس احترام عقلية الانسان وحقوقه الاسلسية في المشاركة بالحياة السياسية. اما خطورة هذا الاسلوب فإنها تكمن فقط عندما يتعلق الامر بنشر حقائق تتصل بالاسرار السيادية والامنية التي من غير الممكن كشف الحقائق عنها امام الجمهور، الامر الذي يجعل هذا الاسلوب اسلوبا مطلوبا في تغيير قناعات واتجاهات الراي العام باستثناء الامور المتصلة بالسيادة والامن الوطني والقومي [11].

2. اسلوب تحويل انتباه الجمهور :ـ يعتمد هذا الاسلوب على اثارة موضوع ثانوي اخر غير موضوع الاهتمام السائد بين الناس لغرض تحويل انتباههم عن الموضوع السائد او الذي يفترض ان يسود الى الاهتمام بالموضوع الثانوي. وهذه الاساليب اجادت استخدامها الولايات المتحدة الامريكية وكذلك الكيان الصهيوني في تعاملهم بشكل خاص مع العرب.

وكذلك يستخدم هذا الاسلوب من قبل كل النظم السياسية ونتلمسها اليوم من خلال وسائل الاتصال لاسيما الفضائيات القادرة على تحويل الموضوع الذي يجب ان يسود الى موضوع اخر [12].

3. اسلوب الملاحقة والتكرار :ـ أي توجيه ابصار ومشاعر واسماع واذهان وعقول الناس نحو قضايا قليلة ومحاولة ملاحقة ذلك وتكراره، وقد اوصت ندوة دور الاعلام العربي في نشرـ ثقافة حقوق الانسان في ختام اعمالها بالقاهرة بتطوير التشريعات الاعلامية ورفع القيود عن حرية اصدار الصحف والغاء الرقابة على وسائل الاعلام وضمان ممارسة الاعلاميين لمهمتهم بحرية [13].

وقد اجاد الالمان استخدام هذا الاسلوب لتغيير اتجاهات الرأي العام. فكان وزير الدعاية الالماني (غوبلز) يقول بهذا السأن " ان سر نجاح الدعاية لايكمن في اذاعة بيانات تتناول الآف الاشياء، بل يكمن في التركيز على بعض الاشياء في الآف البيانات "، كما ان الكيان الصهيوني اجاد استخدام هذا الاسلوب في محاولة تغيير اتجاهات الراي العام اليهودي والعالمي انطلاقا من ملاحقة وتكرار مقولة " آن العرب يريدون رمي اليهود في البحر " تلك المقولة التي كانت ومازالت تتكرر مرارا في البرنامج الدعائي الصهيوني[14]، وهذا الاسلوب، في الغالب، يوجه الى المشاعر لا الى العقول معتمدا على بعض الحقيقة وليس كل الحقيقة [15].

4. اسلوب الاثارة العاطفية :ـ وهو اسلوب الذي يستخدم لتغيير اتجاهات الرأي العام بأثارة عواطف الناس ودغدغة مشاعرهم بمجموعة كبيرة من الوعود الكاذبة المخادعة وبقليل من الحقائق [16]، وهنا يراد التاكيد على ان استجابة الجمهور العريض هي في الغالب استجابة حماسية عاطفية اكثر من كونها استجابة عقلانية. لذلك فان مستخدمي هذا الاسلوب يخاطبون عواطف الجمهور باثارة الحقد والغضب او ربما الود. واحيانا يعتمد هذا الاسلوب على بعض عناصر التضليل والتشويه للحقائق [17].

الحماية الدولية لحقوق الانسان :

ان الممارسة السلمية لحقوق الانسان لاتحتاج الى اعلان عنها فقط، بل تحتاج كذلك الى اليات حماية سياسية وتشريعية وقضائية ذات ابعاد وطنية واقليمية ودولية

عبر دساتير واتفاقيات واعلانات ومواثيق، وكذلك عبر اجهزة ومؤسسات ولجان اشراف ومراقبة تخص كل مايتصل بمدى التزامات الدول باحترام حقوق الانسان وضمان التمتع بها، ان وجود اليات دولية سواء عالمية واقليمية، ووطنية فعالة، وانما هو مسألة ضرورية للغاية في سبيل تعزيز حقوق الانسان وكفالة التمتع بها لان حقوق بغير اليات تحميها هي والعدم سواء.لذا وجب على المهتمين بحقوق الانسان عموما (افراد ومؤسسات) بذل كل جهد من اجل حمل الحكومات على القبول بالاليات المتاحة في هذا المجال، مع العمل، في الوقت ذاته، من اجل استحداث اليات جديدة وبرامج وانشطة متجددة تسد النقص الموجود في هذا المضمار [18].

ان على المجتمع الدولي ان يحافظ على سيادة الدول باعتبارها الخاصية الاساسية للدولة والتي يقوم عليها النظام الدولي المعاصر، كما يجب على المجتمع الدولي ان يبقى حريصاً على التزام مجلس الامن بالمعيار الاساسي الذي حدده الميثاق لتدخله بقوة، وان يقرر مجلس الامن ما اذا كان قد وقع تهديد للسلم والامن الدوليين او اخلال بهما [19].

وهنا اذا كانت الحماية الناجعة لحقوق الانسان تبدأ وتنتهي وطنيا داخل كل دولة ضمن اليات سياسية تتصل بطبيعة النظام السياسي الديمقراطي، وتشريعية تتصل بالدستور والقوانين الوضعية، وقضائية تتصل بالمحاكم ومؤسسات القضاء الاخرى، ومجتمعية تتصل بروابط ولجان المجتمع الاهلي، اذا كانت اهمية الحمايةى تبدأ وتنتهي وطنيا، فان هذا البعد الوطني للحماية لايستغني عن الابعاد الدولية لها، وعليه فان اهم نماذج الحماية الدولية العالمية والاقليمية لحقوق الانسان هي :

– الحماية الدولية العالمية لحقوق الانسان، نموذج الحماية ضمن اطار منظمة الامم المتحدة ووكالاتها المتخصصة.

– الحماية الدولية الاقليمية لحقوق الانسان مثل نموذج الحماية الاقليمية الاوربية لحقوق الانسان ونموذج الحماية الاقليمية الامريكية لحقوق الانسان والحماية الدولية الاقليمية الافريقية لحقوق الانسان.

ان التطورات الدولية في عقد الستينيات من تصفية الاستعمار، وظهور الدول الصغيرة او المتوسطة وتجمعها في حركة عدم الانحياز، وسعيها لمقاومة آثار الحرب الباردة، واتجاهها او كفاحها لاقامة اسس عادلة للتعاون الاقتصادي مع الدول المتقدمة، استدعت كلها، اعادة النظر في الترتيبات الدولية لحماية حرية الاعلام على النطاق الدولي، مراعاة العلاقة الوثيقة بين الجوانب العامة لحقوق الانسان وبين التشريعات الوطنية الخاصة بحرية الاعلام، على نحو يراعي اهتمامات الفرد ومصالحه. ويرى البعض ان العالم يشهد " انفجارات في الحقوق الفردية " بعد اقرار الحقوق المختلفة، وان تجاهلها يمكن ان يؤدي الى صراع عنيف على المستويات الوطنية [20].

واكد البعض حق الانسان في ان يعرف الحقيقة كل الحقيقة، واذا كانت الديمقراطية حقا، فان معرفة الحقائق حق اخر [21]، الا ان الاصوات التي ارتفعت آنذاك بان الاعلان العالمي لحقوق الانسان، وغيرها من القواعد والمواثيق والقرارات الدولية غير كافية لضمان حقوق الانسان وتطبيقاتها في مجالات الاعلام،" اذ ستظل حروفا ميتة في ظل التفاوت الاجتماعي والاقتصادي والثقافي على المستويين الدولي والوطني، وانه يتعين توفير الظروف الضرورية لممارسة هذه الحقوق [22]، أي توفير اسس العدالة والمساواة على المستويات الوطنية، واعادة بناء النظام الدولي في جوانبه الاقتصادية و الاتصالية [23].

وتعاني الحريات لاسيما حرية الرأي والتعبير والابداع وجوهاً من الكبت والقمع في البلدان العربية باستثناء اختراقات محدودة في بعض البلدان او بعض النواحي، فالصحفيون على مدى ثلاث سنوات 2001-2003 كانوا هدفاً لملاحقات قضائية متعددة حول قضايا الرأي، وصدرت في حق بعضهم احكام قضائية قاسية وتعرض بعضهم للاعتداءات او للاحتجاز [24]، وادى اتفاق وزراء الداخلية العرب على استراتيجية لمكافحة الارهاب في مستهل عام 2003 الى مزيد من القيود على حرية الرأي والتعبير [25].

اما تقرير اللجنة العربية لدراسة مشكلات الاعلام، فقد نظر الى العلاقة من منظور معاكس، اذ راى ان الاخذ بمبدأ حق الاتصال والاعلام يؤدي في التطبيق العملي الى نتائج عدة تؤدي بطبيعتها الى زيادة فعالية الاتصال، وعلى راس هذه النتائج[26] " الحد من السيطرة المبالغ فيها والتي تمارسها الحكومات على وسائل الاتصال المختلفة، او على صياغة الرسائل الاعلامية، بما يتيح مزيدا من التعبير عن الراي، والراي الاخر، ويطلق ملكات الابداع الفني والفكري ـ وبالتالي ضبط الرقابة وسلطة المنع والمنح، والاعتماد على احساس الافراد والهيئات القائمة بالاتصال بمسؤولياتها الاجتماعية في اطار القوانين والمواثيق المهنية "[27].

الجذور التاريخية للاعلام ودورها في حماية حقوق الانسان :

تقترن الجذور التاريخية لفكرة الحق في الاتصال بالدعوة الى حرية الراي وحرية التعبير، والتي حصلت على اول اعتراف رسمي بها في المادة الحادي عشر من ميثاق حقوق الانسان والمواطن الذي اعلن في فرنسا عام1789 غداة الثورة الفرنسية[28]، والذي نص على ان التداول الحر للافكار والاراء هو احد حقوق الانسان المهمة، فيجوز لكل مواطن ان يتكلم ويكتب ويطبع بصورة حرة[29]، مع مسؤوليته عن سوء استعمال هذه الحرية، في الحالات التي يحددها القانون [30]، وقد بقي هذا المفهوم سائدا في القرن التاسع عشر وحتى القرن العشرين [31]، حيث لحقته تغيرات تحت تاثير النظرية الاشتراكية التي رات انه لايكفي تسجيل حرية الراي والصحافة، بل افساح الطريق لممارساتها باعتبارها حقا.

ثم بدا تعبير حرية الاعلام يحل محل الصحافة او يقترن به ليوسع مداه، وذلك في اعقاب الحرب العالمية الثانية [32]، ولاينبغي ان نغفل ان اجتماعات زعماء الحلفاء قبل ان تنتهي الحرب للبحث في مستقبل المجتمع الدولي بعد الحرب قد المحت بشكل او باخر الى حقوق الانسان. ومن ثم قد صدر الاعلان العالمي لحقوق الانسان في عام 1948 بعد الميلاد في الامم التمحدة لينص في مادته التاسعة عشرة على ان لكل فرد

الحق في ابداء آرائه دون تدخل، وان لكل فرد الحق في حرية التعبير، بما في ذلك استقاء المعلومات او الافكار من أي نوع، وتلقيها، ونقلها بغض النظر عن الحدود [33].

والذي نود التنويه عنه هنا، ان اعتراف الامم المتحدة بالحريات والحقوق السابقة جاء مقترنا مع اعترافها بحقوق الشعوب في تقرير مصيرها، أي ان اقرار الحقوق الفردية على المستوى الدولي جاء مصاحبا للاعتراف بالحقوق الجماعية لابناء الوطن الواحد.

وكانت الجمعية العامة للامم المتحدة قد اتخذت قرارها المشهور رقم 59 في 14 كانون الاول/ديسمبر 1946، في اول دورة لها، الذي نص على ان "حرية تداول المعلومات من حقوق الانسان الاساسية، وهي المعيار الذي تقاس به جميع الحريات التي تكرس الامم المتحدة جهودها لحمايتها " وان " حرية الاعلام تتطلب بالضرورة ممن يتمتعون بمزاياها ان تتوافر لديهم الارادة والقدرة على عدم اساءة استعمالها[34].

فالالزام الادبي بتقصي الحقائق دون انحياز، ونشر المعلومات دون تعمد شيء يشكل احد القواعد لحرية الاعلام "، فعليه يجب تطوير التشريعات العربية المتصلة بالاعلام لتتلاءم مع المعايير الواردة في العهود والمواثيق الدولية والغاء القيود التي تعيق حرية اصدار الصحف وملكيتها وادارتها وحرية التعبير وتدفق المعلومات وتداولها.

وقد اعادت الجمعية العامة للامم المتحدة تاكيد هذه الحقوق ووسعتها، مع بعض القيود، في الاتفاقية الدولية حول الحقوق المدنية والسياسية [35]، لذا يجب رفع اشكال الوصاية والرقابة على وسائل الاعلام بما يضمن ممارستها لمهامها بحرية واستقلال، كذلك ضمان ممارسة الاعلاميين لمهمتهم بحرية وامان دون أي ضغوط او انتهاك لحقوقهم او تقييد لحريتهم وكفالة الضمانات المهنية التي تمكن الاعلاميين من اداء رسالتهم وفي مقدمتها تسهيل الحصول على المعلومات وحق الصحفي في حماية مصادره.

وان ممارسة هذه الحقوق تحمل معها واجبات ومسؤليات خاصة، ولهذا فمن الممكن ان تخضع لبعض القيود التي ينبغي ان تظل محصورة في حدود القانون وماهو

ضروري لاحترام حقوق وسمعة الاخرين، وحماية الامن الوطني او النظام العام، او الصحة او الاخلاقيات العامة.وتناولت المادة 20 مايتعلق بمنع الدعاية للحرب بالقانون وبمنع الترويج للافكار والاتجاهات العدائية المبنية على اساس وطني او عنصري او ديني، ونرى تدني مستوى التمتع بالحرية في جميع البلدان العربية، ولو بدرجات متفاوتة [36].

على الرغم من ان الاتفاقية كانت خطوة للتقدم الى الامام، فانها لم تشبع طموحات الدارسين في عقد الستينيات، وبدا واضحا ان ثمة اتجاهات تسعى الى اعادة صياغة بعض المفاهيم السابقة في ضوء التطورات الدولية، وتطور تقنيات الاتصال ذاتها، لذا يجب ضمان حرية تكوين الجمعيات والنقابات والانضمام اليها ورفع القيود التي تحول دون استغلالها وقيام مؤسسات المجتمع المدني بدورها في التنمية الشاملة وتعزيز الديمقراطية وحقوق الانسان.

حرية الاعلام وتطبيقاته :

يعتبر الاعلان العالمي لحقوق الانسان الذي اقرته الجمعية العامة للامم المتحدة عام 1948 الاساس الذي بنيت عليه كل التطورات التي شهدتها النصف الثاني من القرن العشرين في مجال حقوق الانسان، والحريات العامة والخاصة، بما فيها حرية الاعلام[37]. وقد حدد الاعلان حق الفرد في الحياة والحرية والامن (مادة 3)، وحقه في عدم التعرض للتعذيب او القسوة او المعاملة اللاانسانية، او العقاب دون محاكمة عادلة (مادة 5)، وحقه في الحماية المتكافئة امام القانون (مادة 7)، وحقه في عدم التعرض للقبض الجزافي، والاحتجاز والنفي (مادة 9)، وحقه في المحاكمة العادلة (مادة 10) وحقه في حرية الفكر والعقيدة والراي والتعبير (مادة 19) وحقه في تنظيم الاجتماعات السلمية وحضروها (مادة 20)، وحقه في العمل والحصول على اجر عادل (مادة 23)، وحقه في مستوى من المعيشة يكفل له الرعاية الصحية ومتطلبات الحياة من ماكل وملبس ومسكن ورعاية صحية (مادة 25) وحقه في التعليم (مادة26). والاهم من ذلك، حقه في وجود نظام اجتماعي ونظام دولي يكفل له

تحقيق الحقوق والحريات الواردة في الاعلان (مادة 28) [38]. لقد شملت انتهاكات حرية الرأي والتعبير والاعتداء على الناشطين السياسيين والمدافعين على حقوق الانسانم بسبب ابداء ارائهم [39]، كما ان الهيمنة على الفكر في بعض الدول العربية وصلت درجة منع التداول لروائع اغنت التراث العربي، كما انتهكت حرية تكوين الجمعيات برفض تأسيس جمعيات او حلها، وانصبت معظم الاجراءات السلبية على المنظمات الاهلية العاملة في مجال حقوق الانسان.

وهذا لايعني عدم وجود استثناءات قليلة وشكلية في بعض البلدان العربية، انتخابات حرة يتنافس فيها اكثر من مرشح في انتخاب عام مثل السودان واليمن وفلسطين (تحت الاحتلال) حيث يجري انتخاب الرئيس بانتخابات مباشرة يتنافس فيها اكثر من مرشح ويتقيد حكم الرئيس المنتخب لفترة محددة، وما زالت سوريا ومصر تعتمدان اسلوب الاستفتاء حيث يتم ترشيح الرئيس من قبل الشعب وتتراوح النتائج بين الاكثرية المطلقة والاجماع التام [40].

الاعلام العربي وحقوق الانسان :

على المستوى القومي لم يتضمن ميثاق جامعة الدول العربية اية اشارة الى مسألة حقوق الانسان ومن ثم لم يتشكل في اطار الجامعة اية لجنة او جهات اخرى تعنى بهذه المسألة حتى عام 1968 [41]، ومع ذلك يرى بعض الباحثين العرب ان المبادئ العامة لحقوق الانسان التي استند اليها ميثاق الامم المتحدة ملزمة للدول العربية، ومادته التاسعة عشرة التي تنص على جواز تعديل ميثاق الجامعة بموافقة الثلثين " وعلى وجه الخصوص لجعل الروابط بينها امتن واوثق، ولتنظيم صلات الجامعة بالهيئات التي تنشأ في المستقبل لكفالة الامن والسلام [42].

وعليه ينبغي لدعوة وسائل الاعلام الى التركيز على نشر المبادئ والمعايير الدولية لحقوق الانسان التي تضمنتها الاعلانات والعهود والاتفاقيات المتصلة بحقوق الانسان وذلك على اوسع نطاق ممكن وفي مقدمتها مبادئ المساواة وعدم التمييز والتسامح وقبول الرأي الاخر وتعميق الحوار بين اطراف المجتمع.

ولم تجد دول الجامعة أي تعارض بين ميثاقها وميثاق الامم المتحدة، او ما يدعو الى تعديل ميثاق الجامعة بهدف النص صراحة على حقوق الانسان. ويرجع مناصروا هذا الراي عدم اهتمام الجامعة حتى عام 1968 بهذه المسالة الى ثلاثة اسباب رئيسية، هي طبيعة الجامعة كتنظيم اقليمي بين دول ذات سيادة، ويسيطر عليها مفاهيم القانون الدولي التقليدي، واعتبارها القضايا المتصلة بحقوق الانسان من قبيل المسائل الداخلية لكل دولة عربية، وانشغال الجامعة بقضايا جوهرية ذات صلة بحقوق الانسان كالتحرر من الاستعمار، الى جانب طبيعة النظم السياسية والاقتصادية والاجتماعية في دول الجامعة، التي تنتمي الى العالم الثالث " بكل ما يعانيه من مشاكل مزمنة لها اولوية قصوى وملحة، بحيث يبدو الحديث عن حقوق الانسان وكأنه ترفه لا مبرر له [43].

يجب تأكيد اهمية الدور الرقابي لوسائل الاعلام المختلفة في حماية حقوق الانسان وكشف الانتهاكات بما يسهم في تعزيز دور الافراد والجماعات والمجتمع في الدفاع عن حقوق الانسان وتعزيزها، كما يجب دعوة المؤسسات الاعلامية ومؤسسات المجتمع المدني الى تطوير لغة اعلامية تساهم في نشر ثقافة حقوق الانسان بين القطاعات الاجتماعية المختلفة باستخدام كافة الوسائل الملائمة بما في ذلك التقنيات الحديثة.

الاسلوب النفسي ضد الاعلاميين:

يعاني الاعلاميون العرب وخاصة الصحفيون منهم حق التعامل مع الواقع، ممارسات شتى تتوافر في انحاء الوطن العربي، على الرغم من الضمانات الدستورية والقانونية المنصوص عنها في بعض الاقطار العربية، وعلى الرغم من التنظيمات المهنية وما تضمنه من حقوق وضمانات للصحفيين. وتواتر هذه الممارسات مع اختلاف الاطر الايدولوجية لنظم الاتصال العربية يؤدي في النهاية الى الاعتقاد الجازم ان العقلية التي تحكم نظم الاتصال وتديرها في الوطن العربي عقلية واحدة على الرغم من هذه الاختلافات التي تبدو جذرية[44].

ومن الضروري وضع وتطوير برامج تدريبية خاصة بالاعلاميين حول حقوق الانسان والتعاون بين وسائل الاعلام ومؤسسات المجتمع المدني العاملة في مجال حقوق

الانسان وانتاج المواد التي تساهم في نشر ثقافة حقوق الانسان وتنمية الـوعي فيهـا، وعليـه فان على الاتحاد العام للصحفيين العرب والمعهد العربي لحقوق الانسان مواصلة جهـودهما في مجـال التـدريب ونشر ثقافة حقوق الانسان وعقد الندوات المتخصصة بالتعاون مع كافة الجهات مـع الجهـات المعنيـة الدولية والاقليمية والقطرية.

ان قادة نظم الاتصال القطرية ومديريه يفهمون حقوق الاعلاميون على انها " حقهم في التعامـل معه بأدب "، وهم بالتالي الذين يحددون الواقع، وحدود التعامل معه في أدب. واي خروج في التعامـل المؤدب مع هذا الواقع يقابل بمجموعة من السلوكيات الجاهزة والمحـددة، والمعروفة سـلفا مـن تـواتر العمل بها (45).

وينبغي من اتحاد الصحفيين العرب والمعهد العربي لحقوق الانسـان التعـاون مـع كافة الجهـات المعنية لانشاء مرصد يعني بدراسة ومتابعة تطور دور وسـائل الاعلام في نشر ـ ثقافة حقوق الانسـان وتعزيزهـا واصدار تقريـر دوري في هـذا الشـأن، كـما ينبغـي عـلى الاتحاد العام للصحفيين العرب والمؤسسات الاعلامية الكبرى والمنظمات العربية المعنية بحقوق الانسان تأسيس بنك معلومات اقليمـي يسهم في توفير المعلومات وحرية تداولها.

وسائل الاعلام :

1- الصحف والدوريات :

لا يمكن القول ان ثمة مايمكن ان يطلق عليه صحافة عربيـة، او حتـى صحيفة عربية، حتى لـو نعتت بعض الصحف العربية نفسها بأنها صحيفة العرب، لتبـاين الاوضـاع الصحفية عـلى المسـتويات القطرية تباينا شديدا من حيث الكم والكيف والانتشار والمستوى والضوابط التي تخضع لهـا الصـحف التي تصدر في الاقطار العربية. ويصبح الاصح هو الحديث عن الصحف العربية في اطارها القطرية، لانه الاساس الذي يحكم وضعية الصحافة على المستوى القومي العربي (46).

ويكفي الاشارة لدعم هذا التوجه الى ارتباط الصحف اكثر من غيرها من وسائل الاتصال بتوجهات السلطة السياسية والنظام الاتصالي الكلي، حتى ولو سمح للافراد والمنشآت الخاصة باصدار الصحف [47]، ومازالت وسائل الاتصال المسموعة والمرئية الوسائل الترفيهية الاساسية لدى معظم النظم الاتصالية القطرية، والوسائل التوجيهية والتثقيفية في الامور غير السياسية. ولئن قيل بأن هذه الوسائل اكثر فعالية في الوطن العربي لانتشار الامية، فأن الراي العام الواعي الذي تستهدفه السلطة بتوجيهاتها السياسية هو بطبيعته واع، ومتعلم وقارئ للصحف وغيرها من الدوريات، وهو في الاغلب الفاعل والمستهدف بالفعل او برد الفعل من قبل السلطة [48].

وهذه الحقيقة التي تفسر لنا حرص السلطة السياسية في الاقطار العربية كلها على تحديد من الذين يحق لهم اصدار الصحف، ومن الذين لايحق لهم، والتحكم في الظروف والاحوال واللازمة لاصدار الصحف وطباعتها. وتحديد الشروط والمواصفات التي ينبغي ان تتوافر في من يزاول العمل الصحفي [49].

فيجب على الهيئات العربية الرسمية المعنية بمسائل الاعلام بحقوق الانسان التعاون مع المنظمات غير الحكومية ووسائل الاعلام في مجال تعزيز دور الاعلام في نشر ثقافة حقوق الانسان والتوعية بها، كذلك يجب دمج حقوق الانسان في برامج المعاهد المتخصصة في تكوين الاعلاميين والدعوة الى التركيز على قضاياها في الاطاريح الجامعية وتكوين اطار جامعي متخصص في هذا المجال.

الكتاب :

تطورت صناعة النشر بدرجات متفاوتة في غالبية الاقطار العربية في العقود الثلاثة الاخيرة واتضح هذا التطور في الاهتمام الحكومي بقطاع النشر، الاهتمام الكثير من المؤسسات العلمية بالنشر والترجمة لخدمة الاغراض التعليمية، ومن اجل اثراء المعرفة البشرية تعدد الوان النشر في العالم العربي (ناشرون غير متخصصين، ناشرو الكتب الجامعية ـ ناشرو الكتب المدرسية ـ ناشرو كتب التراث ـ ناشرو الكتب المتخصصة)، تعدد نظم النشر (القطاع العام ـ القطاع الخاص ـ دور نشر مشتركة على المستوى

المحلي والعلمي والقومي ـ دور نشر مساهمة ـ مراكز اصدار الكتب المدرسية والجامعية ـ مراكز تحقيق التراث)، زيادة الحاجة الى مواد القراءة لمختلف المراحل التعليمية، ازدياد عدد المطبوعات والمجلات والصحف العامة[50].

انتشار المكتبات الاكاديمية والمتخصصة على نحو دعم حركة النشر التشريعات المتعلقة بقوانين المطبوعات والطباعة وحقوق التأليف، وتبادل المطبوعات، ادخال تقانة الطباعة المتقدمة في كثير من الاقطار العربية، ولكن على الرغم من هذا التطور، فأن وضعية الكتاب العربي مازالت غير مرضية الى حد كبير. ولاشك ان ثمة اقطارا عربية مازالت بمنأى عن تطور حركك التأليف والنشر العربيتين [51].

1- الاذاعة المسموعة :

لازالت الاذاعة المسموعة في الوطن العربي لها اهميتها البارزة على الرغم من المخاوف التي يبديها بعض الباحثين العرب من تفوق التلفزيون او اجتياحه الاذاعة[52]، وحصوله على الاهتمام الاول من قبل النظم الاتصالية القطرية، ومن الجماهير. فما زالت الاذاعة هي الوسيلة الاتصالية للتكامل الوطني والقومي، والاداة الاساسية للتلقين الايديولوجي في عدد من الاقطار العربية[53].

كما انها مازالت الاقدر على اشباع الاحتياجات والاهتمامات الخاصة بفئات نوعية عديدة من الجماهير، ولئن كانت الاذاعة المسموعة في بعض الاقطار العربية قد دخلت في طور الفتور ومحدودية التأثير، فهذا الفتور نتيجة مباشرة لواقع الانتاج التلفزيوني، والاخفاق في احيان كثيرة في توظيف الاذاعة ايديولوجيا في خدمة متطلبات النمو[54].

ان المضمون المتسق والمتكرر لوسائل الاعلام وما يؤدي اليه مع مرور الوقت، بفعل رغبة الافراد في التوافق الاجتماعي وعدم العزلة، من تحريك الرأي العام في الاتجاه نفسه، الا ان المضمون المتسق والمتكرر لوسائل الاعلام ظاهرة تفرض نفسها للواقع الاعلامي لدول العالم الثالث [55].

فاذا كان العالم الغربي يتسم بالحرية والتعددية والفكر اللبرالي الحر على الرغم من بروز ضاهرة الاحتكار الاعلامي في عدد من دوله، فان الاعلام في دول العالم الثالث لازال يعاني من اشكالية العلاقة بين السلطة ووسائل الاعلام والتي تجعل السلطة دائماً الطرف الاقوى في هذه العلاقة وهو مايفرض بدوره مضموناً متسقاً ومتكرراً تفرضه اتجاهات السلطة نحو القضايا المثارة بين فئات الرأي العام [56].

2- الاذاعة المرئية :

تتشابه اوضاع التلفزيون في الوطن العربي كثيرا مع اوضاع الاذاعة، وان كانت الاذاعة بالطبع افضل حالا بكثير بالنسبة الى العديد من الاقطار العربية، حيث يتجاوز ثمن الجهاز دخل الاسرة المتوسطة، واحياناً لايسعد به سوى سكان المدن في حالة عدم توافر الطاقة الكهربائية في الريف، وحيث لايمتد بثه ليشمل التراب الوطني كله لهذه الاقطار.

ووسائل اعلام لاتعبر بالضرورة عن الاتجاه السائد في المجتمع ولا تعبر بالضرورة عن اتجاه الاغلبية الحقيقية، بل تعكس احياناً رأي الاغلبية المزيفة او المصطنعة التي تصنعها وسائل الاعلام وتروج لها وذلك بفعل تحريف القائمين بالاتصال بتوزيع الاراء في المجتمع [57].

ان باحثي الاتصال والرأي الامريكيين يشككون في وجود ظاهرة المضمون المتسق والمتكرر لوسائل الاعلام، في الاعلام الغربي، ولاسيما الولايات المتحدة فالحرية والتوجه اللبرالي واختلاف المصالح والمنافسة الحادة بين وسائل الاعلام تفرض بدورها تنوعاً في المضمون الاعلامي، كما تفرض اختلافاً في التوجهات، ويصعب على وسائل الاعلام المختلفة ان تتبنى اتجاهاً واحداً وثابتاً من احدى القضايا لمدة زمنية طويلة [58].

وتتعلق اولى الملاحظات على وضعية التلفزيون في الوطن العربي بأنه ربيب السلطة، حتى بالنسبة الى الاقطار التي توجد فيها محطات تجارية. والثانية ان الاقطار

العربية تتفاوت تفاوتًا شديدا من حيث قدرتها على انتاج المواد الاعلامية والثقافية والترفيهية اللازمة. والثالثة غلبة طابع المحاكاة على مايقدم الى الجمهور بحيث يصعب القول في بعض الحالات ان مايقدم الى الجمهور ناتج المجتمع المحلي وقيمه الثقافية والاجتماعية. والرابعة انه الوسيلة الاكثر عرضة للنقد الاجتماعي والاخلاقي والديني، والخامسة انه الوسيلة الاتصالية الاكثر جماهيرية الآن وفب المستقبل المنظور. وسادسها انه الوسيلة الاكثر حساسية لمشكلات البيئة الخارجية خاصة مشكلات البث المباشر عبر الاقمار الصناعية.

ان اعتماد الافراد على وسائل الاتصال الجماهيرية في تقييم مناخ الرأي السائد في المجتمع والاستدلال على رأي الاغلبية تجاه القضية او القضايا المثارة في المجتمع، واهملت احتمالات اعتماد الافراد على وسائل الاتصال الشخصي والجمعي في الاستدلال على مناخ الرأي السائد في المجتمع نحو القضايا ذاتها[59].

3- السينما :

لا يمكن القول بوجود سينما عربية، ولايوجد ملامح لسنما عربية، ولهذا كانت اكثر محاولات التأريخ للسينما العربية ـ ان لم نقل كلها ـ تنطلق في التقديم من منظور قطري محدد حتى اصبحت تسمية سينما مصرية او سينما سورية وسينما جزائرية تطغى على تسمية سينما عربية. وهذا صحيح، ويطابق وضعية السينما في الوطن العربي. ومازال لمصر ولبنان الريادة في السينما من حيث الكم، على الرغم من ان السينما في كل من العراق وسوريا والجزائر والمغرب وتونس قد قدمت تجارب سينمائية جيدة على المستويين القومي والدولي[60].

الرأي السائد في المجتمع حول القضايا المثارة في اوساط الرأي العام من خلال استخدام طرق احصائية تقوم على سؤال المبحوث حول تقديره لنسبة الاتجاه المؤيد والاتجاه المعارض في المجتمع حول القضية المدروسة[61]، واذا كانت هناك صعوبات حقيقية حول امكانية تقدير الجمهور الدقيق لمناخ الرأي السائد فان العديد من علامات

الاستفهام توضع حول الافتراض الخاص بقدرة الجمهور على التقدير الدقيق لاتجاهات الرأي العام السائد مستقبلاً وتبني الاتجاه نفسه [62].

والذي لا خلاف عليه ان السينما المصرية واللبنانية تسيطران على سوق الافلام العربية في الوطن العربي، بغض النظر عن مضمون بعض الافلام التجارية التي لاتستهدف سوى الربح على حساب المضمون الهادف، ولاشك ان اتساع السوق وقابليته لامتصاص أي انتاج ببعد انتشار الفديو قد ساعد على هبوط مستوى نسبة عالية من الافلام المصرية واللبنانية. وهذه الوضعية تشير الى ان مشكلات السينما في الوطن العربي ترتبط اساسا بمضمون ماينتج[63].

مشاكل الاعلاميين والصناعة الاعلامية في التعامل مع الواقع:

يتضح من معالجة الفكر العربي لهذه الموضوعية الالتباس الواضح بين الصناعات الاتصالية الاعلامية ومخرجاتها، والخلط الكبير بين اقتصاديات الصناعة ذاتها واقتصاديات مخرجاتها، فالصناعات الاعلامية ومخرجاتها جزء اساسي من التنظيم الاقتصادي والصناعي، وتمثل في الاساس أصولا غير قابلة للتداول او النقل في بعض الحالات، وتتسم في بعض الحالات بالسرية، في حين ان مخرجاتها واقتصادياتها عبارة عن سلع تخضع لاعتبارات السوق، من حيث العرض والطلب والتسعير والتوزيع والتسويق [64].

ان في حيازة بعض الاقطار بعض الصناعات الاتصالية الاعلامية، مثل صناعة الورق، والاحبار، والالوان الطباعية، وبعض انواع الكبلات، واجهزة الهاتف، وبعض الصناعات الالكترونية البسيطة. وبغض النظر عن مستوى جودتها، واعتمادها على مواد خام محلية او مستوردة، فهذه الصناعات كلها مستوردة، فالعرب مستوردون للمصانع والآلات وقطع الغيار والخبرة...الخ، وفي بعض الحالات استوردوا مدخلات اكثر مثل رأس المال الذي استخدم بعد ذلك في نقل الصناعة ذاتها، او العمالة الفنية المدربة اللازمة لتشغيل هذه الآلات وخلاصة ذلك ان العرب "نقلوا " صناعات اتصالية من الخارج الى بلادهم لاشباع بعض احتياجاتهم [65].

وفي الوقت الذي تؤكد فيه بحوث الجمهور على فكرة الجمهور النشط active Audience في تعامله مع وسائل الاتصال الجماهيرية من خلال الاختيار الانتقائي للوسائل والمضمون والتعرض الانتقائي وعمليات الفهم والتذكر الانتقائي لما يقدم من وسائل اتصالية[66]، تأتي نظرية دوامة الصمت لتؤكد على فكرة سلبية الجمهور من خلال افتراض تأثره القطعي بما يقدم من اتجاهات سائدة في وسائل الاعلام دون ان تقدم النظرية دليلاً قطعياً على ان الاتجاه السائد في وسائل الاعلام يستطيع التغلب على العمليات الانتقائية من جانب الجمهور [67].

وتمتد الصناعات الاتصالية والاعلامية لتشمل مجالا واسعا جدا من الصناعات التي تتكامل مع بعضها البعض لتنتج لنا سلعة او سلعا محددة. ويكفي المرء ان ينظر الى جهاز التلفزيون الذي ينظر اليه ويتساءل عن عدد الصناعات التي اشتركت في تصنيع هذا الجهاز. وهذا التكامل لايشمل فقط مكونات الصناعة ذاتها، ولكنه يشمل ايضا تكاملا وتطورا ازدهر منذ اعقاب الحرب العالمية الثانية في رؤوس الاموال والخبرات، والتنظيم والادارة والتسويق، نجم عن احتكار كامل في بعض الحالات، وشبه كامل في حالات اخرى، ليس فقط في الانتاج والسوق ولكن في بنى الصناعة وهيكلها ومدخلاتها ذاتها [68].

لقد نجم التطور الهائل في هذه الصناعات نتيجة التقدم العلمي والتقاني في ثلاثة مجالات رئيسية، وهي علوم المعلومات، والاتصالات ووسائلها، وتقانة التهجين[69]، HYBRID TECHNOLOGY[70] ولم ينجم هذا التقدم الا نتيجة جهود متواصلة وكبيرة في مجالات البحوث والتطور، ان بعض هذه المعرفة العلمية يمكن نقله الى العالم العربي، وهو مفيد على قلته، لان الشطر الاكبر تحتكره هذه الشركات، وجزء من التقنيات المستخدمة، وهو قليل ايضا يمكن شراؤه [71].

ونشير هنا الى دقة الجمهور في تقديره في الاتجاه السائد في المجتمع حالياً ومستقبلاً حول القضايا المثارة في اوساط الرأي العام، وافتراضها في الوقت ذاته التأثير القوي

لوسائل الاعلام وسلبية الجمهور في مواجهة ما يقدم من اتجاهات سائدة في الاعلام حول القضايا المثارة قد اوقعها في تناقض [72].

فاستثمار العرب في مثل هذه الصناعات يحتاج استثمارات كبيرة، واسواقا كبيرة، وقدرات انتاجية عالية تستطيع المنافسة، وهو غير متاح، وقد تحتاج الى فرض قيود جمركية على الواردات المثيلة، يقابل بردود افعال قد تكون ضارة. وعلاوة على ذلك، لاينجم عن هذه الاستثمارات الكبيرة نمو في العمالة يناسب حجم هذه الاستثمارات نظرا للطبيعة الخاصة لهذه الصناعات. والاهم ان السوق العربي لايستطيع بمفرده امتصاص مخرجات هذه الصناعات، وليس في مقدور أي صناعة عربية من هذا القبيل الاتجاه الى اسواق خارج المنطقة العربية ومنافسة هذه الشركات القدرة على اغراق الاسواق بمنتجات اكثر جودة واقل سعرا [73].

ويوفر التطور الحديث في تكنولوجيا الاتصالات للفرد الكثير من الوسائل التي اصبحت الاقليات تعبر من خلالها عن رأيها وتتبادله مع غيرها من داخل او خارج الدولة في حدود الامكانات المتاحة مثل البريد الالكتروني والمؤتمرات عن بعد من خلال شبكات الحاسبات الالكترونية، وكذلك استخدام اجهزة الكومبيوتر في اعداد وانتاج الصحف الصغيرة التي يمكن ان تحمل الاراء وتوزعها على الغير [74].

وخلاصة ما سبق، "ينطوي تطوير صناعة الاتصالات على نتائج مختلفة لها اثرها على بنى الاقتصاد الوطني في مجموعة، وعلى مصادر الثروة في النمو الاقتصادي، وعل انماط وفرص العمالة.. الخ. وذلك امر هام، لان هذه هي الاسباب التي ادت الى تحول قضايا وسائل الاتصال وخدمات الاعلام في كثير من البلدان الى مجالات تخص المخططين والمعنيين بالسياسات الاقتصادية، وهو اتجاه يحتاج الى مزيد من التدعيم.

هوامش ومصادر الفصل الثامن :

1. سعيد زيداني، الديمقراطية وحماية حقوق الانسان في الوطن العربي، الطبعة الاولى، مركز دراسات الوحدة العربية، بيروت،1994، ص181.

2. علي هلال واخرون، الديمقراطية وحقوق الانسان في الوطن العربي، مركز دراسات الوحدة العربية، الطبعة الرابعة، لبنان،1998، ص29.

3. د.برهان عليون واخرون، حول الخيار الديمقراطي، مركز دراسات الوحدة العربية، لبنان، بيروت،1994، ص180.

4. **David Garnham and Mark Tessler (eds) Democracy، war and peace in the middle East، (Bloomingtob, IN:Indiana University press, 1995). Xv.294 p.(indiana series in Arab and lslamic studies).**

5. جامعة الدول العربية، الادارة العامة، مذكرة بشأن تقييم نشاط مكاتب الجامعة في الخارج للعرض على اللجنة الدائمة للاعلام العربي في دور انعقادها العادي الثامن والعشرين.

6. د.راسم محمد الجمال، الاعلام العربي المشترك، دراسة في الاعلام الدولي العربي، مركز الدراسات الوحدة العربية، ط2، بيروت، لبنان،1986، ص129.

7. احمد الرشيدي، حقوق الانسان العربي، مجلة المستقبل العربي، مركز الدراسات الوحدة العربية، بيروت، العدد 2،2000، ص195-199.

8. برهان غليون واخرون، حقوق الانسان العربي، مركز الدراسات الوحدة العربية، ط1، سلسلة كتب المستقبل العربي،17، بيروت،1999.

9. تعليقاً على الافكار التي طرحها الامين العام للامم المتحدة كوفي عنان عما يطلق عليه (التدخل الانساني) الذي يسمح بتدخل دولي عبر مجلس الامن في سياسات دول تنتهك حقوق الانسان.

10. والحق انه اذا كان ذلك يصدق بالدرجة الاولى ـ على الحركات الوطنية لحقوق الانسان والتي يتعين عليها ان تضاعف جهودها باخلاص وتجرد من اجل النهوض بحقوق الانسان الاساسية على امتدادالاوطان كافة والانتقال بهذه الحقوق من دائرة الوعي النخبوي الضيق الى دائرة الوعي الشعبي الواسع لاسيما في ربوع الوطن العربي الكبير.

11. د.عامر حسن فياض، الرأي العام وحقوق الانسان، ط1، بغداد،2003، ص21.

12. وتحويل الموضوع الذي يجب ان لايسود الى موضوع انتباه سائد.

13. اتظر ندوة الاعلام العربي وحقوق الانسان، القاهرة، سبتمبر 1999.

14. وبهذا الاسلوب تريد الصهيونية ترسيخ فكرة في اذهان الراي العام اليهودي العالمي تفيد ان العرب قساة وعدوانيين وغير انسانيين، وان اليهود هم المساكين المظلومين وليسوا الظالمين المعتدين.

15. د.عامر حسن فياض، مصدر سابق، ص20.

16. وقد اجاد الالمان النازيين استخدام هذا الاسلوب انطلاقا من اعتقاد (هتلر) بان الجمهور يتسم بكثير من خصائص وصفات النساء معتمدا على فكرة ان النساء يتميزون بالحماس والعاطفية وليس بالحكمة والعقلانية.

17. د.عامر حسن فياض، مصدر سابق، ص20-21.

18. فياض، المصدر نفسه، ص22-23.

19. وفي كافة الاحوال فان مفهوم الانسانية لايمكن ان يحل محل او يلغي قواعد السيادة، لذا يجب الاتفاق على سياسة وقائية ازاء الجرائم الكبرى التي تعد خرقاً خطيراً لحقوق الانسان، وان تتم مناقشة ذلك في الجمعية العامة للامم المتحدة مجلس الامن فقط باعتبار ان الموضوع يعني تطوير في القانون الدولي والعلاقات الدولية يجب ان تشارك في بلورته كل الدول.

20. **francisco monrique ,"explosions ,violence and mass commincation," paper presented at : : Ljubljana University ,school of jounrnalism and political Science.mass media and I nternatinol Understanding : A Symposium.286 -288**

21. خليل صابات، "دور الاعلام الصادق في التفاهم الدولي،" في : يوغسلافيا، جامعة ليوبلانا، كلية الصحافة والعلوم السياسية، الحلقة النقاشية حول وسائل الاتصال والتفهم الدولي (القاهرة : الهيئة العامة للاستعلامات، 1969)، ص 279.

22. **Tomo Martelance ,"human rights and mass media," paper presented at: Ljubljana University ,school of jounrnalism and political Science.mass media and I nternatinol Understanding : A Symposium, p414.**

23. د.راسم محمد الجمال، الاعلام العربي المشترك، دراسة في الاعلام الدولي العربي، مركز الدراسات الوحدة العربية، ط2، بيروت، لبنان،1986، ص22.

24. وقد وصف تقرير مراسلون بلا حدود لعام 2002 المنطقة بأنها ثاني اكبر معتقل للصحفيين في العالم.

25. تقرير التنمية الانسانية العربية 2004.

26. اللجنة العربية لدراسة قضايا الاعلام والاتصال في الوطن العربي، نحو نظام عربي جديد للاعلام والاتصال، مشروع التقرير النهائي، المنظمة العربية للتربية والثقافة والعلوم، تونس،1985، ص81.

27. أي ان اللجنة العربية ترى ان هذه الاعتبارات نتائج طبيعية للاخذ بمبدأ حق الاتصال، وليست متطلبات مسبقة لمباشرة هذا الحق. والواضح ان اللجنة المذكورة قد خلطت خلطا بينا بين متطلبات الاخذ بحق الاتصال، والنتائج المترتبة عليه، سواء بالنسبة الى علاقة حق الاتصال بالسلطة، او بالنسبة الى كافة المسائل التي تعتبر اساسا متطلبات مسبقة لمبدأ حق الاتصال، في جوانبه النظرية والتطبيقية.

28. د.جمال العطيفي، الحق في الاعلام وعلاقته بالتخطيط الاعلامي على المدى الطويل، المستقبل العربي، السنة 3، العدد 17، تموز 1980، ص122.

29. محمد حسين طلال " التداول الاعلامي والحق في الاتصال " ورقة قدمت الى : العراق وزارة الثقافة والاعلام، دائرة الشؤون الثقافية، حق الاتصال في اطار النظام الاعلامي الجديد : الابحاث والدراسات التي قدمت الى الندوة العربية لحق الاتصال التي انعقدت في بغداد، 26ـ30 ايلول /سيبتمبر 1981، ساسلة دراسات، 318 (بغداد : دار الرشيد، 1982)، ص 191ـ 192.

30. وقد ركزت هذه النظرية آنذاك على جانب الحرية اكثر من تاكيدها على جانب الحق.

31. د.راسم محمد الجمال، الاعلام العربي المشترك، دراسة في الاعلام الدولي العربي، مركز الدراسات الوحدة العربية، ط2، بيروت، لبنان،1986، ص20.

32. ومع التطور السريع في وسائل الاتصال وتقنياتها، خاصة الاذاعة، وشيوع الافكار والحركات التحررية في اصقاع شتى من المعمورة، وما صحب ذلك

كله من عمليات القمع والقهر الذي تعرضت له اوربا في ظل الاوضاع النازية والفاشية.

33. united nation , office of public information (OPI), universeal declration of human rights: final authorized ([n.p.]) OPI,1968).

34. حمدي قنديل،"الجوانب الفلسفية والقانونية للحق في الاتصال،" ورقة قدمت الى: العراق، وزارة الثقافة والاعلام، دائرة الشؤون الثقافية، حق الاتصال في اطار النظام الاعلامي الجديد: الابحاث والدراسات التي قدمت الى الندوة العربية لحق الاتصال التي انعقدت في بغداد، 26ـ 30 ايلول / سيبتمبر 1981، ص 25، وعدلي سيد رضا " تدفق البرامج من الخارج في تلفزيون جمهورية مصر العربية، مع تحليل ببعض مضمون المواد الاجنبية في التلفزيون العربي " (رسالة ماجستير، جامعة القاهرة، كلية الاعلام، 1979)ص 14ـ15(غير منشورة).

35. -(كانون الاول /ديسمبر 1966)، حيث نصت في موادها ارقام 18،19،20، على حق كل فرد في حرية اعتناق الاراء والمعتقدات. وعلى حقه في حرية التعبير. ويشمل هذا الحق حرية استقاء المعلومات والافكار من كل نوع وتلقيها ونقلها، بغض النظر عن الحدود، سواء اكان ذلك شفاهة او كتابة او طباعة في صيغة فنية، او من خلال أية وسائل اخرى من اختياره،

41. (كانون الاول /ديسمبر 1966)، حيث نصت في موادها ارقام 18،19،20، على حق كل فرد في حرية اعتناق الاراء والمعتقدات. وعلى حقه في حرية التعبير. ويشمل هذا الحق حرية استقاء المعلومات والافكار من كل نوع وتلقيها ونقلها، بغض النظر عن الحدود، سواء اكان ذلك شفاهة او كتابة او طباعة في صيغة فنية، او من خلال أية وسائل اخرى من اختياره.

36. فعندما نضع القهر الخارجي جانباً نرى ان الحريات مستهدفة من سلطتين :سلطة الانظمة غير الديمقراطية وسلطة التقليد والقبلية المتسترة بالدين احياناً،

و قد ادى تظافر السلطتين على الحد من الحريات والحقوق الاساسية الى اضعاف مناعة المواطن الصالح وقدرته على النهوض.

37. د.راسم محمد الجمال، الاعلام العربي المشترك، دراسة في الاعلام الدولي العربي، مركز الدراسات الوحدة العربية، ط2، بيروت، لبنان،1986، ص32.

38. الاتفاقات الدولية الخاصة لحقوق الانسان والبروتوكول الاختياري، مكتب الاعلام، الامم المتحدة، الطبعة العربية،1976، د.م، د.ن.

39. وامتد التضييق على حرية الرأي والتعبير الى صنوف الابداع الادبي والفني.

40. كما توجد مجالس نيابية منتخبة كلياً او جزئياً في سائر الدول العربية باستثناء السعودية والامارات، وعلى الرغم من ذلك بقيت الممارسات للمشاركة شكلية وعانى معضمها من تزييف ارادة الناخبين وتدني تمثيل المعارضة.

41. ليس فقط لان الدول العربية الاعضاء في الجامعة هي ذاتها اعضاء في الامم المتحدة، ولكن، ايضا، لان ميثاق الجامعة قد التزم ضمنا بهذه المبادئ في مادته الثالثة التي تنص على اختصاص مجلس الجامعة " بتقرير وسائل التعاون مع الهيئات الدولية التي تنشأ في المستقبل لكفالة الامن والسلام ولتنظيم العلاقات الاجتماعية

42. محمد عصفور، ميثاق حقوق الانسان العربي ضرورة قومية ومصيرية، في علي الدين هلال واخرون، الديمقراطية وحقوق الانسان في الوطن العربي، سلسلة كتب المستقبل العربي، مركز دراسات الوحدة العربية، بيروت،1983، ص218.

43. حيث تستباح الحياة الشخصية والخاصة في بعض الدول العربية، تارة من قبل السلطات وعبر خرق حرمة المنزل والرقابة على المراسلات الخاصة والتنصت على المكالمات الخاصة، وطوراً من قبل فئات اجتماعية باسم العرف والتقاليد.

44. ويدل من ناحية اخرى على ان مشكلات رجال الاعلام العرب واحدة في كل مكان وكذلك الديمقراطية، وبالتالي، واحدة، مهما تعددت الصور التي تظهر، وفي النهاية تؤدي كلها، الى القول ان مشكلات حقوق الانسان في الوطن العربي واحدة ايضا.

45. تبدأ بالطرد او الفصل او الحرمان من ممارسة العمل الاعلامي بالنقل الى عمل اداري آخر، ثم تنقل في بعض الاقطار العربية الى التعذيب باشكال متعددة، منها الاعتقال والضرب، والسحل او التعذيب بالصدمات الكهربائية، او تركه عاريا للكلاب المتوحشة الجائعة، وايداعه احدى مصحات القوى العقلية لرأي كتبه، ليدخلها سليما ويخرج منها بعد سنوات عدة وقد جن فعلا او تحديد اقامته او ابعاده، او خطفه ليختفي قسرا، او نسف الدور الصحفية بمن فيها، او هتك عرضه وعرض زوجته وبناته القصر امام عينيه. وقد يحدث ماهو اسهل من ذلك : قتله بطرق مختلفة وتقييد الحادثة ضد مجهول، سواء باطلاق النار عليه، او باختطافه ثم قتله، او ضربه بسيارة مسرعة في الطريق العام، او بتفجير مكتبه اومسكنه. ومن السهل ايراد امثلة باحداث واسماء محددة، كنماذج لمثل هذه الممارسات المتواترة. وقد ورد في وثيقة للاتحاد العام للصحفيين العرب عام 1981 ان " عدد الصحفيين العرب الذين قتلوا في العامين الماضيين يفوق عدد الصحفيين العرب الذين قتلوا في أي وقت مضىـ كما ان عدد شهداء الصحافة العربية يفوق عدد شهداء الصحافة في أي مكان من العالم. ان الصحفيين العرب يفقدون صحفيا كل شهرين.

46. خليل صابات، وسائل الاتصال نشأتها وتطورها، ط2، مكتبة الانجلو مصرية، القاهرة،1979.

— حميد جاعد محسن، التنمية والتخطيط الاعلامي في العراق، سلسلة دراسات 179، منشورات وزارة الثقافة والفنون، بغداد، 1979، ص99-110.

47. فالصحف مازالت على مستوى الوطن العربي كله الاداة الاساسية للتعبير وللتوجيه السياسي وادارة التوجيهات السياسية للرأي العام.

48. راسم الجمال، مصدر سابق، ص128.

49. في حين لاتحدد مثل هذه الشروط والمواصفات بالنسبة الى بقية وسائل الاتصال الجماهيري التي تعتبر في الغالبية العظمى من الاقطار العربية البنت الشرعية للسلطة التي ولدتها ورعتها وتكفلت بها.

50. د.عبد الله محمد الشريف، معوقات حركة نشر ـ الكتاب في الوطن العربي، المجلة العربية للثقافة، السنة 3، العدد4، مصر، 1983، ص27-28.

51. راسم الجمال، مصدر سابق، ص137.

52. عبد القادر بن شيخ ويوسف بن رمضان، واقع الاذاعة الصوتية في الوطن العربي، شؤون عربية، العدد24، فبراير، مصر،1983، ص25-26.

53. التي ترتفع فيها معدلات الامية، وعدم قدرة الوسلئل الاخرى على التوسع اتغطية كل التراب الوطني، وعدم تأثيرها المباشر بضعف البنى الاساسية في عدد من الاقطار العربية(شبكات الطرق او النقل والشحن والتوزيع وقوة التيار الكهربائي.. الخ).

54. راسم الجمال، مصدر سابق، ص142.

55. بسيوني ابراهيم حمادة، دور وسائل الاتصال في صناعة القرارات، اطروحة دكتوراه، جامعة القاهرة، كلية الاعلام،1991، ص220.

56. عادل عبد الغفار خليل، الاعلام والرأي العام، مركز دراسات الوحدة العربية، بيوت،2003، ص80.

57. Price and Allen ,opinion spirals ,silent and otherwise ,Applying Small-Group Research topublic opinion phenomena, p.375.

58. عادل عبد الغفار خليل، الاعلام والرأي العام دراسة حول تطبيع العلاقات المصرية-الاسرائيلية، مركز دراسات الوحدة العربية، بيروت،2003، ص80.

59. Hernando Gonzalez ,Mass media and the spiral of silence ,the Philippines From Marcos to Aquino,Journal of Communication, vol.38(Autumn 1988),p.36.

60. جان الكسان، السينما في الوطن العربي، سلسلة عالم المعرفة، 51 (الكويت : المجلس الوطني للثقافة والفنون والاداب، 1982)، ص 9 ـ10.

‒ راسم الجمال، مصدر سابق، ص44.

61. Price and Allen ,Ibid ,p.374.

62. د.عادل عبد الغفار، مصدر سابق، ص81.

63. د.راسم الجمال، مصدر سابق، ص145.

64. والـذي يعنينـا هنـا موضـوع الصـناعات ذاتها امـا اقتصـاديات مخرجاتهـا فتتناولهـا التجـارة الاتصالية والاعلامية. وعند تناول الموضوع الاول يتعين وضع ايدينا على اجابات محـددة عـن ثلاثة اسئلة رئيسية وهي :هل يملك العرب القدرة عـلى اقامـة مثـل هـذه الصـناعات في ضـوء تطورها الحالي؟ وهل من مصلحة العرب اقامة هذه الصناعات ؟ وهل الواقع رالعـربي يسـمح باقامة مثل هذه الصناعات ؟ويتناول السؤال الاول القدرة المعرفية والتقنيـة المتاحـة للعـرب، والتي يمكن الاعتماد عليها في اقامة هذه الصناعات، ويتناول السؤال الثاني اقتصاديات الصناعة ذاتها في حين يتناول الثالث الاوضاع العربية.

65. شون ماكبرايد واخرون، اصوات متعددة وعالم واحد، الاتصال والمجتمع اليوم وغداً، نحو نظـام عالمي جديد اكثر عدلاً وكفاءةً، الشركة الوطنية للنشر والتوزيع، الجزائر،1981، ص219.

66. وما يؤكده ذلك من مفاهيم تتصل بعناد الجمهور، وعدم استسلامه وخضوعه لكل مـا يقـدم من اتجاهات سائدة في وسائل اتصال الجماهيرية.

67. Hernando Gonzalez ,Mass media and the spiral of silence ,the Philippines From Marcos to Aquino,Journal of Communication, vol.38(Autumn 1988),p.40.

    — د.عادل عبد القفار، مصدر سابق، ص81.

68. بحيث اصبح اليوم في العالم كله 15 شركة متعددة الجنسية تحتكر هـذه الصـناعة، وقد قـدر دخل الشركات العاملة في صناعة وسائل الاتصال السـلكية واللاسـلكية وحـدها في عـام 1975 بحوالي 88 بليون دولار، وتجاوز في عام 1980، 175 بليـون دولار، ومـن المتوقـع ان يرتفـع الى 384 بليون دولار في عام 1990.

69. Michael Rogers Rubin ,information Economics and Policy in the United states ,Littleton, colo.Libraries Unlimited ,1983,p.5.

70. التي تمتص مبالغ كبيرة، وتستوعب خبرات علمية وعملية عديدة ومتنوعة. فماذا عنـد العـرب من مكونات هذه الصناعات والتقنيات سوى الامل

71. لان الكثير منه والاكثر اهمية مـرتبط بالصـناعات العسـكرية ويخضـع لاعتبـارات اسـتيراتيجية وسياسية، ولكن اذا تيسر للعرب الحصول على هذا الكم المتـاح مـن المعرفة العلميـة، وهـذا الكم من التقانة المسموح بها " هل من مصلحتهم

السعي الى هذه الصناعات، فتحتاج أي من هذه الصناعات الى استثمارات كبيرة يعجز عن الوفاء بها أي من الاقطار العربية، في الوقت الذي تتسم فيه مخرجات هذه الصناعات بالوفرة الشديدة وبالانخفاض المستمر في اسعارها، وبالتطور السريع في انواعها جودتها، نتيجة قدرة المكثف في تطوير الصناعة ومخرجاتها.

72. د.عادل عبد الغفار، مصدر سابق، ص82.

73.

- د.راسم الجمال، مصدر سابق، ص229.
- **Robert D.Hamrin,the informtion Economy,anfinite Resource,Economic impact, no.37,January,1981.p.60-61.**

74.

- د.عبد الحميد، نظريات الاعلام واتجاهات التأثير، القاهرة، عالم الكتب،2000، ص295.
- د.رواء زكي يونس الطويل، دور الاعلام واثره في الراي العام لحماية حقوق الانسان، الندوة العلمية الثانية لكلية العلوم السياسية تحت عوان حصانة السكان المدنيين اثر النزعات المسلحة 17 اذار 2009، جامعة الموصل العراق، 2009.

الفصل التاسع

استراتيجية التنمية الثقافية

مقدمة الفصل التاسع:

كشف أول تقرير عربي سنوي عن التنمية الثقافية تعلنه مؤسسة الفكر العربي عن تدني معدل الالتحاق بالتعليم عربياً، مقارنة بدول العالم، وانخفاض معدل الكتب المنشورة عربياً، وكذا انخفاض معدل القراءة، ووفقاً للتقرير الذي يعلنه رئيس المؤسسة الأمير خالد الفيصل من القاهرة والذي شارك في رعايته المؤسسة العربية للعلوم والتكنولوجيا، ومركز الخليج للأبحاث، هناك كتاب يصدر لكل 12 ألف مواطن عربي، بينما هناك كتاب لكل 500 إنجليزي ولكل 900 ألماني.

أي إن معدل القراءة في العالم العربي لا يتجاوز 4% من معدل القراءة في إنجلترا، فالتقرير على صعيد ملف التعليم مثلاً يعالج قضية الجودة التعليمية ويقدم بالأرقام والتحليلات المقارنة مختلف عناصر العملية التعليمية في الجامعات العربية مقارنة مع الجامعات الأجنبية، حيث يكشف التقرير أن معدل الالتحاق بالتعليم في الدول العربية لا يتجاوز 21.8% بينما يصل في كوريا الجنوبية إلى 91% وأستراليا 72% إسرائيل 58%. ويبلغ أعلى معدل لالتحاق الإناث بالتعليم في الإمارات 76% والبحرين 68% ولبنان 62% بينما في مصر 45% والسعودية 49% اليمن 25%، واللافت أن متوسط معدل التحاق الإناث بالتعليم في الدول العربية 49% يزيد عن معدله في اليابان (45%)! وكوريا الجنوبية (37%) وتركيا (42%). وعلى مستوى كفاية عدد الأساتذة في التعليم العالي إلى عدد الطلاب، فإن متوسط النسبة في العالم العربي هي أستاذ جامعي لكل 24 طالباً، بينما في اليابان أستاذ جامعي لكل 8 طلاب فقط، وفي أمريكا أستاذ جامعي لكل 13 طالباً.

كما يعالج التقرير أيضاً ظاهرة الإقبال الملحوظ من جانب الطلاب العرب على دراسة الإنسانيات والعلوم الاجتماعية مقارنة بدراسة العلوم التطبيقية والبحثية، ومدى انعكاسات هذا الخلل على عملية التنمية، حيث يكشف عن أن دراسة الإنسانيات والعلوم الاجتماعية في مصر- تبلغ نسبتها 79% من مجموع الملتحقين بالتعليم الجامعي، وهي أعلى نسبة في العالم العربي. على صعيد الإبداع العربي تضمن

التقرير رصداً وتحليلاً لما أنتجه العرب عام 2007 في مجالات: الإبداع الشعري والسردي، والسينما، والمسرح، والدراما التلفزيونية، والموسيقى والغناء. وفي كل مجال من هذه المجالات تم رصد حجم الإنتاج العربي ككل وحجم الإنتاج القطري في كل دولة عربية على حدة.

وعلى صعيد ملف الإعلام العربي تضمن التقرير رصداً كمياً وكيفياً لوسائل الإعلام الإلكتروني ومدى الحضور العربي – من حيث اللغة وعدد المواقع وعدد الزوار المتصفحين على شبكة الإنترنت- وكُرس الملف الخامس والأخير في التقرير للحصاد الثقافي السنوي حيث عالج أهم القضايا والظواهر الثقافية التي ميزت العام 2007 في العالم العربي مثل: الثقافة العربية الأم والثقافات الفرعية، وأزمة القراءة والتواصل، ودور المال في دعم الإبداع العربي، والثقافة العربية المتوسطية؛ وثقافة المنفى، والثقافة العربية وتحديات الإعلام.

وبالإضافة لذلك فقد اشتمل الحصاد الثقافي السنوي على خريطة للأطر المؤسسية للعمل الثقافي العربي سواء من خلال رصد المؤسسات الثقافة العربية الرسمية والخاصة والأهلية، أو رصد المؤسسات الثقافية الدولية والأجنبية العاملة في الدول العربية. ولم يخل التقرير في نهايته من قراءة إحصائية وتحليلية لجوائز الإبداع الثقافي العربي ومدى كفاية وموضوعية المعايير التي تمنح عنها هذه الجوائز، لعل الجديد الذي تضمنه هذا التقرير العربي الأول للتنمية الثقافية يتمثل في الأرقام والنتائج التي خلص إليها في رصده للواقع الثقافي العربي.

ففي مجال حركة التأليف والنشر تضمن التقرير تحليلاً استند إلى قاعدة بيانات ضخمة قام بإعدادها فريق بحثي عن إجمالي الكتب التي نشرت في العالم العربي في عام 2007 وبلغت 27809 كتب، ولا تمثل الكتب المنشورة في العلوم والمعارف المختلفة من هذا الرقم سوى 15%، بينما تصل نسبة الكتب المنشورة في الأدب والأديان والإنسانيات إلى 65%.

كما اهتم التقرير بموضوع الصناعات الثقافية في العالم العربي، التي لا تتوافر عنها إحصائيات دقيقة لما تمثله في الدخل القومي بينما تشكل هذه الصناعات الثقافية ما بين 5% و10% من قيمة المنتجات في العالم، ويذكر التقرير على سبيل المثال أن العالم العربي لا يصنع أكثر من 35-40% من حاجته لمادة الورق ويستورد نحو 65% في واحدة من الصناعات الثقافية المهمة المرتبطة بالأمن القومي، بينما السودان يضيق بالمواد الخام التي يُصنع منها الورق بل ويدفع مبالغ للتخلص منها بوصفها نفايات أو مخلفات. كما عالج التقرير ظاهرة المدونات العربية على شبكة الإنترنت، وقدر عدد المدونات العربية بحوالي 490 ألف مدونة، وهي نسبة لا تتعدى 0.7% من مجموع المدونات عالمياً. ويوجد في مصر وحدها 162 ألف مدونة، وهو ما يشكل نسبة 31% من إجمالي المدونات العربية.

أما على صعيد دوافع استخدام الإنترنت لدى المواطن العربي، فيأتي دافع الترفيه أولاً بنسبة 46%، بينما دافع التماس المعلومات يبلغ 26%، ويبلغ مجموع عدد المواقع العربية المسجلة على الإنترنت 41745 موقعاً إحصائية 2007، ولا يشكل هذا العدد سوى نسبة 0.026% من إجمالي عدد المواقع العالمية. وأعلى معدل لنسبة استخدام الإنترنت إلى عدد السكان على المستوى العربي في الإمارات 33% وقطر 26%، بينما يبلغ في مصر 7% والسعودية 11% وسوريا 7%. وعلى صعيد الإعلام الفضائي يتضمن التقرير بعض الأرقام اللافتة، حيث يبلغ مجموع الفضائيات العربية 482 فضائية والرقم في تزايد مستمر، أما على صعيد القنوات الفضائية المتخصصة، فالقنوات الدينية تمثل نسبة 19%، قنوات الأغاني 18%، أما قنوات الأدب والثقافة فتبلغ 4.8%.

اهمية الفصل التاسع:

تنبع اهمية البحث من إن الدولة الأكثر تطورا في مجال الإنتاج الصناعي وتحديثا في تقنياته وإنفاقا على البحوث العلمية، والمالكة للرساميل وأسواق المال الحديثة والقوة العسكرية المتفوقة هي "القادرة على السيطرة والإمساك بمفاتيح عملية الإنتاج

الرأسمالي وحركة السوق العالمية، وبالتالي السيطرة السياسية والثقافية للتصرف كإمبراطورية. وتجعل إيديولوجيا التبعية التابع أسير شبكاتها العنكبوتية استهلاكا وإنتاجا وتوزيعا وسلوكا ومعايير قيمية وأخلاقية".

ان ضرورة فهم الرأسمالية في بعدها كحقيقة عالمية، وعدم اختزالها إلى مجرد نمط إنتاج رأسمالي يعم الأرض... يجب كشف وتركيب المتناقضات الاجتماعية الخاصة بكل فرع أو مجموعة في النظام العالمي، وفصلها عن على بعضها، وبالتالي الخروج من محددات النظرية المركزية الأوروبية للتاريخ والتوسع الرأسمالي".

فالتبعية بهذا المعنى ليست نظام إنتاج كولونيالي، حسب نظرية مهدي عامل، ولا نظام إنتاج رأسمالي تابع في الأطراف للنظام المؤسس، بحسب سمير أمين. كما أنها ليست ثقافة التخلف مقابل ثقافة الحداثة، ولا العقلانية الفلسفية والمادية العلمية مقابل الروحانية واللاعقلانية، ولا الدولة الديموقراطية القومية الحديثة مقابل الدولة الاستبدادية العشائرية العائلية الطائفية، دولة الأعراف وعلاقات القوة بين مجموعات متنوعة الأعراق والثقافات.

مشكلة الفصل التاسع:

في مواجهة التبعية وسياسات التنمية المستقلة في عصر العولمة الأمريكي: إيديولوجيا واستراتيجيات أن التبعية ظاهرة معقدة تتشابك فيها الأعراض الاقتصادية والاجتماعية، والديموغرافية والجغرافية والسياسية والتاريخية. وهي عملية إلحاق قسري بوسائل سياسية واقتصادية وعسكرية، وغزو ثقافي وفكري لتعميم نظام الإنتاج الرأسمالي، وتسويغ للهيمنة التي تمارسها دولة عظمى أو مجموعة دول أحرزت تقدما في مجالات الاقتصاد والتكنولوجيات والعلم، فتستخدمها لتحقيق مصالح مادية واستراتيجية، بما تفرضه على أمم وشعوب أخرى أقل تقدما، من إجراءات تلزمها بها وتجبرها على تنفيذها، كي يمكنها البقاء.

ويحددها بجانبها السلبي، في كونها انحسار وتراجع القدرة على النمو الـذاتي والقـدرة على المنافسة. وهي علاقة مؤسسة على القوة بين دول متقدمة تحوز على التقنية الحديثة والثورة العلميـة والرساميل الضخمة، وقد أقامت البنى والمؤسسات اللازمة لاستغلال وتشغيل هذه القـدرات مؤسسـات المال- البنوك والمصارف العملاقة الوطنية والعالمية والشركات وأسواق المال والمصانع والمعامل الحديثة ومراكز البحوث العلمية والجامعات ومؤسسات الدولة الحديثة ومنظومات القوانين، والجيش والقـوات المسلحة بكل ما تحوز من أسلحة حديثة ومتطورة، وبين دول لا تحوز على ذلك، أو تحوز علـى جـزء ضئيل منه.

شبكة الأسباب والمسببات والظروف والشروط المنتجة لـذلك التخلف، تاريخيـة وجغرافيـة بيئيـة وثقافيـة حضـارية وإنتاجيـة اقتصـادية، ودولتيـة حكوميـة ومؤسسـاتية، وقوميـة، وسياسـية، وعقلانيـة، ودينية، ومفاهيم أخلاقية وقيم روحية، اتخذت طابعا تاريخيا عبر مراحـل مـن الانهيارات الإيكولوجيـة والاجتماعية والديموغرافية والبنيوية، والغزوات الأجنبية في شروط ملموسة، شكلت بمجموعها ظاهرة التخلف والتقدم، والتبعية والغلبة.

هدف الفصل التاسع:

يهدف البحث الى بيان إن الثقافة أضحت اليوم ساحة نزال أيديولوجي في النظام العالمي الجديـد، بين العالم المتقدم والدول التابعة. وهي الأكثر أهمية من الاقتصاد في قيـادة عمليـة التغيـير الاجتماعـي، كـما يهـدف البحـث ان الثقافة باتت ملتقى خمسة احتكارات في الآن معا احتكار التكنولوجيات، والاحتكارات العاملة في مجال التدفقات الماليـة، والاحتكارات العاملـة في مجال الحصول علـى المـوارد الطبيعية، والاحتكارات العاملة في مجال الإعلام و الاتصالات، والاحتكارات العاملة في مجال أسـلحة الـدمار الشـامل، ولـكي تـتمكن البلـدان المتـأخرة مـن السـير علـى طريـق التقـدم الاجتماعـي والتطور الاقتصادي لابد لها من تغيير كامل في الإطار السياسي والفكري والثقافي الذي تعيش ضمنه، فيجب تحطيم التحالف القائم بين البيروقراطية الحاكمة

والبرجوازية الكومبرادورية الطفيلية، وبين الفكر التقليدي وثقافة السلطة ونسف مرتكزات الدولة الأمنية كواقع وإيديولوجياً و ثقافة التبرير وثقافة التغيير.

فرضية الفصل التاسع:

يفترض البحث أن هناك حلقة مركزية في تاريخ كل أمة تشكل مفتاحا لفهم تكوين وخصائص وتطورات تاريخ هذه الأمة، بما أن هذه الحلقة نقطة اتصال وانفصال واستمرار وانقطاع، منها يبدأ التقدم أو الانهيار، وعلينا أن نمحص مظاهرها ونتحرى مفاعيلها كما تظهر في المصائر التراجيدية لقياداتها وللقوى الاجتماعية والسياسية التي حملت أعباء الكفاح، وجسدت قيمه وأخلاقياته ومنظومته الثقافية، والمشروع الحضاري والرؤى الفكرية التي كانت توجه ممارستها لإنجاز برامجها السياسية والاقتصادية، بما في ذلك التركيز على ديناميكية العلاقات الداخلية مع الحلفاء والمعارضين والعلاقات الخارجية وكيفية إدارة الصراع لتحقيق الأهداف المرجوة.

مفهوم التنمية الثقافية:

مفهوم التنمية الثقافية مفهوم حديث بالنسبة لأدبيات التنمية في العالم العربي، وذلك لأن الدارج حتى فترة قريبة من الآن في مصطلحات التنمية كل من التنمية الاقتصادية والاجتماعية، وهنالك مفهوم شامل هو التنمية البشرية، والحقيقة أن التنمية مفهوم شامل يغطي كافة مجالات حياة الإنسان[1].

التنمية : تحدد التنمية بصفتها عملية مركبة وشاملة ومتعددة الأبعاد تتعدى مجرى النمو الاقتصادي والاجتماعي وما ينتج عنه من خبرات، كما أن التنمية تعني جهدا واعيا مخططا له لتحسين ظروف المستقبل وتقوم على توظيف كافة الجهود، وتوسيع مجالات النشاط الإنساني، وتعزيز القدرات الإنسانية، ومشاركة فعالة من المجتمع سواء في السعي إلى تحقيق الأهداف أو المشاركة في جني ثمارها، خاصة تلك القطاعات والفئات الاجتماعية التي حرمت من فرص النمو.

الثقافة : الثقافة هي المعيار الذي تتحدد به هوية كل مجتمع بشري، ولا يمكننا تصور مجتمع بـلا ثقافة، ولكل مرحلة من مراحل حياة المجتمع سمات ثقافية تتأثر وتـؤثر في عوامـل نهوضـه أو تفككـه، وتتواجد داخل المجتمع نفسه مجموعة من الثقافات الفرعية لتغير في السـمات والمظاهر والمسـتويات المعيشية وطرائق الإنتاج، وبهذا فإن الثقافة الفرعيـة هـي ثقافة قطاع مميز مـن المجتمع، لهـا جـزء ومستوى مما للمجتمع من خصائص، إضافة إلى انفرادها بخصائص ذاتية، ويكتسب الفرد الثقافـة مـن مجتمعه، ولكن بوصفه عضو في قطاع اجتماعي معين فإنه لا يحمل كل ما في ذلك المجتمع مـن عنـاصر الثقافة، ويشار إلى أن مفهوم الثقافة إلى حد اليوم لم يقر له قرار، فهو مـن المفاهيم أو المصطلحات الزئبقية أو العائمة، فنحن إذا حاولنا تتبع هـذا المصطلح نجـده يزيد عـلى المائتين ويختلف مفهومـا لرجوعـه تاريخيـا لتطورات عديدة سـواء مـن حيث مدلولـه أو تعريفه الأنثروبولوجي، ولعل أكـثر التعريفات انتشارا واعتمادا هو تعريف العالم الانجليزي أدوارد تـايلور مؤسـس الأنثروبولوجيـا الثقافيـة الأوروبيـة إذ يقـول: الثقافـة أو المدنيـة هـي الكـل المركب الـذي يشـمل المعرفة والمعتقـدات والفن والأخلاقوالقانون والعرف وأي قدرات أو عادات يكتسبها الإنسان كعضو في المجتمع[2].

الثقافة السياسية: هي مجموعة القيم والمعايير السلوكية المتعلقة بالافراد في علاقاتهم مع السلطة السياسية[3].

مفهوم الثقافة السياسية:

لكل مجتمع خصوصية تعكسها ثقافته السائدة بين ابنائه، تلك الثقافـة التـى تطورهـا مجموعة القيم والمفاهيم والمعارف التى اكتسبها عـبر ميراثه التـاريخى والحضارى وواقعـه الجغرافى والتركيب الاجتماعى وطبيعة النظام السياسى والاقتصادى، فضلاً عـن المـؤثرات الخارجية التى شكلت خبراتـه وانتماءاته المختلفة. والثقافة السياسية هى جزء من الثقافة العامة للمجتمع.. وهى تختلف مـن بلـد لآخر حتى لو كان شعباه ينتهجان

نفس الأساليب الحياتية، وينتميان إلى نفس الحضارة، ويتقاسمان الاهتمامات والولاءات.

تعريف الثقافة السياسية:

يقصد بالثقافة السياسية مجموعة المعارف والآراء والاتجاهات السائدة نحو شئون السياسة والحكم، الدولة والسلطة، الولاء والانتماء، الشرعية والمشاركة. وتعنى أيضاً منظومة المعتقدات والرموز والقيم المحددة للكيفية التى يرى بها مجتمع معين الدور المناسب للحكومة وضوابط هذا الدور، والعلاقة المناسبة بين الحاكم والمحكوم. ومعنى ذلك أن الثقافة السياسية تتمحور حول قيم واتجاهات وقناعات طويلة الأمد بخصوص الظواهر السياسية، وينقل كل مجتمع مجموعة رموزه وقيمه وأعرافه الأساسية إلى أفراد شعبه، ويشكل الأفراد مجموعة من القناعات بخصوص أدوار النظام السياسى بشتى مؤسساته الرسمية وغير الرسمية، وحقوقهم وواجباتهم نحو ذلك النظام السياسى. ولما كانت الثقافة السياسية للمجتمع جزءاً من ثقافته العامة، فهى تتكون بدورها من عدة ثقافات فرعية، وتشمل تلك الثقافات الفرعية : ثقافة الشباب، والنخبة الحاكمة، والعمال، والفلاحين، والمرأة.. الخ. وبذلك تكون الثقافة السياسية هى مجموع الاتجاهات والمعتقدات والمشاعر التى تعطى نظاماً ومعنى للعملية السياسية، وتقدم القواعد المستقرة التى تحكم تصرفات الأفراد داخل النظام السياسى، وبذلك فهى تنصب على المثل والمعايير السياسية التى يلتزم بها أعضاء المجتمع السياسى، والتى تحدد الإطار الذى يحدث التصرف السياسى فى نطاقه. أى أن الثقافة السياسية تدور حول ما يسود المجتمع من قيم ومعتقدات تؤثر فى السلوك السياسى لأعضائه حكاماً ومحكومين[4].

وعلى ذلك يمكن تحديد عناصر مفهوم الثقافة السياسية على النحو التالى : تمثل الثقافة السياسية مجموعة القيم والاتجاهات والسلوكيات والمعارف السياسية لأفراد المجتمع. الثقافة السياسية ثقافة فرعية. فهى جزء من الثقافة العامة للمجتمع تؤثر فيه وتتأثر به، ولكنها لا تستطيع أن تشذ عن ذلك الإطار العام لثقافة المجتمع. تتميز الثقافة

السياسية بأنها متغيرة. فهى لا تعرف الثبات المطلق، ويتوقف حجم ومدى التغير على عدة عوامل من بينها : مدى ومعدل التغير في الأبنية الاقتصادية والاجتماعية والسياسية، ودرجة اهتمام النخبة الحاكمة بقضية التغير الثقافى، وحجم الاهتمام الذى توليه وتخصصه الدولة لإحداث هذا التغيير في ثقافة المجتمع، ومدى رسوخ هذه القيم في نفوس الأفراد.

تختلف الثقافة السياسية بين مجتمع وآخر كما تختلف من فرد لآخر داخل المجتمع. هذا الاختلاف تفرضه عوامل معينة كالأصل ومحل الاقامة والمهنة والمستوى الاقتصادي والحالة التعليمية.

التنمية الثقافية : بالاستناد إلى تعريف التنمية فإن التنمية الثقافية جهد واع مخطط له من أجل إحداث تغير ثقافي مما يعني غيرا في الفكر وأساليب السلوك، وقدرة على التمييز بين العناصر الثقافية التقليدية والعناصرالجديدة المستحدثة، واستبعاد العناصر التي يثبت عجزها عن التناغم مع الجديد والمستحدث الذي لا يمكن التنكر له أو تجاهله [5].

ويرى الأستاذ سامي سفيان في تعريف بنفس المنحى أن التنمية الثقافية هي التعامل مع عامل المتغيرفي الثقافة السائدة سواء في الذائقة الجمالية النمطية المستقرة ثقافة الآداب والفنون وجمالياتها أوفي منحى التوجه العلمي في الثقافة ثقافة العلوم وذلك بالبحث والتجريب والاختيار واكتساب المهارات والمعرفة، للانعتاق من إطار النمطية والاستقرار وتحقيق تطلعات مستقبلية إبتكارية نتجاوز بها مرحلة النقل والتقليد واستيراد المناهج والنظريات والقيم والمفاهيم، مثلما نستورد الآلات والتكنولوجيا في ثقافتنا العلمية والتقنية السائدة.

والتنمية الثقافية هي وضع خطة متحركة ذات منهاج وفلسفة واضحين، للتغلب على النواقص والثغرات والاحتياجات الثقافية وملئ الفراغ، خلال فترة زمنية محددة وبمعدلات يمكن قياسها، أي أنها فضاء تتحرك فيه مدارات معرفية غير محددة بمنهجية أوليات أكثر أهمية، لتطوير وجدان معرفي مستقبلي يأخذ بتطورات قدرات الإنسان

على الإبداع الحياتي وينفي التقليد والنقل، فضاء وآفاق للثقافة تجعل الصعب ممكنا والمعقد بسيطا والإشكالي قابلا للحل[6].

تجريد الانسان من حقه في الثقافة يساوي تجريده من بشريته وادميته:

إن أهمية البعد الثقافي للتنمية قد جعلت " لويس دوللو " يعتبر الإعلان عن حق الإنسان بالثقافة أحد الثورات الثقافية الهامة في القرن العشرين، فهو يرى أن الإعلان عن الحق في الثقافة الذي أصبح أحد بنود حقوق الإنسان يمثل الثورة الثقافية الثانية في القرن العشرين، إن تجريد الإنسان من حقه في الثقافة بصرف النظر عن الحقوق السياسية والاقتصادية الأخرى يساوي تجريده من بشريته وآدميته، فهو الكائن الوحيد المثقف، بمعنى القادر على الخلق عن طريق التفكير.

وتتعاظم أهمية البعد الثقافي في التنمية في ظل ظروف التخلف التاريخي، فالثقافة في مثل هذه الظروف هي الوسيلة الوحيدة المتوفرة لدى الإنسان للتأكيد على آدميته واسترجاع حقوقه الأخرى، ذلك أن الثقافة بمعنى التفكير غير قابلة للمصادرة، بينما باقي الحقوق الأخرى قد تصادر فتغرب عن الإنسان المعني بالحق فيها وعلى هذا النحو، فإنه في ظل ظروف تاريخية متخلفة لا بد أن تأخذ الثقافة طابعا نقديا وتكون شكلا من أشكال الدفاع عن الذات الإنسانية الحرة، وتجدر الإشارة إلى أن العديد من الباحثين والمفكرين يميلون إلى الاعتقاد أنّ من الأسباب الرئيسة لتخلف العالم الثالث، هو الفشل في الأخذ في الحسبان قوة الثقافة كعامل مؤثر يمكن أن يساعد على التقدم أو عرقلته.

لقد أكدت مؤتمرات اليونسكو العديدة التي عقدت في العقدين الماضيين على أهمية الاعتراف بالبعد الثقافي ضمن منوال التنمية والتأكيد على الهويات الثقافية، وفتح آفاق المشاركة في الحياة الثقافية مع دعم التعاون الثقافي الدولي، وقد أعتبر من الضروري اعتماد القيم الكونية، وفي آن واحد التعددية الثقافية، بحيث تهدف السياسات الثقافية إلى المحافظة على تعددية المبادرات الثقافية وحمايتها قصد دعم

التفاهم والاعتبار والاحترام بين الأفراد والأوطان في مجابهة مخاطر الصراعات والتغلب عليها.

وهذا ما جعل الثقافة بالمنظور الكوني الجديد في قلب عملية الوجود البشري، وعملية التنمية الإنسانية من منطلق أن الثقافة هي مجمل الخطوط المميزة روحانيا أو ماديا وفكريا وحسيا، هذه الخطوط التي تميز مجتمعا ما أو مجموعة اجتماعية وهي تعني الفنون والآداب وطرائق الحياة ونوعية الحياة الاجتماعية ومنظومة القيم والتقاليد والمعتقدات عوائق التنمية الثقافية، الظروف الحالية للمجتمع والثقافة العربيين تواجه عوائق عديدة تغيب شروط التقدم الثقافي، ولعل أهم هذه العوائق[7]:

1. غياب الديموقراطية وضمانات حقوق الإنسان، بالذات حق التفكير والتعبير والعقيدة.

2. التخلف الاقتصادي والفقر وأثرهما في الحرمان من الحقوق الثقافية.

3. انتشار الفكر غير العلمي وسطوته على الجماهير البسيطة.

4. سيادة نظم التعليم التلقيني مقابل التعليم النقدي.

5. انتشار الأمية بأنواعها الأبجدية، الثقافية، التكنولوجية.

آفاق مستقبلية لتنمية ثقافية في العالم العربي[8]:

1. نظرة جديدة للتراث بقصد استلهام الأصيل فيه والإنساني ونبذ ماتراكم فيه من أفكار ورؤى وليدة عصورالاضمحلال والتدهور.

2. النظر إلى التعليم باعتباره منظومة متكاملة تهدف إلى إرساء قيم إعمال العقل دون الاعتماد على النقل، والتأكيد على النظرة الموضوعية، واتساع الأفق في التعامل مع ثقافات الغير، وربط التعليم بضرورات الحياة الاجتماعية.

3. مراجعة الدور المنوط بأجهزة الإعلام وأدائها، بحيث يصبح فارقا في تبنيه لسياسات وخطاب تنويري، يتميز بالجرأة في الطرح والنقاش ويقوم بدوره

التثقيفي والفكري بين جماهير الشعب الذي تقف الأمية بوجوهها الثلاثة : الأبجدية والثقافية والتكنولوجية عقبة كئود أمام أي خطة للتنمية الثقافية.

4. وضع استراتيجية دائمة للقضاء على الأمية في البلدان العربية والتي تشكل تحديا لكل خطط التنمية الثقافية بل استهزاء بكل منجزاتها، ويمكن - في هذا المجال - للمثقفين العرب أن يتبنوا برنامجا لمحو الأمية يشاركون فيه بأنفسهم، ويضربون المثل عن التحامهم الحقيقي والفعلي بجماهير الشعب الذي يتشدقون ويتحدثون باسمه وقدراته.

5. التأكيد على الثقافة العلمية ودورها في خلق مناخات تحترم البحث العلمي وتؤمن بدور التجارب العلمية في إثراء حياتنا ومفاهيمنا دون ما معارضة بينها وبين الثقافة الإنسانية، فالثقافتان جناحان لطائر واحد، يثريان العقل والوجدان ويساعدان إلى حد كبير في القضاء على ثنائية الفكر، التي تخلق التصادم المزيف بين العلم والإبداع رغم ما يحويه الإبداع من فكر متسق وما يمثله العلم من إبداع لا ينكره أحد.

6. ارساء قيم ثقافية وطنية / عالمية جيدة، تصون الهوية الوطنية، ولا تعزل نفسها أو تتقوقع على ذاتها، خائفة من غيرها، مضخمة من شأن نفسها عن حق أو عن غير حق.

7. العمل بدأب وبشكل مستمر على خلق كوادر ثقافية قادرة على حمل رسالة التنمية الثقافية والوصول ببرامجها إلى أقصى درجات التحقق، فكم من برنامج طموح أفسده الموظفون الذين يعملون في حقل الثقافة، بتفكيرهم الروتيني والمتخلف، إن الكوادر المؤهلة بحكم انتمائها لجموع الشعب، وإيمانها العميق بحق الشعوب في المعرفة والثقافة المستنيرة هي الأجدر بتولي المناصب القيادية في العمل الثقافي تحقيقا لفلسفة التنمية في نشر الوعي الفكري والثقافي والسياسي بين جموع الجماهير العربية العريضة على امتداد الوطن العربي.

8. رفع القيود المفروضة على العمل الأهلي بتكويناته ومنظماته، وإفساح المجال أمامه ليحقق رسالته في نشر الوعي، وتدريب كوادره على العمل الخلاق التطوعي، وإعطائه الفرصة للعمل بحرية في النشأة والتأسيس والممارسة.

9. تأكيد الحرية والديموقراطية للفرد والجماعة على كل الأصعدة الفكرية والسياسية والاجتماعية كشرط أساسي لقيام وعي عربي مدرك لذاته وللعالم من حوله الآن ومستقبلا.

10. إنشاء مجالس على مستوى العالم العربي في العلوم والفنون والآداب تتبنى وضع أسس للعمل العلمي والثقافي للدول العربية، وتساهم في توحيد الجهود العلمية للباحثين العرب في كل مجالات المعرفة بغاية الوصول إلى منظومة متكاملة من المعرفة تساهم في النهضة العربية المرتقبة، مواكبة للتطورات الكبرى التي يشهدها عالم اليوم من المعرفة والثقافة والتقدم المذهل في كافة المجالات وفي الختام[9]. يمكن القول بأن مفهوم التنمية الثقافية يهدف إلى تطوير الذهنيات والمدارك والأخلاقيات وتطوير طرائق الفكر والتفكير والإبداع لخلق حالة فعل مجتمعية ديناميكية مستمرة للارتقاء بمستوى الوعي البشري إلى آفاق تطويرية كبرى، الى الركب الذي كانت عليه الثقافة العربية القومية معطاء وثرية وذات اخصاب متجدد ومبدع لمجمل التاريخ الحضاري الانساني في كل اوقاته[10].

ثقافة التنمية ام تنمية الثقافة في عصر العولمة:

على إثر إصدار التقرير الثقافي الأول عن التنمية الثقافية في الوطن العربي جاء المؤتمر السابع لمؤسسة الفكر العربي في القاهرة، والذي زخر بالعديد من الأفكار حول ثقافة التنمية وتنمية الثقافة، وإمكانية صناعة طريق للنهضة، وكيف يمكن أن تنطلق نهضة الأمة من تراث عريق، وفهم لمقتضيات العصر.. تناقش فيها ما يزيد على 700 مفكر ومبدع وباحث عربي من خلال جلسات المؤتمر[11].

وضع الدكتور أحمد كمال أبو المجد محددات لمفهوم أوسع للثقافة موضحا أن هناك ثلاثة مستويات للثقافة:

الأول: المعلومات، أي أن تعرف الشيء، وهذه مقدمة الثقافة وليس جوهرها.

والثاني: المعرفة، وهي نوع من المعلومات المدققة المحققة التي توسع الإدراك.

والثالث: القيم، وهي في النهاية التي تصنع أمة تنظر إلى الكون وخالقه وذاتها الفردية والجماعية وعلاقاتها بالناس ثم أهدافها النهائية، وهذه النظرة الغائبة حاضرة في كل نشاط إنساني، سواء انتبه أصحابها إليها وأفصحوا عنها ام لا. كاشفا عن آفة العالم العربي كله وهو في عدم أمانة النقل لدى بطانة الحكام لما يعانيه الشعب، مؤكدا على أن هذا لا يبرئ الحكام، بل هنا بالتحديد تكون مسئولية الحكام، فالحديث يحدد صنفان من أمتي إذا صلحوا صلح باقي الناس.. الأمراء والعلماء. طارحا خلال كلمته مشكلة كبرى سوف تواجه الأمة العربية والإسلامية خلال السنوات القادمة، وهي النظرة العربية لثقافة حقوق الإنسان مؤكدا أن مصر ودولنا العربية ستحاكم من مجلس حقوق الإنسان العالمي، وسيكون دور المحاكمة على مصر عام 2010، ولا مهرب لنظام من المحاكمة العامة على مضيفا: اكتشفنا من خلال تجربتنا في المجلس غياب ثقافة حقوق الإنسان عن كل من الحاكم والمحكوم، وكذلك عن فكرنا القومي والديني، وقد آن الأوان لنأخذها مأخذ الجد؛ لأن فيها الأمان للأمة بأكملها فكل عربي ومسلم يتحرك في الدنيا معلقة برقبته تهمة أنه خطر على قيم الحضارة الغربية.

وفي محاولة لتأصيل مفهوم أوسع للتنمية الثقافية قال الدكتور مصطفى الفقي رئيس لجنة العلاقات الخارجية بمجلس الشعب إن هناك مفهوما خاطئا في العالم العربي عن التنمية، فنحن نتحدث عنها باعتبارها عملية اقتصادية فقط، والأمر نفسه بالنسبة للحديث عن عملية الثقافة والتي نتعامل معها على أنها معرفة خاصة يستأثر بها بعض الناس دون غيرهم، أما الواقع فيؤكد على أن مفهوم التنمية هو مفهوم أوسع من ذلك، بحيث يشمل كافة نواحي التنمية الاقتصادية والسياسية والثقافية والاجتماعية فيما يمتد مفهوم الثقافة ليشمل كافة النواحي الحياتية، ومن منطلق فهمنا الصحيح

لهذين المعنيين يمكننا التعامل مع بواطن الإيجابيات والسلبيات في الثقافة العربية السائدة في عالمنا العربي[12].

وفيما وصف بأنه طرح جديد قال الفقي: إن الميراث الحضاري الثري والمتنوع قد يشكل عبئا على أصحابه، لقد ورثت الأمة العربية حضارات مختلفة وديانات قديمة، ويمكننا القول بأن ما ورثته الأمة العربية من ركام حضاري أثقل كاهلها، وفي أحيان كثيرة يكون هذا الركام الحضاري أزمة، كما هو الحال بالنسبة للهند على سبيل المثال، والتي نرى فيها الناس يموتون جوعا بينما الأبقار تسد الشوارع.

ويضيف الفقي قائلا بأننا كعرب نعيش في الماضي إلى حد كبير، ونلوك تاريخنا ونستعيده، ولكننا لا نعيش الواقع، وأصبحنا نعيش في حالة اتكالية حتى أصبحنا عالة على العصر، نقول ما لا نفعل، ونفعل ما لا نقول، ونتهم الغرب بالازدواجية بينما نعاني نحن من تلك الاتكالية، وفي مصر- على سبيل المثال تحدثنا عن ثورة صناعية وثورة خضراء وثورة فضائية، ولكننا للأسف بدأنا دون أن ننهي ما بدأناه.

ويضيف الفقي أن معظم قضايانا العربية ليست اقتصادية أو سياسية وإنما قضايا ثقافية، مشيرا إلى أن العالم العربي يحتاج إلى جيوش تفكير ليأخذوا بيده، وعلينا أن نتذكر أننا في مصر على سبيل المثال بدأنا ثورتنا التصنيعية مع الهند لكننا لم نكمل المشوار، وبالتالي أصبحت الهند دولة متقدمة في مجالات عديدة من بينها مجال الحبوب الغذائية والفضاء، بل يركب رئيسها سيارة هندية الصنع، والسبب أننا لم نفكر في التوصل لتنمية بمعناها الشامل، واعتبر الفقي أن تغيير طريقة تفكير العقل العربي مع مفهوم الثقافة بمعناها الشامل هو المخرج، متسائلا: لماذا نحن متهمون بالتخلف رغم أن ديننا يحثنا على التفكير والاستماع إلى الرأي والرأي الآخر؟ السبب هو أننا متقولبون في جحور دون الانطلاق منها، وفي سبتمبر 2001 تم اجتياحنا سياسيا وثقافيا واقتصاديا، والأمريكيون يهدمون البيت علينا ويطالبوننا بأن ندفع نحن ثمن الهدم، ولخص الفقي الحلول من وجهة نظره في عدد من القضايا تضمنت تطوير العقل

العربي بحيث يمتلك الجدية والاستمرار، إضافة إلى توفر الإرادة السياسية بما يؤدي إلى إحداث تغيير في العالم العربي يبدأ من الرأس.

بينما عرض الكاتب السيد ياسين لمفهوم الغرب لثقافة التنمية في عصر المجتمع الصناعي، والذي استند على ثلاثة قيم أساسية الفردية، وهي محاولة استخلاص الفرد من البنى الشمولية والتي كانت سائدة في المجتمع الزراعي، والعقلانية التي كانت محك الحكم على الأشياء، والحرية، والتي تلخصت في سياسة التفكير والتعبير والتنظيم، وهذه القيم السائدة أساسية على مستوى النظرية وأيضا التطبيق، مشيرا إلى أننا انتقلنا حاليا من الحداثة إلى العولمة، ولخص السيد ياسين رؤيته حول التنمية الثقافية والنهضة في عالمنا العربي بضرورة توافر الديمقراطية والشفافية وحرية تداول المعلومات لكل مواطن، ولا تقدم بدون توافر هذه الأمور التي لم تتحقق في عالمنا العربي حتى الآن، وليس هناك مجتمع معرفة بغير اقتصاد وإبداع وإنتاج، وتسببت الأمية التي تبلغ 40% في الوطن العربي في عدد من هذه المشاكل، وأضاف أن الإعلام العالمي والمحلي يفرض على صانع القرار أو المثقف قدرا كبيرا من الإبداع اليومي، يتلخص في كيفية مجابهة المشكلات.

أن هذه الأحداث أصبحت تفرض نفسها بشكل لا يمكن التحايل عليه أو التهرب منه، كيف يمكن أن تحدث التنمية في بلد عربي أو إسلامي إذا كانت مهددة باضطرابات أو حروب أهلية، وما يحدث في العراق ولبنان والصومال وأفغانستان وباكستان وغيرها، كيفية حدوث تنمية ونصف المجتمع مشلول - في إشارة إلى المرأة- التي لا تأخذ حقها في الانخراط في العمل والوظائف والتعليم، إمكانية منافسة المجتمعات الأخرى في مجتمعات عربية يغلب على النظام التعليمي فيها سياسة التلقين والحفظ عن ظهر قلب مقارنة بالبلدان المتقدمة التي يتبعون فيها منهجا آخر يعود الطالب على التفكير الحر وإيجاد حلول بنفسه[13].

العقل التبريري العربي:

أن الأمر يتعلق بثلاث امور أساسية حول العلاقة بين الثقافة والتخلف، وثقافة التبعية، والثقافة والتغيير والإصلاح. ويركز على أن التبعية والتخلف هما نتيجة لثقافة فقدت نبضها الإبداعي، و أصبحت في حالة أزمة تبحث في تاريخها عن مبررات وجودها أكثر مما تبحث عن حاضرها ومستقبلها، في تنمية معاييرها القيمية والعملية، لمواجهة التحديات والتطورات العاصفة الجارية في العالم.

ان دور التراث الفكري السياسي والجهادي في تكوين الثقافة العربية الحديثة: الحروب ضد الفرنجة (الصليبين) في العصور الوسطى نموذجا، الحروب التي شنتها أوروبا الغربية تحت شعارات الصليب وبقيادة باباوات روما، وأطلقت عليها اسم الحروب الصليبية في حين سماها العرب الحروب ضد الفرنجة الغزاة لأرض العرب والإسلام، لعل هذه الحروب التي استمرت أكثر من مائتي عام، هي الحدث الأهم في تشكيل تاريخنا الحديث، ووعينا للعلاقات مع أوروبا[14].

إن التراث الفكري المقاوم والثقافة الجهادية التي نسجتها الحروب ضد الفرنجة، ما تزال حاضرة في الفكر العربي الحديث، وثقافة المقاومة الراسخة في لا وعي الأمة أفرادا وجماعات، وهي المعين الذي تتغذى منه في صبرها وصمودها أمام الغزو المتعدد الأشكال والوجوه والمسميات.

ففي أعقاب الهجوم على مركز التجارة العالمي في نيويورك والبنتاجون في شتنبر 2001، أعلن جورج بوش الإبن الحرب الصليبية على الإرهاب العربي والإسلامي، وصرح الجنرال الأمريكي وليام بويكن، رئيس قسم الاستخبارات في البنتاجون بعد غزو العراق في مارس/أبريل 2003 واشتداد المقاومة العراقية ضد الاحتلال الأمريكي بأن إله المسلمين وثن، وأن الحرب على الإرهاب هي حرب من أجل المسيحية. المسلمون يكرهون الولايات المتحدة لأنها أمة مسيحية، ولن يتم القضاء على عدونا الروحي إلا إذا وحدنا صفوفنا ضده باسم يسوع المسيح.

وفي محاضرة لخوسية ماريا أزنار رئيس وزراء أسبانيا السابق في جامعة جورج تاون الأمريكية في أواخر شتنبر من العام 2004، قال: إن مشكلة أسبانيا مع تنظيم القاعدة والإرهاب الإسلامي لم تبدأ مع أزمة العراق، بل يجب أن نعود إلى الوراء لتبدأ في القرن الثامن الميلادي، عندما تعرضت أسبانيا للغزو من جانب المغاربة، ورفضت أن تكون جزءا من العالم الإسلامي، وخاضت معركة طويلة لاستعادة هويتها، حتى طردت العرب من شبه جزيرة إيبيريا التي كانت تحمل اسم الأندلس في القرن الخامس عشر الميلادي.

من جهة أخرى، يلاحظ أن الليبراليين والوضعيين العرب يقولون بأن التخلف والتبعية اللذين يحيطان بنا يجعلان من المستحيل أن ننتصر في المواجهة الراهنة، وعلينا أولا أن ندخل الحضارة الحديثة ونستبطنها ونوطنها في مجتمعاتنا، حتى نستطيع الحديث عن مواجهة تمتلك بعض شروط التقدم لتحقيق ما هو ممكن في الظروف السائدة[15]، وأنه من الضروري الاعتماد على ما تحقق منذ عصر الثورة العربية الإسلامية بقيادة النبي محمد والخلفاء الراشدين والعصر الإمبراطوري المزدهر للخلافة الأموية والعباسية عصر التفتح والتوسع والنهضة العلمية والثقافية، وجعله القاعدة التي توجه تطلعاتنا نحو الدولة العربية الحديثة، وبناء مفاهيمنا حول حاضرنا المتخلف قياسا إلى ماضينا العظيم.

إن علاقة التبعية في الجوهرعلاقة تناحريه صدامية، وبنفس الوقت تواصلية انقطاعية، إذ تشكل نمطا متسقا للعلاقة بين الأمم بقيادة طبقة رأسمالية حديثة، ليست من أصول تراتبية عريقة بالنبالة أو الفروسية أو الكهنوت حربية أو سلالية ذات امتيازات متوارثة عائلية أو إقطاعية وأرستقراطية. فهي تعتمد على حيازتها للرأسمال وأدوات الإنتاج والتقنيات الحديثة وتستند إلى العلم والخبرات التكنولوجية والسوق والمنافسة، بل قل الحروب والصراعات المدمرة فيما بينها سعيا وراء الربح والمغانم، متجددة باستمرار مع تطورات نظام الإنتاج الرأسمالي نفسه، واتساعه وتعميقه بإفصاحه عن مكنوناته وآفاقه في تظاهرات وأزمات، تفصح عن قانونه الأساس المتمثل

بتجدده على طريق الاكتمال والسيادة العالمية، في تواصله بالقوة والفعل وانقطاعاته بالمواجهة الاجتماعية الداخلية، وتناقضاته البنيوية وثورات، وكفاح الدول التابعة والحروب السرية والعلنية بين مراكزه العظمى من أجل حيازة القوة، وبالتالي المنافع المادية، لتعيد صياغته بعد كل أزمة وفق تناسب القوى الطبقية التي صعدت وامتلكت التكنولوجيات الأحدث، والتي تتجدد في كل عقد تقريبا[16].

وتستند علاقات التبعية، إلى إيديولوجيا تكاد أن تكون ديانة وضعية... تعتمد المال، بل الرأسمال والتكنولوجيات، والعلم الوضعي التجريبي قاعدة ومنطلقا لبناء عالم جديد، والعقلانية والمادية فلسفة سامية لبناء ثقافة حديثة لإنسان جديد، صفته الأساس أنه منتج وصانع ومنظم اقتصادي وإداري وسياسي ومفكر وعالم، له رسالة وضعية هي تحرير البشرية من الدين والخرافة ونشر العقلانية وأنوار العلم والحرية. وهي رسالة تفاضلية تتحمل مسؤولياتها الأمم التي سبقت وقادت العالم في هذا السياق، وامتلكت هذا الحق بالفعل والممارسة وما أنجزته في ميادين الصناعة والعلم.

إن علاقة التبعية التي تربط بين هذه الأمم الأخيرة والأمم المتقدمة هي، بنظر المؤلف، علاقة مفروضة من المتبوع على التابع، عبر شبكة من العلائق المؤسساتية ظاهرها اقتصادي سياسي ومحتواها إنتاجي تقني علمي ومرجعيتها ثقافية، تنتجها علاقات السوق العالمية التي تتحكم بتدفق السلع والرساميل والقوى العاملة والأفكار والتقنيات، بحسب ما تقتضي المصالح المادية للطبقات المالكة والمهيمنة على وسائل الإنتاج والدولة والمؤسسات الأخرى الاقتصادية والعلمية والسياسية[17].

التبعية، هي مركب ثقافي اقتصادي يتضمن التقدم والتخلف في وحدة جدلية وعلاقة متكاملة تفصل وتوصل، في عملية التناقض والتضاد والنفي والصراع والتجاوز. فتنمية التخلف تظهر وكأنها وقف التقدم في المراكز المتقدمة، لتظهر وكأنها النقيض المقوض للحداثة، فتنتج عدم التكافؤ في الاقتصاد والثقافة بين مجتمعات ذات حضارات عريقة، تريد الحفاظ على هويتها وبنفس الوقت ملاءمة أوضاعها للاستفادة

من إنجازات واختراعات وتقنيات وعلوم الحضارة الحديثة، ومؤسساتها في بناء الدولة والاقتصاد[18].

إن نمط الإنتاج الرأسمالي هو النمط الاقتصادي الأول غير القادر على الوجود بذاته، فهو بحاجة إلى أنظمة اقتصادية أخرى كأدوات وكتربة للنمو والتكاثر. وهنا معنى التبعية الاقتصادية، أما التبعية السياسية فمعناها، أن حدود السيادة للدول التابعة ضيقة بالأصل، وتضيق وتتقلص باستمرار على إقليمها وشعبها وثرواتها الطبيعية وقواها العاملة، وعلى كيفية استخدام مواردها المالية والعلمية والتكنولوجية، وعلى إنتاجها المادي والروحي، مما يدخلها في أزمة هوية نتيجة سياسات التجزئة والتفتيت أو الضم والإلحاق، التي رسمت بها ولها الإمبريالية حدودها كدول بحسب ما قدرت مصالحها الاستراتيجية والاقتصادية، وجعلتها نهائية لا يجوز تغييرها إلا بموافقتها.

وأما التبعية الثقافية فأشد التباسا وخطورة من التبعية السياسية والاقتصادية، يقول الكاتب، فهي تعيد تشكيل الفكر والثقافة والشخصية القومية والفردية والمجتمعية للأمة التابعة، خدمة للأهداف العامة للإمبراطورية الرأسمالية في أعلى مراحلها. فتعمل ثقافة العولمة الإمبراطورية وفق استراتيجية الحذف والإلغاء، وقوانين الاحتواء والتجاوز للثقافات القومية والوطنية ابتداء بتغيير مناهج التربية والتعليم والمعايير الأخلاقية، وانتهاء بكنس سلم القيم التي تشكل جوهر الهوية القومية، واستبدالها بنماذج المعايير الاستهلاكية الأمريكية المستندة إلى منظومة أخلاقية مغايرة، مرجعيتها الفكرية الفلسفة البراغماتية وخطابها السياسي أيديولوجيا الرأسمالية، متوسلة بالإعلام المرسل عبر القنوات الفضائية، وعن طريق أفلام الفيديو والسينما، وشبكة الإنترنت والمواد الإعلامية المنتجة للدعاية والنشر الواسع لثقافة الاستهلاك والتوزيع والإنتاج الإمبريالية، وأدوات الاتصالات وآليات إيصال هذه الثقافة إلى جميع أنحاء العالم[19].

بالتالي، فالتحول إلى الكونية لا يتم على مستوى الأسواق والتجارة والعمل فحسب، بل يخلق صورا من التجانس والترابط في ميادين الحياة المختلفة، بالدمج بين

الاقتصاد والثقافة عبر المجالات المتعددة، الإثني بالهجرة والتقني والمالي والإعلامي والأيديولوجي والقيمي بالتجارة والمثاقفة...الخ.

طبيعة العقل في الثقافة العربية المعاصرة[20]:

1- عقل هروبي أنتجته الأوقات الحرجة والأزمنة الصعبة، أزمنة الاستبداد والهزائم والضعف والتخلف، وكرست فيه مجموعة من القدرات الذاتية، تجعله يتعامل مع الوقائع الجارية وأحداث العالم وقضاياه الاجتماعية والسياسية والاقتصادية بمنهج التبرير، وبوعي عامي يخلو من التفكر العميق والنظر الدقيق والبصيرة النافذة، التي تجهد لتكوين مفاهيم علمية معرفية مقاربة للواقع، هو من مفرزات سياسات العنف والقوة التي ظلت تمارس على الإنسان والمجتمع العربيين سواء من السلطات المعرفية أو السياسية، يضاف إليها علاقات التبعية الثقافية والاقتصادية والسياسية التي فرضتها علينا الإمبريالية والعولمة المعاصرة، وما تصدر إلينا من أفكار وقيم ومناهج، لا نستوعب إحداها حتى تمسك بنا أخرى جديدة وأكثر حداثة وما بعد الحداثة، فتختلط علينا المسائل والإشكاليات وتتعقد فلا نستطيع التمكن من العلم، فيلجأ عقلنا لتبسيط القضايا والتعامل بها ومعها على قدر ما يمكن استيعابه منها، فلا يجد أسهل من اختراع الحجج والذرائع لتفسير حدوثها، بما يعكس جوانبها السطحية ويرضي رغباته وطموحاته، بل لنقل أوهامه، أي تبرير هزائمه وانتصاراته بأكبر قدر من توهين العقل والأسباب وتعظيم دور الشروط غير الملموسة.

والعقل التبريري قادر، فضلا عن ذلك، على تسويغ أعقد القضايا وإلباسها ثوب الحقيقة والصدق، بالانتقال من الشيء إلى ضده، بأن يجمع ويساوي بين المتناقضات من المفاهيم في وحدة غير جدلية في نفس النص الثقافي، بين الرأسمالية والاشتراكية، وبين الاستبداد والحرية، وبين الاستقلال والاحتلال، والخيانة والأمانة والشرف والغدر والوضاعة، وبين التبعية والتنمية الوطنية، والوحدة والانفصال، ويقدمها على أنها مترادفات. وهكذا تفقد المفاهيم معانيها ودلالاتها، فتضيع الحقيقة

في المواقف التبريرية التي تتغير بحسب تطور الأوضاع العالمية، وليس لأسباب موضوعية وذاتية عربية.

2- وهو عقل تبسيطي وتوفيقي لأنه أحادي البنية، لا إشكاليات معرفية فيه، ولا علاقات جدلية، والتوفيقية أساسه باعتبارها تجمع بين منهج تجريبي علمي غربي، وعقائدية إيمانية موروثة بالتقليل من أهمية المتناقضات والتضاد بين المنهجين، وما قد ينتج عن التوتر بينهما مما يؤدي إلى انهيارات الموضوع المبني عليها بالكامل.

3- وهو عقل ذرائعي تلفيقي، يتوسل بأوهى الأسباب والحجج، والمنطق الاسترجاعي التلفيقي المرتبط بالنتائج العملية، والمنافع المادية التي نتجت في الممارسة كذرائع لإثبات صحة وكذب الأفكار والمعارف التي افترضها كموجهات لنشاطه الاجتماعي والفكري والاقتصادي والنظري.

4- وهو عقل مذهبي دوغمائي وعقائدي بامتياز، مشبع بالعصبوية والتحيز، لا يرى الوقائع والأحداث إلا من زاوية القبول أو الرفض، التأييد أو الكره، الحب أو البغض، داخل وخارج. فالداخل هو الحق المطلق، والخارج هو الشر المستطير.

5- وهو عقل سلطوي كونه يتماهي مع الشمولية والاستبداد السياسي. فهو لا يؤمن بالحوار لفتح آفاق معرفية وثقافية لإغناء المهد الثقافي، وتنويع أفكاره وخياراته للوصول إلى أفضل الحلول للمشاكل والقضايا القومية والوطنية، ويلجأ للإكراه والعنف لفرض معتقداته على الآخر، لأن كل معارض أو مخالف هو عدو مفترض يجب تهديم فكره، ولا يتورع عن طلب المساعدة من السلطات السياسية والأمنية والمعرفية لتحريمه وجعله خارج القانون إن عجز عن مواجهته فكريا. ولا بأس من سحق أشخاصه، لأن هذا هو المنهج القادر على الحفاظ على الوحدة الوطنية ووحدة العقيدة ووحدة الأمة، لأن الوحدة لا تكون عنده إلا بالتشابه والتماثل والإيمان بأصول فكرية وثقافية واحدة، وتستند إلى ترديد نفس الأقوال والشعارات وهذه واحدية الجمود والموت [21].

الاعلام العالمي لغرض تغيير الثقافة والمفاهيم(الحرب الثقافية):

أطلقت مؤسسة الفكر العربي من القاهرة التقرير العربي الأول للتنمية الثقافية الـذي يناقش إيجابيات وسلبيات المجال الثقافي العربي ويضعها أمام صانعي السياسـات والبـاحثين. ويرصد التقريـر الذي شارك في إعداده ما يزيد عن 40 باحثا عربيا واقع التنمية الثقافية في الـوطن العربي بهدف بناء قاعدة معلوماتية تعين الباحثين العرب في بناء مشروع نهضوي عربي شامل بإرساء قيم المعرفة والنقـد والمراجعة وحوار الذات، حسب قول معديه[22].

وأشار وزير الثقافة المصري فـاروق حسـني في كلمتـه في حفل الإعـلان عـن التقريـر، إلى أن هـذا العمل كشف حساب دقيق توثيقي للتراث والفكر والإبداع الثقافي العربي، قام به فكر ومـال عـربي من مؤسسة غير حكومية. وشدد حسني في الحفل الذي حضره أيضا رئيس مؤسسة الفكر العربي الأمير خالد الفيصل وعدد كبير من المثقفين والإعلاميين العرب، على أن الحرب القادمة حرب ثقافية تسـتلزم دفـاع الشعوب العربية عن هويتها. من جانبه أكد عضو الهيئـة الاستشارية لمؤسسـة الفكر العربي ورئيس المؤسسة العربية للعلوم والتكنولوجيا بدولة الإمارات العربية المتحدة عبد الله النجار أن التقرير أعدتـه نخبـة مـن العلـماء والمفكرين العرب عاشوا في سباق مـاراتوني خـلال عـام مضـن وبجهد متواصـل، وواجهتهم مشكلة عدم توافر المعلومات مما تطلب مضاعفة جهود الجمع والرصد والتحليل.

وشدد النجار في حديث للجزيـرة نت عـلى أن التنميـة لا تتحقـق بالثقافة والفكر وحدهما أو بالعلم وحده وإنما بكليهما، مشيرا إلى أن النشر العلمي لا بـد أن يتحول لـبراءات اختراع تطور الواقـع الاقتصادي. وقال إن واقع التعليم العربي هـو أهـم قضية وإن الإعلام العلمـي مهم لمـد الجسور بـين العلماء وصناع القرار والقطاعات الاجتماعية الشعبية ولتغيير الثقافة والمفـاهيم نحو الأفضل. ويغطي التقرير الذي تقرر أن يصدر سنويا- عددا من الملفات الرئيسية على رأسها التعليم العربي مـن حيث تنوع

وتطور مؤسسات التعليم العالي، والفرص الدراسية وأزمة ضبط الجودة، ودور العلوم الإنسانية والاجتماعية في صلب التنمية.

ومن المؤشرات التي رصدها التقرير في ملف التعليم زيادة الطلب على التعليم العالي، حيث ارتفع عدد الطلاب من 895 ألفا عام 1975 إلى نحو سبعة ملايين ومائتي ألف عام 2006، أي بزيادة تقدر نسبتها بـ800%. ومن المؤشرات السلبية في هذا المجال أيضا انخفاض متوسط معدل الالتحاق الصافي بالتعليم قبل الابتدائي في البلدان العربية مجتمعة حيث بلغ 22% فقط، أما معدل الالتحاق الصافي بمرحلة التعليم الابتدائي فبلغ 84%، وهي معدلات اعتبر التقرير أنها منخفضة.

وناقش التقرير الذي يعد الأول من نوعه في الوطن العربي، كذلك قضية الإعلام بتجلياته المقروءة والمسموعة والمرئية والرقمية، وحركة التأليف والنشر والإبداع بتجلياتها في مجال الأدب والسينما والمسرح والموسيقى والغناء، إضافة للحصاد الثقافي السنوي في العالم العربي في العام 2007 ويشير التقرير إلى تناقص وقلة نصيب الفرد من الصحف المتخصصة داخل أغلب الدول العربية، بالإضافة إلى قصور دور تلك الموجودة وانخفاض معدل نصيب المواطن منها، وهو ما اعتبره تراجعا في المشهد الإعلامي[23].

ينطلق التقرير من اعتبار التنمية الثقافيّة العصب الأساسي لعملية التنمية البشرية عموماً. هذه التنمية البشرية التي تفترض وتتطلّب استثمار العناصر البشرية وتنمية العلوم والمعارف العملية والنظرية والقدرات والمهارات التقنية والتطبيقية وصولاً إلى الإبداع في كلّ مجال من مجالات التنمية الثقافية.

إن هذا التقرير، الذي يُعدّ الأول من نوعه في المنطقة العربيّة، والذي يصدر سنوياً عن مؤسّسة أهلية عربيّة بتمويل عربي، اتجّه إلى رصد واقع التنمية الثقافية في اثنتين وعشرين دولة عربيّة. وقد تضمّن خمسة ملفّات أساسيّة هي التعليم تنوّع مؤسسات التعليم العالي، الفرص الدراسيّة، أزمة ضبط الجودة والإنسانيّات والعلوم الاجتماعيّة في صلب التنمية، المرأة في التعليم العالي، آفاق التطوير، الإعلام بتجلّياته المقروءة

والمرئيّة والرقميّة، حركة التأليف والنشر، الإبداع بتجلّياته في الأدب، والسينما، والمسرح، والموسيقى، والغناء، إضافة إلى جزء خاص عن الحصاد الثقافي السنوي في العالم العربي خلال العام 2007 وقد جاء اختيار هذه المقوّمات التي اشتمل عليها التقرير انطلاقاً من حقيقتين، أولهما أن هذه المقوّمات تمثّل البنية الأساسيّة التي لا غنى عنها لأيّة تنمية ثقافية منشودة، لاسيما أن استقراء النهوض والتقدّم في العالم يكشف عن الصلة الوثيقة ين الثقافة والتنمية التي تشبه صلة السبب بالنتيجة. وثانيهما أن هذه المقوّمات ذات رتباط وثيق وتأثير متبادل في ما بينها بحيث تكوّن مجتمعةً منظومة ثقافيّة واحدة⁽²⁴⁾.

ولمّا كان أحد الأهداف البعيدة لهذا التقرير يتمثّل في إرساء قيمة المعرفة والنقد والمراجعة وحوار الذات، بوصفها قيماً لا بدّ أن ينطلق منها أيّ مشروع نهضوي عربي، فإن التقرير تناول قضية التنمية الثقافيّة في العالم العربي من منظور أدوات الثقافة، وليس من باب الخطاب الثقافي. إذ عالج مدى نجاعة الأدوات والأنساق والمؤسّسات التي تسهم في عالمنا العربي في تنمية العقل وتربية الوجدان، ومدى حداثتها أيضاً. وذلك بالاستناد إلى الشمول والتكامل في رصد واقع التنمية الثقافية في الوطن العربي وتحليله، وبخاصة مع كل ما يتضمّنه التقرير من معلومات وبيانات وأرقام تسهم من جهة في وصف الواقع الثقافي العربي وتشخيصه، وتسهم من جهة أخرى في بناء قاعدة معلومات غالباً ما يشكو الباحثون العرب والمهتمّون من تشتّتها أو ندرتها. ولعل من شأن هذه البيانات والمعلومات أن تفسح المجال لاحقاً للانتقال من مرحلة الوصف والتشخيص إلى مرحلة النقد والاستشراف بوصفهما الركيزة الأساسيّة لأي نهوض عربيّ قادم.

من أبرز ما جاء في الصحف حول التقرير، يُعدّ حالة متميّزة في ميدان العمل الثقافي حيث يضع أمامنا الأرقام حقيقية تكشف واقعنا الثقافي ومواطن الخلل فيه حيث كشف التقرير ودون تجميل ضعف النتاج العربي من الثقافة والفكر والإبداع في شتّى مجالات الحياة⁽²⁵⁾.

العقد العربي للتنمية الثقافية:

العقد العربي للتنمية الثقافية مشروع قرر وزراء الثقافة العرب تنفيذه ابتداء من العام 2005 لكي يكمل عشريته عام 2014، وذلك في الدورة الرابعة عشرة لمؤتمرهم الذي انعقد بصنعاء يـوم 25 يوليـو/ تموز 2005. وكان القرار بانطلاق العقد العربي للتنمية الثقافية قد اتخذه وزراء الثقافة العرب في مـؤتمر انعقد بتونس في فبراير/ شباط 1997، على أن تكون خاتمة العقد العالمي للتنمية الثقافية 1997 منطلقـا لبداية العقد العربي وهو ما لم يحصل حينها.

أهداف العقد[26]:

1- توفير إطار ملائم لمزيد من الدعم للعمل الثقافي في الوطن العربي.

2- إنجاز خطة شاملة للثقافة العربية يكرّس فلسفتها ويحقق أهدافها.

3- الاستفادة مـن تجربـة العواصم الثقافيـة العربيـة وتوظيـف نتائجهـا للإسهام في بعـث مشاريع نموذجية ومؤسسات ثقافية تجسّد تكامل المشهد الثقافي القومي العربي.

4- مراعاة خصوصية التجارب الثقافية الوطنية.

5- تفعيل دور المبدع وإبراز مكانته على الساحتين العربية والدولية.

6- تنويع فرص الاستثمار في المجال الثقافي وإبراز القيم الثقافية العربية المشتركة.

منجزات العقد:

قرر العقد العربي للتنمية الثقافية الاحتفال سنويا بمدينـة عربيـة تكـون عاصمة الثقافة العربيـة ضمن مشروع "العقد الثقافي الدولي" تبناه في ما بعد العقد الثقافي العربي. ومدينة دمشق هـي عاصمة الثقافة لهذا العام، وستكون مدينة القدس عاصمة الثقافة العربية لعام 2009 على أن تتلوهـا الدوحـة لعام 2010 فالمنامة لعام 2011.

مشروعات العقد:

من أبرز مشروعات هذا العقد العمل على نشر اللغة العربية وتأكيد حضورها وإشعاعها خارج الوطن العربي وتمكينها من التأثير الفاعل والانتشار العالمي كلغة علم ومعلومات. وهنالك مشروعات يتم تنظيمها بعنوان "مشروعات العقد" تتولى الدول الأعضاء إحالتها إلى إدارة الثقافة بالمنظمة العربية للتربية والثقافة والعلوم عن طريق اللجان الوطنية للتربية والثقافة والعلوم، مع بيان الجهة المكلفة بتنفيذ المشروع وتقديم معلومات عنه والأطراف المشاركة فيه وتاريخ ومكان الإنجاز وجهات التمويل والتقديرات المالية. وهناك أنشطة تنظمها دولة عربية بالتعاون مع دولة عربية أخرى أو مجموعة دول أو مع جمعيات ومنظمات غير حكومية وممولة بالاشتراك بين هذه الأطراف[27].

من المؤكد أن التقرير العربي للتنمية الثقافية سيشكل مادة لعدد من الندوات وورشات البحث، والملتقيات الثقافية والفكرية، التي لن تضيف جديداً ولن ينتج عنها قرارات وتحولات عملية تغيّر في اتجاهاتنا المتسارعة نحو مزيد من التخلف عن ركب العالم المتقدم. فمن المؤسف أننا استمرأنا الأوضاع المأسوية، وأصبحنا متعايشين مع جمود العقل، ومحاصرة الفكر الحرّ، إلى درجة أن التكفير والتهجير، وصنوف الاضطهاد، التي تواجه أصحاب الفكر المستنير والإبداع. والاجتهاد الديني، تكاد تكون ظاهرة عربية بامتيا[28].

كما أن المشكلة لا تكمن فقط في أن معدل الالتحاق بالتعليم لا يتجاوز في الدول العربية 21.8 بالمئة أو أن العرب لا يترجمون أكثر من 330 كتاباً في السنة أو أن عدد الكتب المنشورة هو 27809 كتاباً وأن أستاذاً جامعياً لكل 24 طالباً عربيا مقابل أستاذ جامعي لكل 8 طلاب في اليابان...إلخ، بل إن المشكلة الكبرى هي في نوعية ما ينتجه العرب; ما الذي تتضمنه الكتب المنشورة أو المترجمة على قلّتها وماذا يتعلم طلابنا في الجامعات ووفق أي مناهج وهل لهذه المناهج علاقة مباشرة بالحياة العملية وهل يؤهلون فعلاً للإنتاج أم ليحصلوا على شهادة ليس لها مصداقية في العمل وسوقه

التنافسية إن استعراضاً سريعاً لعيّنة من عشرات الكتب المنشورة أو المترجمة أو التي يقبل الناس على قراءتها وتداولها سيبين إلى أي اتجاه تسير مجتمعاتنا وماذا ينتظرنا في المستقبل غير البعيد ما دام التنوير غائباً ومغيباً ما دام الاجتهاد الديني محظوراً والفكر السياسي النقدي محاصراً في حين أن الفكر الغيبي والظلامي والخرافي والتجهيلي والتكفيري والطائفي. يصول ويجول وهو المهيمن والسائد والمدعوم بقوة مالياً وإعلامياً (مئات الفضائيات والصحف والمجلات العربية) وسياسياً وبيروقراطياً. لقد ركز التقرير العربي الأول للتنمية الثقافية على الأرقام والإحصاءات والمقارنات الكمية متجاهلاً هذه المسألة المحورية والاستراتيجية المتمثلة بالحرب الشاملة الشعواء التي تشنّ بعنف وضراوة ضد الاستنارة والتنوير والتجديد والاجتهاد في مقابل دعم هائل وغير مسبوق لنمط معين من القراءة و(العلم) والجمود الفكري والفتاوى الخطيرة، والمحاسبة على النيات وتأليب المجتمع على المفكرين الأحرار والمجتهدين المجدّدين والمبدعين في المجالات الفكرية والمجتمعية المختلفة[29]، ان الثقافة الغازية تتسم بعدائها المستحكم لاي هوية او صورة من صور التفرد والتمييز[30].

تحميل الثقافة العربية المسؤلية الرئيسية:

تحولت دراسة التراث والتأمل فيه ولا تزال منذ عقود إلى موضوع ثابت للبحث العربي بعد أن كان هذا التراث موضوع الاستشراق الغربي بامتياز. فهذه الثقافة التراث وما حملته واتسمت به منذ نشأتها الأولى في عصر الجاهلية أو عصر التدوين أو الحقبة العثمانية المتأخرة من عادات وتقاليد ومناهج تفكير هي التي تفسر ـ في نظرهم، اختيارات العرب في العصر ـ الحديث وتوجهاتهم وأنماط سلوكهم وأسلوب عملهم وبالتالي إنجازاتهم، سواء ما كان منها ايجابيا أو سلبيا[31].

ويوازي ارتداد الباحثين إلى التراث للكشف عن أسباب الأزمات العديدة التي تعيشها المجتمعات العربية إنكفاء عامة المجتمع في العقود القليلة الماضية على هذا التراث نفسه لمواجهة هذه الأزمات أيضا وايجاد الحلول المفقودة لها. وكما يعكس هذا التوجه عند الباحثين الرغبة في التغطية على عجز الفكر العربي الحديث النظري والعلمي منه

بشكل خاص عن مواجهة التحديات التاريخية الفعلية التي طرحت على المجتمعات العربية في العصر ـ الراهن وتجنب النقاش في مناهج عمله، يعكس أيضا عند عامة الناس الرغبة في الهرب من الواقع الأسود القائم والاحتماء وراء شعارات وطقوس لا تغني عـن نقـد الواقع وفهمه والعمـل لتغييره. وفي الحالتين يشكل هذا التركيز المستمر على التراث وسيلة للهرب الجماعي من المسؤولية، أعني مسؤولية مواجهة الفكر والعلـم لنفسـهما ومراجعة أخطائهما وكذلك مسـؤولية المجتمع في مواجهة مشاكله والصراع مع القوى المادية والفكرية التي تعيق تقدمه في حلها والخلاص منها[32].

بيد أن من يعتقد أن من الممكن فهم الثقافة الاسلامية الجديدة مـن خـلال اقتفاء آثار طقوس العرب القديمة فيها يخطيء كثيرا في فهم تحولات الثقافة الداخليـة ومعنى التشكيلات الرمزية التي تقوم عليها الثقافة ومنطقها. وبالعكس تساعدنا النظرة الاجتماعية للثقافة أو اجتماعيات الثقافة على الذهاب إلى ما وراء المظاهر المستمرة لنكشف عـن الانقطاعـات الكبيرة والصغيرة التـي تكرس داخل الثقافة نفسها تطور اشكال الوعي والممارسة داخل المجتمعات نفسها وتجسد في الوقت نفسه تحولاتها وتبدل اعتقاداتها وسلوكها، وبمعنى آخر تاريخيتها. وفي هذه النظرة الاجتماعية يجد الباحث نفسه أمـام ديناميات تاريخية تتجاوز أطر الدولة والسياسة وتشمل عمليات التفاعل القوية بين الـداخل والخارج وبين الماضي والحاضر تظهر له عدم جدوى التثبت على الموروث والخصوصي والمختلف فحسب. وسوف يكتشف بسرعة أن الإعاقة أو التراجع في ديناميات اكتساب المعرفة أو استبطان قيم الحداثة المتناميـة لا ينجم بالضرورة عن وجود تراث ديني أو أسطوري أو عـرفي لا يـزول ولا يتحـول داخل الثقافة وإنما، بالعكس من ذلك تماما، عن التحولات الثقافية والتجديدات التي أدخلت على الثقافة بما في ذلك عـلى التراث عبر عمليات التأويل والتفسير والتحوير والتوليف والصهر والمخادعة. والواقع أنه لا توجد في أي مجتمع من المجتمعات ثقافة علمية أو عقلية بالمعنى الشامل للكلمة[33].

وكل ثقافة حية تجمع بالضرورة بين النظم العقلية والميتولوجية والاعتقادات الايديولوجية. ولا يؤثر هذا الجمع على تطور النظم العلمية والتقنية ولا يحد منه. وبالمثل ينبغي التمييز بين الثقافة الشعبية التي محورها التواصل بين البشر وبناء الثقة وتكوين مناخ الألفة والتعارف المتبادل أو الهوية، والثقافة العليا التي ترد على مطالب ذات طبيعة بنائية أو ايجابية تضيف شيئا ولا تقتصر ـ على خلق التواصل والتفاعل كالعلوم والايديولوجيات والفلسفات العقلية. إن الأسباب التي تحول دون جعل الثقافة العربية مركزا لاكتساب المعرفة الجديدة وإنتاجها الإبداعي وتداولها لاتكمن في الثقافة العربية من حيث هي تراث ولا من حيث هي أنساق إعتقادات أو تقاليد أو أنماط سلوك وتفكير شعبية سائدة وإنما في النظام الثقافي القائم، وفيما يخصنا كدول نامية وذات توجه قومي عربي، يستند الى محتوى حضاري كبير، سواء في حضارة وادي الرافدين او الحضارة المصرية ثم اكملها الدين الاسلامي ليعطيها محتوى حضاري التقت فيه ثقافات الامم التي اختارت الاسلام، وقد جاء كل منها بمواريثه الى ساحته وصبت فيه خلاصة ما عنده وتفاعلت جزء مع الكل مما اوجد محيط حضاري من خلال امتزاج ثقافات شعوبه (34).

وعندما نتحدث عن نظام ثقافي فنحن نعني أنماط التفكير والتربية والتأهيل والإنتاج والتداول التي نشأت في حقبة زمنية معينة وتطورت بتأثير مجموعة من الخيارات الثقافية الواعية وغير الواعية التي يقوم بها فاعلون إجتماعيون، وبحسب مصالحهم الاجتماعية والسياسية، وأهمهم في دولنا الحديثة، أولئك الذين يتحكمون بمقاليد الأمور الثقافية والتربوية والموارد العامة، وهي الخيارات التي تتعلق بتعيين اتجاهات التنمية الثقافية وميادين هذه التنمية وحدودها، وربما كان أول ما تنبغي الإشارة إليه في هذا المجال هو ضرورة التركيز على طبيعة الثقافة السياسية والقيم الثقافية التي توجه نشاط هذه النخب الاجتماعية الرسمية والأهلية وتفسر غياب سياسات تنمية معرفية متسقة وناجعة كما يفسر النزوع إلى غلبة النزعة الايديولوجية وتقديم الدعاية والتعبئة السياسية على احترام حقوق الأفراد ونشر القيم الانسانية المرتبطة بالعدالة والمساواة والحرية. ولا ينبغي أن يفهم من التركيز على ثقافة النخب

الاجتماعية هنا تبرير الهرب من نقد الثقافة التقليدية أو التراث أو إلى توفير مثل هذا النقد ولكن التذكير بأن الثقافة صيرورة إجتماعية وأن الجزء الأكبر من المشاكل التي تعاني منها الثقافة العربية، مثلها مثل كافة المجتمعات الإنسانية الحديثة التي تعيش في ظروف مشابهة، هو ثمرة القطيعة العميقة التي فصلتها عن التراث الماضي أي هو نتيجة تحلل وتفكك الثقافات التقليدية تحت تأثير الحداثة الزاحفة[35].وهذه الثقافة هي التي تجعل من هذه النخب، بانية الدول والمجتمعات وتعطيعا دورها ووظيفتها، وإذا كان ما يؤخذ على الثقافة الشعبية العربية السائدة في الوقت الراهن تردد منظومات القيم التي تحركها بين القديم والحديث والتبدل السريع في المزاجات الفكرية والميل إلى الانسحاب من التجربة العملية والتسليم في مصائرها للقوة الغاشمة الداخلية والخارجية كقدر محتوم، نتيجة الممارسات السياسية والاجتماعية التعسفية المؤلمة التي طبعت العقود الخمس الماضية، فإن الثقافة العليا أو ثقافة النخب العربية تعاني من نقائص خطيرة بنيوية نابعة سواء من سيرورات تكوينها أو من شروط ممارسة السلطة ذاتها الثقافية والسياسية والاجتماعية ونموذجها الشمولي والتسلطي السائد أو من التناقضات العميقة التي تنطوي عليها هذه الثقافة الهجينة وتفاقم التوترات الداخلية التي تمزقها خاصة في العقود الأخيرة.

ولعل السمة الغالبة على هذه الثقافة العليا الحديثة في البلاد العربية هي عدم الاكتمال أو النضج الذي يتجلى في ضعف وهشاشة النظم العقلية الحديثة من فلسفات وعلوم، سواء أتعلق ذلك بالمحتوى أو بمناهج النظر واكتساب المعرفة. فهي من جميع النواحي مثال للثقافة الحديثة الشكلية والسطحية أو المجهضة، والتي تؤسس للقطيعة شبه التامة بين الفعل والقول وغالبا ما تنزع إلى التعويض عن انعدام قدرتها على الممارسة العملية للحداثة إلى المبالغة في الاستعراضات الحداثية الدعائية الفارغة، انما يحدث من اشكال مختلفة من الاقتحام متعدد الوجوه لانماط حياتنا[36].

ومن هنا يمكن القول إن غياب سياسات ثقافية وعلمية متسقة وافتقار العملية التعليمية لأهداف واضحة وركاكة ثقافة النخبة العليا، أي ثقافة السلطة والإدراة

والقيادة، وتخبط السياسات اللغوية وعدم نجاعتها وسيطرة مناخ الاستهلاك الثقافي الرمزي والتعويضي- على الانتاج الثقافي والمشاركة الثقافية والعلمية في النشاطات والفعاليات العالمية، وبحث النخب الحاكمة عن المشروعية في نوع من التعبئة الايديولوجية الوطنية والقومية الرخيصة والشكلية تعوض عن الافتقار للشرعية السياسية، كل ذلك يشكل عوامل رئيسية في إعاقة نمو وتراكم المعرفة العلمية والتقنية وتعميم قيم التسلط والاستهتار بالحقوق الفردية والجماعية وتغذية مشاعر الخوف والانكفاء على الذات والتشكيك بالعالم، وبالتالي في بناء نظم ثقافية غير متسقة وغير ناجعة.

ولا يمكن لمثل هذه النظم أن تشجع على التعلم والتجدد والبحث والمعرفة والتفكير والتأمل في القضايا المطروحة سواء أكانت علمية أم دينية أم اجتماعية أم سياسية أم عالمية إنسانية. والنتيجة، لا تستطيع الثقافة ولن تستطيع، في العالم العربي كما هو الحال في بقية بلاد العالم، أن تقدم من تلقاء نفسها الردود الايجابية والخلاقة المنتظرة على التحديات التي تواجهها اليوم جميع ثقافات العالم وبشكل خاص الثقافات الضعيفة التي لم تشارك كثيرا في بناء الحداثة الفكرية والمادية معا تحدي اكتساب المعرفة الابداعية العلمية والتقنية والأدبية والفنية والدينية معا، وتحدي التأسيس الفكري والأخلاقي للديمقراطية، وتحدي تجاوز الخصوصية للمشاركة الفعالة في بناء الكونية أو العالمية الانسانية الجديدة. إن مثل هذه الردود تتوقف، بالعكس، على قدرة المجتمعات والنخب التي توجهها وتقودها على الاستثمار في الثقافة وتدعيم وظيفتها وتعزيز مكانتها الاجتماعية.

وبقدر ما تكون التنمية ذات رؤية إنسانية أو متمحورة حول الانسان وطامحة إلى تعزيز مكانة الفرد وحرياته وقدراته الابداعية يكون تكون الحاجة أكبر لزيادة الاستثمار في الثقافة وتحويل التنمية نفسها إلى تنمية ثقافية. وبالعكس، بقدر ما تتنكر التنمية للانسان وتركز هدفها على تحقيق الربح التجاري أو بناء القوة العسكرية

والتفوق فيها تزول الأهمية النسبية للثقافة ويقل الاهتمام بها ومن ورائها بقيم العقل والحرية والسلام[37].

استنتاجات الفصل التاسع:

لقد وصف بعض الخبراء والكتّاب بأنّ الواقع العربي في هذا المجال مفزع وخطير وكارثي وكأن أوضاع الأمة في الجوانب الأساسية الأخرى، كالأمن القومي والتضامن، والغذاء والفقر والبطالة والصحة، وحقوق الإنسان... إلخ، أفضل حالاً، وأقرب إلى تطلعاتنا الإنسانية والحضارية والعصرية المؤكّد أنّ كبار المسؤولين في الأمة وصانعي القرارات السيادية في أقطارنا العربية المختلفة، وشريحة من الأكاديميين والخبراء والمحللّين والباحثين المهتمين يعرفون هذه الأرقام جيداً، بل يعلمون معطيات واقعية وعيانية أكثر دقّة وخطورة و(كارثية)، ليس اليوم فقط، وإنما منذ عشرات السنين، ومع ذلك فإن التراجع مستمّر في النوعية والجودة في المجالات الحضارية كافة، لكنْ يجب القول بالمقابل إن كتلتنا البشرية تتزايد بوتيرة عالية، حيث يتضاعف سكان الوطن العربي مرة كل حوالي خمسة وعشرين عاماً، وتتزايد بالموازاة أعداد الأميين والعاطلين عن العمل، والشباب التائهين، المنخرطين في الجماعات الناقمة المتطرفة، أو اللاهثين خلف سراب الأوهام والهجرة، والجنس والمخدرات، ودهاليز الضياع الكثيرة المتنامية، ومنها فضائيات الشعوذة والخرافة والدجل، والطائفية المقيتة، أثارت الأرقام والمؤشرات الإحصائية، التي أوردها (التقرير العربي الأول للتنمية الثقافية) تعليقات وتحليلات واسعة، صبّت في منحى المقارنات مع المعطيات المتداولة مع الدول المتقدمة علمياً وثقافياً وتقنياً، والاستنتاج بأننا اليوم أمة متخلفة في ميدان العلم والثقافة والاختراعات وعدد العلماء والمتعلمين.

هوامش ومصادر الفصل التاسع:

1. للمزيد انظر : محمد عابد الجابري، المسألة الثقافية، سلسلة الثقافة القومية، قضايا الفكر العربي، مركز الدراسات الوحدة العربية،1992، ص111.

2. حواس محمود، التنمية الثقافية في العالم العربي، منتدى جريدة شروق الاعلامي الادبي، سوريا،2006/5/21.

3. Pye and Verba : Political Culture and Political D evelopment.

4. Lewis Memford , Technics nd Civilization , New york , 1969 , P 52.

5. د.أحمد مرسي المجلس الأعلى للثقافة، القاهرة 1997.

6. وتجدر الإشارة إلى أن مفهوم الثقافة قد عني منذ البداية الخلق والإبداع في مجال زراعة الأرض وتشجيرها، وبهذا المعنى يذكر " لويس دوللو " أن المعنى الاقتصادي لمفهوم الثقافة الأول هو معنى تنموي لأن الثقافة كانت تعني زراعة الأرض وغرس النباتات والأشجار والخضار، ويرى أن أنماط التنمية تفترض أنماطا ثقافية محددة بحدود الشكل التاريخي للأنماط الأولى وممهورة بخاتم هويتها التاريخية.

7. Hans Singer , Scieuce and Technology for poor Countries , in Gerald M.Meier ced , Leading issues in Economics Development Cerford , 1976 , P 395.

8. د. هدى النعيمي، النهضة العربية والتنمية الثقافية، ورقة قدمت إلى ندوة : مشروع النهضة العربية للقرن الحادي والعشرين، دمشق وزارة التعليم العالي 2002 ضمن كتاب صادر 2005 ص 247.

9. للمزيد انظر:

أ. موسى الزعبي، البعد الثقافي للتنمية، صحيفة الأسبوع الأدبي 2004/4/20، ص 7.

ب. د. فيصل سعد، التنمية مقولة ثقافية أيضا، ملحق الثورة الثقافي 2002/7/28 ص 13.

ج. ساسي سفيان – علاقة الثقافة بالتنمية – موقع الحوار المتمدن الإلكتروني عدد 986 تاريخ 14 /2004/10.

د. علي القيم – الثقافة مشروع دائم النمو- مجلة المعرفة عدد آب 2005 ص 13.

10. د.حميد حمد السعدون، العولمة والهوية الثقافية القومية، مجلة دراسات دولية، مركز الدراسات الدولية، جامعة بغداد، العراق، 2004، ص9.

11. وفي محاولة للإجابة عن سؤال ثقافة التنمية من أين نبدأ حمل المشاركون في الجلسة التي حملت ذات العنوان أفكارا حول التنمية، والتي شارك فيها الدكتور أحمد كمال أبو المجد نائب رئيس المجلس القومي لحقوق الإنسان في مصر، والسيد ياسين الكاتب والمفكر المعروف، والدكتور مصطفى الفقي رئيس لجنة العلاقات الخارجية بمجلس الشعب المصري، وهاشم علي صالح الكاتب والمترجم السوري، وشارك في إدارتها المفكر المغربي علي أسليل.

12. خالد محمد علي، الاتكالية عائق التنمية الثقافية العربية، اسلام اون لاين نت، نوفمبر،2008، ص2.

13. خالد محمد علي، مصدر سابق، ص5.

14. يحيى اليحياوي، الثقافة والتنمية المستقلة في عصر العولمة، الرباط، 21 /2006/12.

15. .محمد سعيد طالب، الثقافة والتنمية المستقلة في عالم العولمة، منشورات اتحاد الكتاب العرب،2006.

16. للمزيد انظر : د.رواء زكي يونس الطويل، ثورة المعلوماتية بين النهوض والتبعية، مجلة اداب الرافدين، 44، موصل، العراق، 2006، ص1420 -1435.

17. يحيى اليحياوي، مصدر سابق، ص3.

18. فتدخل في علاقات صراعية تكاملية، تؤسس لنظام عالمي حديث ومنظومة من القوانين والأفكار والآليات والمؤسسات على المستوى الدولي والقومي والمحلي، مشكلة نظاما عالميا تتوزع فيه القوى، بتناسب الفاعليات وقسمة العمل الدولية، الطرفي/الداخلي الحديث، والخارجي التابع.

19. د.رواء زكي يونس الطويل، السبيل لتعزيز الوحدة الوطنية ارساء قواعد السلوك التكنولوجي، مخاطر الاختراق العلمي والثقافي، المؤتمر السنوي لمركز صلاح الدين الايوبي بالتعاون مع بيت الحكمة، 2007.

20. محمد سعيد طالب، مصدر سابق، ص5.

21. يحيى اليحياوي، مصدر سابق، ص6.

22. هيثم ابو زيد، اطلاق التقرير العربي الاول للتنمية الثقافية من القاهرة، 2008/1/15.

23. الجزيرة نت، اطلاق التقرير العربي الاول للتنمية الثقافية.

24. للمزيد انظر : د.رواء زكي يونس الطويل، مستقبل المعلوماتية والتنمية للدول النامية في الالفية الثالثة، دار زهران للنشر والتوزيع، عمان، الاردن، 2009.

25. الشاعر والناقد بشير عياد، جريدة الوطن/ 12 نوفمبر 2008.

26. هيئة الفجيرة للثقافة والاعلام، الفجيرة، الامارات العربية المتحدة، 2008.

27. هيئة الفجيرة، مصدر سابق.

28.

— د.خلف الجراد، المسكوت عنه في التقرير العربي للتنمية الثقافية، مجلـة الثـورة، يوميـة سياسية، مؤسسة الوحدة للصحافة والطباعة والنشر، 2008/11/24.- د.رواء زكي يـونس الطويل، التنمية الثقافية والنظام السياسي، مركز الدراسات الاقليميـة، جامعـة الموصل، العراق، 2009.

29. الجراد، مصدر سابق، ص2.

30. محمد عابد الجابري، العولمة والهويـة الثقافيـة، مجلـة المسـتقبل العربي 228، بيروت،1998، ص173.

31. جرت العادة في الكثير من البحوث العربية والأجنبية على تحميل الثقافة العربيـة، التـي تبـدو كثقافة ثابتة دينية ولا تاريخية، المسؤولية الرئيسية في ما أصاب ويصيب المجتمعـات العربيـة من تراجع وتقهقر في ميادين التنمية البشرية المادية والتقنية والعلمية.

32. لا ينبغي تجاهل الأثر الكبير الذي تمارسه نظم الاعتقاد والتفكير والسلوك الموروثة علـى حيـاة المجتمعات واختياراتها. لكن لا ينبغي بالمقابل أن نعتقد أن هذه النظم المؤثرة هي نظم ثابتة وناجزة يرثها الأحفاد عن الأجداد وليس لهم خيار سـوى الخضـوع لاسـتبدادها. فبـالرغم مـن مظاهر الثبات الشكلية تتمتع الثقافة بقدرة هائلة على التحول الداخلي وتحوير معاني الأشياء والتلاعب بالرموز تجعل من المستحيل فهم شيء مما يجري إذا توقفنا عند المظاهر الشكلية.

33. فالعرب الذين كانوا يحجون إلى البيت الحرام قبل الاسلام حيث يجمعون آلهتهم الوثنية ليسوا هم العرب الذين جعلوا من الكعبة نفسها بعد تطهيرها من الأوثان قبلتهم الدينية. بالتأكيد هناك معنى لهذه الاستمرارية في أشكال العبادة الدينية عند العرب وغيرهم من الشعوب.

34. محمد حسنسن هيكل، عام من الازمات، ط1، الشركة المصرية للنشر العربي والدولي، القاهرة، مايو 2001، ص32.

35. وهذا يعني أن المبادرة في إعادة بناء الثقافة ذاتها مثلها مثل إعادة بناء الدولة والنظم السياسية والاقتصادية تعود اليوم إلى النخب الاجتماعية النشيطة والفاعلة، وأن تأسيس قواعد العمل وأساليب الإدارة والقيادة والتنظيم والتدريب والإعداد والتكوين يتوقف في المجتمعات كافة، وإلى حد كبير، على نوعية الثقافة العليا وعلى المفاهيم والمعارف ومنظومات القيم التي تستند إليها هذه النخب.

36. بول هيرست وجراهامن طومبسون، ما العولمة، ترجمة د.فالح عبد الجبار، عالم المعرفة، العدد273، الكويت، سبتمبر 2001، ص395.

37. وهذا يعني أن الثقافة ليست هي التي تفسر تراجع الوعي الانساني في العالم العربي ولكن إهمال هذه الثقافة وضعف الاستثمار فيها، وأنه لا يمكن لأي ثقافة أن تساهم في التنمية الانسانية وتطوير قيم والسلام والحرية ما لم تتمتع هي نفسها بفرص تنميتها الخاصة. فلا حداثة ثقافية من دون تحديث الثقافة.

الفصل العاشر

المرأة ودورها في التنمية المستدامة

مقدمة الفصل العاشر:

ضمنت الشريعة الاسلامية للمرأة حياة كريمة فقأكد القرآن الكريم وفي أكثر من مناسبة على صيانة كرامة المرأة وضرورة المحافظة عليها وبذلك تتساوى مع الرجل في القيمة الانسانية فقد قال تعالى " يأيها الناس اتقوا ربكم الذي خلقكم من نفس واحدة وخلق منها زوجها وبث منهما رجالا كثيراً ونساءاً واتقوا الله الذي تساءلون به والأرحام ان الله كان عليكم رقيبا " (1)

وانطلاقا من اهتمام الاسلام بالمرأة، فان الله تعالى يذكر الانسان بماعانته امه من الام الحمل ومخاض الولادة وشقائها في تربية الأطفال وسهرها على راحتهم حتى يصبحوا بالغين فقد ورد في القرآن الكريم " ووصينا الانسان بوالديه حملته أمه وهنا على وهن وفصاله في عامين ان اشكر لي ولوالديك الي المصير " (2) كما ورد في قول النبي محمد صلّى الله عليه وسلّم " ان الله يوصيكم بامهاتكم ثم يوصيكم بامهاتكم ثم يوصيكم بامهاتكم ثم يوصيكم بامهاتكم ثم الأقرب بالأقرب ". (محمد بن عيسى الزهاوي) ان البعض ينظر الى القيم على أنها مطلقة أكثر منها نسبية، فهي بحسب المفهوم الغيبي، منزلة وتصلح لكل زمان ومكان وليست منبثقة عن أوضاع اجتماعية محددة، ومن ثم تتغير بتغير هذه الأوضاع، وقد تمتد هذه النزعة الى المجالات غير الدينية متظهر في السلوك والمعتقدات السياسية والتربوية وغيرها، حيث يلاحظ الميل الى عدم التمييز بين الوسائل والغايات، فيسود الجمود والشكلية وعدم المرونة وعدم التسامح تجاه المواقف الأخرى، كذلك عدم التمييز بين الأفكار والواقع المعاش، فيفكرون في عالم ويعيشون في عالم آخر، وتنشأ فجوات بين القول والفعل وبين طرق التربية وحاجات المجتمع، وبذلك تصبح الأفكار السياسية أثرا مطلقا. وتسود أيضاً القيم القدرية بين هذا النوع من التفكير وهي القيم التي تتصارع مع القيم التي تؤمن بالادارة الانسانية الحرة، وهذه القيم القدرية تشجع على الاستسلام والقناعة والقبول فلا يواجه الانسان التحديات بالافكار والحذر. فمقاييس المنطق الاستهلاكي الذي ساد السلوك العام في هذا العصر كان من أهم ماعاق مسيرة المرأة، فمقاييس المنطق

الاستهلاكي تحدد لكل أمر ثمنه، ويقدر قيمة كل انسان فيه بمقدار دخله. فهل تسعر المرأة وفق الدخل الذي تجنيه، ويصبح العمل التقليدي الذي تقوم به سواء في البيت أو في الحقل أو الخ من الأعمال المعيشية الأساسية غير ذي قيمة، بسبب كونه غير ذي قيمة مادية يمكن حسابها.

ان قضايا المرأة تمثل الآن أهمية مركزية في الرؤى النظرية لعمليات المراجعة النقدية للمفاهيم التي أخذها الفكر التنموي مابعد الحرب العالمية الثانية، كما أنها صاحبت الأزمان التي أعقبتها، وقد ادت هذه المراجعة الى اعادة الاعتبار للفرد، باعتباره محور التنمية وهدفاً لها في آن واحد، وادت بالتالي الى اعادة نظر فعلية في العناصر المكونة لعملية التنمية والبيئة المساعدة لها لجعلها فاعلة ومستدامة.

أهمية الفصل العاشر:

ان موضوعية التحدي الحضاري والوطني الذي عاشه ويعيشه المجتمع العربي على مدى قرن ونصف من الزمان قد فرض تقديم بعض التنازلات، الآ ان هذه التنازلات لاتمس جوهر منطلقاته، اذ اكتفى بمحاولة تكييف الواقع لأسسه وليس العكس، فهو يسلم بتعليم المرأة وعملها، يسلم به على شرط تكييف علم المرأة وعملها ومجالاته بما لايخرج عن منضومة الزواج والأمومة كأساس يعتبره المبرر الوحيد للمحافظة على الأسرة ومسؤولية المرأة في تربية النشئ. بذلك فان مجالات العلم والعمل المسموح بها ليست هي المجالات التي يطبقها الانسان والتي تعمل على تشغيل وتفجير طاقاته الانتاجية والابداعية المتاحة الممكنة، كما أنها ليست المجالات التي تنبع من حاجات المجتمع وقدراته الذاتية للبناء المسقل الحر ولكنها لاتناقض مسلمات الاتجاه التقليدي لدور المرأة.

لقد احتلت قضية المرأة موقعا مهماً في عمليات التنمية البشرية المستدامة وأصبح ادماجها في هذه العمليات شرطاً أساسياً للنجاح، فتجاهل البعد الانساني في التنمية البشرية يعيق تقدمها، كما يقول تقرير التنمية البشرية لعام 1995، ان شروط هذا

الادماج لاتقتصر على وجود المرأة وحضورها كقوة عمل فقط، بل سيتلزم اتاحة الفرص المتكافئة لها للمشاركة بفعالية في صياغة القرارات ورسم السياسات.

ان المؤشرين الذين اقترحهما تقرير التنمية البشرية لعام 1995 هو المؤشر الجنسي للتنمية البشرية (I-S-D-H) الذي يعكس البعد السوسيولوجي بين الجنسين، ومؤشر مشاركة المرأة في الحياة العامة (I-P-F) الذي يقيس درجة التطور في درجة المشاركة، نستطيع ان نقرأهما في علاقاتهما بهذا الفهم لقضية التنمية البشرية المستدامة التي عدلت ليس فقط في عناصر التنمية وقضاياها، بل ايضاً في المقاييس التي تقاس بها درجات التطور والتقدم.

مشكلة الفصل العاشر:

علينا العمل بقياس صحيح لمساهمة المرأة الاقتصادية في نشاطاتها المنزلية والرعاية، ويتطلب ذلك توسيع مفهوم العمل، اذ ان المفهوم المتعارف عليه للعمل يربط القيمة الاقتصادية بالدخل المترتب عنه من البدائل التي يلجأ اليها لتحديد مفهوم العمل، بحيث يشكل في شطره المنزلي عدد الساعات المستخدمة فعلا في انتاج البضائع والخدمات، دون اعتبار الساعات التي تقضى في الترفيه والتسلية.

ان مقياس حساب استعمال الوقت فمثل طريقة للتوثيق يمكن بواسطتها أن نسجل بالتفصيل كيفية استخدام ساعات العمل في اليوم، وهو يقدم طريقة مفيدة يمكن اتباعها في هذا الاتجاه. فكثيراً من النشاطات التي تقوم بها المرأة، وخاصة في الحقل الزراعي، تشمل انتاجاً سوقياً، ولكنها لاتلاحظ بسهولة لكونها غير منظمة على أساس ساعات عمل كاملة.

وتتخذ النشاطات هذه مظهراً أو أكثر من التالي أما اعمال عائلية، دوام جزئي، اعمال غير منتظمة، اعمال فصلية، وفي بعض الأحيان أعمال لايمكن تصنيفها بسهولة على أساس مصطلحات العمل المتعارف عليه، فتسعى البحوث والدراسات المختلفة الى التعرف على حضور المرأة ومشاركتها في الحياة الوطنية في المستويات كافة،

والمشاركة في بعديها الستاتيكي، أي حضورها كمستفيد فقط، من فرص التحصيل العلمي، والخدمات الصحية، وفرص العمل والدخل.

كذلك كان مقياس عدم المساواة بين الجنسين الذي يقترحه دليل التنمية البشرية لعام 1995، وفي بعدها الديناميكي أي قدرتها على المشاركة بنشاط في الحياة الاقتصادية والسياسية، وهذا يعني قياس حصتها في الأعمال المهنية والادارية، وحصتها في المقاعد البرلمانية والسلطة التنفيذية، ومدى ارتباط ذلك بمعنى التمكين (I.P.F) الذي يعتبر الاضافة النوعية لقياس عدم المساواة بين الجنسين. ان ربط مؤشر التنمية المرتبط بنوع الجنس بمؤشر التكين يؤدي الى تساؤلات مختلفة.

ان من أهم القضايا التي يجب عدم اغفالها في الدراسات التحليلية المختلفة لقضية المرأة والأدبيات النسائية هو دراسة الهدر الناتج من عدم استثمار المجتمع لقدرات المرأة ومهاراتها. فضلا عن التساؤلات الوارد الاشارة اليها عن الخلل بين قدرات المرأة ومهاراتها من جهة والموقع الذي تمثلع في الحياة الوطنية من جهة ثانية، ومسألة الحقوق وتكافؤ الفرص.

هدف الفصل العاشر:

يهدف البحث الى دراسة وضع المرأة ودورها في المجتمع في ظل التحقق من نقاط أساسية وهي ماذا حقق المجتمع في رفع شأن المرأة ومكانتها أولا وماذا قدمت المرأة كمساهمة في المجتمع ثانيا، وتبقى الغاية الأساسية هي الوصول الى كيفية تحقيق واقع أفضل للمرأة، والتعرف على وسائل تدعيم دورها في المجتمع، فمشكلة المرأة لاتخص المرأة وحدها بل هي قضية مركزية في مسألة التطور، ولذلك فهي قضية اجتماعية أساسية تطرح بشكل جذري مشاكل المجتمع من الساسة،

ويهدف البحث الى دراسة أهم المؤشرات الدالة على تغير مكانة المرأة في المجتمع من خلال دراسة مشاركتها في الأنشطة المختلفة، اقتصادية كانت أم اجتماعية أم

ثقافية، وتعد هذه انعكاساً لمستوى المرأة التعليمي، وزيادة وعيها، وتأكيداً لأدوارها الرسمية في المجتمع.

فرضية الفصل العاشر:

يفترض البحث ان العلم والعمل وسيلتان لتغيير العلاقات الاجتماعية بحيث يكون التعامل بين الرجل والمرأة مبنيا على الاحترام المتبادل، وبحيث تتغير العلاقات الاجتماعية فلا يتصرف الرجل وكأنه وصي على المرأة، ولاتتصرف المرأة وكأنها بحاجة الى وصاية.

كما يفترض البحث حدوث تغييرات في العلاقات الاجتماعية، ليس بالمطالبة بالمناصب والحقوق،، فالمفروض ان المناصب والحقوق تأتي بشكل طبيعي من جراء التغيير في المجتمع، المجتمع الذي يعامل الرجل والمرأة كانسان، وتشارك فيه المرأة على أساس الحق لاعلى سبيل المنة.

ان غالبية المجتمعات في العالم هي مجتمعات أبوية حيث ان الرجل هو الذي يسن القوانين ويضع المفاهيم والمقاييس ولايزال، ولغرض ارساء قواعد المجتمع الجديد يجب مشاركة المرأة وذلك بان تتبوأ المرأة مواقع فاعلة في مؤسسات المجتمع المدني التي لايزال الرجال يطغون في قياداتها.

فالعلم والعمل وسيلتان لتغيير العلاقات الاجتماعية لان التحديات الجديدة في المجتمع العراقي في ضوء المشاركة الفعالة في الكونية الجديدة، تتطلب تفهماً شمولياً ورؤية واضحة تصهر الأفكار، فالمرأة ضحية الأمراض الاجتماعية التي أدت الى التردي السائد للمجتمع، ان المجتمع العراقي يجب أن يكون مجتمعا ديمقراطيا متماسكاً في ظل امتلاكه للطاقات الكامنة الجمة سيكون بكونه تعالى في الألفية الثالثة مشاركاً أساسياً لاهامشياً متفرجاً.

دور المرأة في التنمية :

نجـد في مجتمعنا انتشار نمـط الاقتصـاد المنـزلي ((Household economy system)) وخاصـة المجتمعات الزراعية، مع تسلط الرجل وتبعية المرأة له، ونجد أن نمط نظـام (المعيـل) (Bread winner System) منتشر في المجتمعات الحضرية، ويحافظ على تسلط الرجل وتحكمـه في مـوارد الـدخل، تاركاً المرأة في مرتبة اجتماعية ثانوية.

على الرغم من دخـول المـرأة سـوق العمـل والـذي حصـل نتيجـة حاجـة ماديـة في الأسر الفقيـرة والمتدنية الدخل، فان هـذا لم يـؤدي الى تطـور نظـام المسـاواتي (Egalitarian System) في هـذه البيئـة بمعناه الحقيقي، اذ أن تحكم الرجل في موارد الدخل وسلطته على المرأة والأولاد بقيا على ماكانـا عليـه. أما في الطبقات الاجتماعية التي تمكنت فيها المرأة أن تحصل المرأة على مسـتوى تعليمـي مرتفع، فاننـا نجد انتشار نظامي (المعيل) و (المساواتي) جنبا الى جنب.

من الضروري أن يستفيد المجتمع من المرأة كمورد انتـاجي يشـارك في عمليـة التنميـة، لأن المـرأة تشكل نصف المجتمع، ولها قدرات وامكانيات انتاجية ينبغي الاستفادة منها بشكل فعّـال، مـن ناحيـة ثانية فان الأسر المتدنية الدخل تستفيد من المورد الذي يجنيه عمل المرأة ونذكر بالخصـوص الأسر التـي ترأسها امرأة، بالاضافة الى مايؤمنه العمل للمرأة من تنمية للذات.

في خضم ذلك يجب المحافظة على الايجابي من معالم تراثنا الذي يرفع شأن مؤسسة الأسرة وعطـاء المرأة لها وأن يتجنب المخاطر التي حصلت في المجتمعات الغربية نتيجة ولـوج المـرأة في سـوق العمـل. فيجب أن نتوصل الى نظام يحقق التوازن المنصف بين دوري المرأة في المجتمع، ويؤمن تكليـف الرجـل مع هذا الوضع، دون خلق التوتر والتعارض الاجتماعي والاقتصادي في المجتمع

لقد قامت سورنسون A. Sorenson بتصنيف توظيف النساء المتزوجات في أربعة أنماط :

1. النمط التقليدي : وهي المرأة التي تعمل قبا الزواج وتتوقف عن العمل، إما عند الـزواج أو لدى وضعها طفلها الأول ولاتعود الى استئناف العمل اطلاقا.

2. النمط المتقطع : الذي تتوقف فيه المرأة عن العمل عند الزواج أو لدى وضعها طفلها الأول ثم تعود الى العمل بعد فترة من انجاب ولدها الأخير.

3. النمط المزدوج : ويقسم الى المزدوج التام حيث تستمر المرأة في العمل طوال حياة الانجاب والمزدوج غير التام حيث تعود المرأة للعمل قبل وضعها طفلها الأخير.

4. النمط غير المستقر الذي يظهر دور المرأة التي تنتقل في سـوق العمـل وخارجـه في فـترات مختلفة.

وقد يكون النوع المفضل لدى الأغلبية هو النمط المتقطع أو الـنمط المـزدوج غـير التـام. وبـذلك يمكننا تدعيم عمل المرأة المنزلي وعملها الاقتصادي بشكل لايعارض أحدهما الآخر بل يتممه.

التعليم ودوره في نسبة اشتراك المرأة في سوق العمل :

تتشابك عدة عوامل في التأثير بشكل فعّال في عمليـة جـذب المـرأة الى العمـل خـارج المنـزل منهـا عوامل اقتصادية ومنها اجتماعية ومنها ديمغرافية، لـذا يجـب دراسـة المـؤثرات عـلى هـذه العوامـل كي تتمكن من تهيئة الظروف المناسبة التي تشجع المرأة على الاقبال على العمل.

ان التعليم يزيد من امكانية المرأة على العمل ويرفع مسـتوى فـرص التوظيـف، وهـذا مـا تـبرزه المعطيات الاحصائية، اذ تبين أن نسبة مساهمة المرأة في النشاط

الاقتصادي ترتفع مع ارتفاع المؤهل العلمي الذي تحصل عليه، فعند حصول المرأة على مؤهل علمي تسعى جاهدة للاستفادة من المؤهلات التي حصلت عليها.

ان الأمية لازالت متفشية في العراق بشكل كبير بين النساء فقد بلغت عام 1965 [3] 2ر87% بينما في الرجال 4ر64% وفي عام [4] 1975 بلغت 8ر82% وفي الرجال 5ر58% وفي 1984، 74% وفي الرجال 34% ومع أن عدد الإناث اللواتي تابعن تحصيلهن العلمي في المدارس والجامعات هو في تزايد مستمر وهذا تطور ايجابي، فقد بلغت نسبة انتشار الإناث الى المجموع بحسب مراحل التعليم في العراق عام 1968، 4ر29% للابتدائي و 6ر25% للثانوي و 24% للجامعي وفي عام 1976 بلغت للابتدائي 6ر35% والثانوي 1ر30% والجامعي 8ر32%[5].

ان هذه الزيادة لاتؤدي بالضرورة الى زيادة حجم اليد العاملة للاناث، فتعلم المرأة في كثير من الأحيان ينظر اليه باعتباره عاملاً يهئ المرأة لتصبح زوجة وأما أكثر مما يهيئها لدخول سوق العمل، كذلك ارتفاع معدلات التسرب بين الاناث المسجلات، جدير بالذكر أن القوانين والأنظمة المتعلقة بالتعليم هي متقاربة، حيث تؤمن فرصاً متساوية للتعليم لكلا الجنسين لقد كان معدل الزيادة السنوية لتسجيل الفتيات على المستويات التعليمية كافة حوالي 8% وهو أعلى من معدل زيادة تسجيل الذكور البالغ 3ر6%[6]، ومع ذلك فان نسبة الفتيات الى اجمالي عدد المسجلين أقل بكثير من نسبة الذكور.

فيلاحظ أن معدل التعليم للبالغين (**Adult L'teraçy Rate**) بعمر 15 سنة فما فوق في العراق عام 1998 بلغ 2ر43% للإناث وفي الذكور 9ر63% بينما بلغت النسبة لنفس العام في الولايات المتحدة 99% لكل من الذكور والإناث وكذلك في ألمانيا والسويد. كما بلغت نسبة التسجيل الكلي للمدارس الابتدائية والثانوية في العراق عام 1997 (**Combined Primary , Secondary and tertiary gross enrdment ratio**) 44% للاناث و 75 للذكور.

وبلغت النسبة لنفس العام في الولايات المتحدة 97% للاناث و 91% للذكور، وفي ألمانيا 88% للإناث و 90% للذكور وفي السويد 108% للإناث و 95% للذكور[7].

ان مستوى التحصيل العلمي للإناث انخفض لفئة الأعمار 12 - 17 سنة بفئة الأعمار 6 - 11 سنة، مما يشير الى خروج الإناث بنسبة عالية من التعليم بعد المرحلة الابتدائية، اما فئة الأعمار 18 - 23 فتشير الى قسماً صغيراً من الإناث فقط يدخل الجامعات ويختلف توسع وفعالية التعليم الابتدائي حتى عندما يكون الزامياً، ويظهر ذلك جلياً بالنسبة للفتيات في المنطقة الريفية ومع ذلك فان التسجيل في المدارس الابتدائية قد إزداد بشكل ملموس.

جدول - 1-

الإناث حسب مراحل التعليم

المرحلة / السنة	1998	معدل الإناث الى مجموع الطلبة %
الإبتدائية	135421	6ر440
متوسطة	428311	2ر38
الأعدادية	400444	2ر39
الجامعة	91160	2ر34

المصدر : أعدت من قبل الباحث بالإعتماد على مصادر البحث.

لقد ارتفعت نسبة تسجيل الفتيات في المدارس الأعدادية لكن هذه النسبة جاءت أقل بكثير مما هي عليه في المستوى الإبتدائي، عاكسة، التفكير المستمر للزواج المبكر للفتيات وتفضيل تعليم الصبيان. وقد ارتفعت هذه النسبة في الفتيات في مرحلة التعليم الثانوي في كل الأقطار العربية من 30% عام 1971 الى 33% عام 1976، أما على صعيد التعليم العالي، فقد ارتفعت نسبة الطالبات من 24% عام 1971 الى 28% عام 1976[8].

كما أن التعليم المهني للفتيات لايزال غير متطور، ففي أحسن الحالات لم يحصل التعليم المهني أو الفني الآ على 4% - 15% من الفتيات وكان التدريس بالنسبة لهؤلاء الفتيات محصوراً على مهن الخياطة والتعليم والتمريض والطبع وأعمال السكرتارية. وعلى هذا الأساس فان برامج التدريب هذه بشكل عام، تتجه نحو ابراز الدور الإقتصادي التقليدي للنساء، حيث تحدد تحضيرهن من أجل مهن مهنية في قطاع الخدمات. كما أن هناك ظواهر نفسية لايجوز إغفالها ان مكانة الفتاة هي دون مكانة الفتى وأن أساليب التربية تغذي فيها مايسمح لأسرتها باتخاذ القرارات المهمة الخاصة بحياتها وتمحور كل حياتها حول الرجل، الأب أو الأخ أو الزوج أو الإبن الذي يتحمل اجتماعياً مسؤولية الأسرة.

صحة المرأة ودورها في التنمية الاقتصادية :

تبين الاحصائيات ان مؤشر الحياة عند الولادة بحسب الجنس، في العراق يلخص معدلات الوفاة بحسب العمر، من خلال متوسط عدد السنين المتوقع عيشها، وان توقع الحياة عند الولادة هو دون ماتوصلت اليه البلدان المتقدمة، ولكنه يتطابق مع هذه البلدان في علاقته بالجنس، فان توقع الحياة للإناث 3ر63 سنة 1998 م هو أعلى منه للذكور سنة 3ر62 سنة 1998م ويبدو ان وضع المرأة هو أفضل اجمالاً من وضع الرجل، بالنسبة لمؤشر الوفاة. غير أن مستوى الوفاة ليس الدال الوحيد على الوضع الصحي. لأن الوضع الصحي يشمل أيضاً مستوى المرض ومدى تأمين الخدمات الصحية، ومدى استفادة الأفراد من هذه الخدمات

لقد بلغ معدل العمر للمرأة في العراق عند أول زواج 3ر22 سنة كما بلغت الفجوة بين الاناث والذكور (أي الإناث كنسبة من الذكور باعتبار الرقم القياسي للذكور 100 عام 1992) 105% للعمر المتوقع و 96% بالنسبة لعدد السكان و 70% للقراءة والكتابة و 68% لمتوسط سنوات الدراسة و 88% للمسجلين في المدارس الابتدائية و 63% للمسجلين في المدارس الثانوية و 64% للمسجلين في التعليم العالي و 6% من القوة العاملة و 11% من المقاعد المشغلة في البرلمان (جدول -3-)

جدول -3-

الفجوات بين الإناث والذكور في العراق باعتبار الإناث كنسبة

من الذكور وأن الرقم القياسي للذكور 100

المؤشرات	البيانات %
العمر المتوقع	105
عدد السكان	96
القراءة والكتابة	70
متوسط سنوات الدراسة	68
المقيدون في المدارس الابتدائية	88
المقيدون في المدارس الثانوية	36
المقيدون في التعليم العالي	64
القوة العاملة	6
البرلمان	11

المصدر:الملف الإحصائي، مجلة المستقبل العربي العدد 192بيروت، 1995، ص ص181-190.

كما توضح البيانات المعاناة الصحية للمرأة فقد بلغت حالات الولادة تحت اشراف موظفين صحيين مدربين 50%، وبلغ عدد الأطفال الذين يولدون ناقصي الوزن 15%، ومعدل الوفيات النفاسية لكل 100 ألف مولود حي 310، ومعدل وفيات الرضع لكل 1000 مولود حي 58، ومعدل وفيات الأطفال دون سن الخامسة لكل 1000 مولود حي 71، وبلغ عدد الأمهات اللائي يرضعن ثدبياً لمدة 6 أشهر 45%، وبلغ معدل استخدام العلاج بالإماهة الفموية 70%، وان الأطفال دون سن الخامسة الذين يعانون من نقص الوزن بلغ عددهم 12%.

جدول - 4 -

الوضع الصحي للمرأة العراقية

المؤشرات	البيانات
حالات الولادة تحت اشراف موظفين صحيين مدربين	%50
الأطفال الذين يولدون ناقصي الوزن	%15
معدل الوفيات النفاسية (لكل 100 ألف مولود حي)	310
معدل وفيات الرضع لكل 1000 مولود حي	58
معدل وفيات الأطفال دون سن الخامسة (لكل 1000 مولود حي)	71
الأمهات اللائي يرضعن ثدييا لمدة 6 أشهر	%45
معدل استخدام العلاج بالاماهة الفموية	%70
أطفال دون سن الخامسة يعانون من نقص الوزن	%12

Resoursei Human Development Report, United Nation , Development Program.

وتواجه المرأة في العراق من مشاكل صحية مختلفة كالزواج بين الأقارب، حيث أنه يورث أمراضاً خطيرة كالتخلف العقلي وارتفاع الكوليسترول والغدة الدرقية والسكري وأمراض الدم.. الخ.

ان الصحة من أجل التنمية الحقيقية هي من الحقائق التي عرفتها الشعوب ودرست كافة المؤشرات المؤدية اليها، من أجل الحصول على نمو عالي للناتج القومي الاجمالي ومن أصل مشاركة المرأة مشاركة فعّالة في بناء البلد.

عمل المرأة الإقتصادي :

ان النشاط الإقتصادي هو حق لكل انسان بالغ في المجتمع، يرفع من شأنه ويؤمن استقلاليته المادية ويشارك في تحقيقه لذاته. ان مستوى النشاط الإقتصادي للمرأة

لايزال ضئيلاً وأن نسبة مشاركتها أقل من مشاركة الرجل، فهي لاتتخطى 14% ان هذه النسبة المتدنية لمشاركة المرأة في الحقل الإقتصادي تعود في جزء منها الى مفهوم خاطئ لهذا النشاط، كذلك الى مشكلة قياس عمل المرأة، ان هذه النسبة تقتصر على مساهمة القطاع الإقتصادي المنظم وبالدوام الكامل فحسب، وهي تبين من ناحية أن مشاركتها في النشاطات التي تجني الربح المباشر هي أقل بكثير من مشاركة الرجل، وان وضعها بالنسبة لحقها في العمل المربح والمثمر والمبدع هو دون وضع الرجل بدرجات كبيرة.

جدول - 2 -

نسبة النساء الناشطات اقتصادياً في العراق

التصنيف / فئة العمر	14 - 10	19 - 15	24 - 20	25 - 59	60 فأكثر
نسبة النساء الناشطات اقتصاديا من اجمالي الناشطين اقتصادياً	13ر9	7ر3	13ر3	12ر3	5ر8
نسبة الرجال الناشطين اقتصادياً	2ر0	19ر1	62ر4	62ر4	6ر3
التركيب العمري لنسبة النساء الناشطات اقتصادياً	2ر5	7ر4	22ر6	67ر1	2ر9
معدل النشاط الإقتصادي للنساء	1ر1	3ر6	14ر2	13ر7	2ر9
معدل النشاط الاقتصادي للرجال	6ر2	41ر6	80ر7	99ر3	54ر6
معدل النشاط الاقتصادي لكلا الجنسين	3ر7	23ر4	49ر6	53ر8	27ر1

المصدر : أعد من قبل الباحثة بالإعتماد على مصادر البحث المذكورة.

ويتبين من الجدول -2- أن نسبة النساء الناشطات اقتصادياً نسبة الى مجموع الناشطين اقتصادياً هو 13ر9% لفئة الأعمار (10 – 14) سنة و 7ر3% لفئة الأعمار (20 – 24) سنة و 7ر3 % لفئة الأعمار (15 – 19) سنة و 13 ر3 % لفئة الأعمار (20-24) سنة و 12ر3% لفئة الأعمار (25 – 59) سنة و 5ر8% لفئة الأعمار (60

60 – سنة فأكثر) بذلك تكون النسبة للأعمار 15 سنة فأكثر 5ر11 الى مجموع الناشطين كلياً[9].

أما التركيب العمري للرجال الناشطين اقتصادية لأعمار 15 سنة فأكثر فهي 2ر12% لفئة (15 – 19) سنة و 1ر19% لفئة الأعمار (20 – 24) سنة و 4ر62% لفئة (25 – 59) سنة و 3ر6% لفئة (60 فأكثر). كما يوضح الجدول – 2 – معدل النشاط الاقتصادي للنساء حسب الفئات فهو 1ر1% للفئة العمرية (10 – 14) سنة و 6ر3% للفئة (15 – 19) سنة و 2ر14 للفئة (20 – 24) و 7ر13 % للفئة (25 – 59) سنة و 9ر2 % للفئة (60 فأكثر) بذلك يصبح معدل النشاط الإقتصادي النسائي لعمر 15 سنة فأكثر 5ر10%[10].

بينما كان معدل النشاط الإقتصادي للرجال 2ر6% للفئة العمرية (10 – 14) و 6ر41% للفئة (15 – 19) سنة و 7ر80 % للفئة (20 – 24) سنة و 3ر91 % للفئة (25 – 59) سنة و 6ر54 % للفئة (60سنة فأكثر)(بذلك يصبح معدل النشاط الإقتصادي الرجالي لعمر 15 فأكثر 3ر75%)[11] بذلك يؤثر معدل النشاط الإقتصادي النسائي على المعدل العام للنشاط الإقتصادي فيخفضه فيصبح المعدل 7ر3% للفئة (10 – 14) سنة و 4ر23% للفئة (15 – 19) سنة و 6ر49% للفئة (20 – 24) سنة و 8ر53% للفئة (25 – 59) سنة و 1ر27% للفئة (60 فأكثر)، بذلك يصبح المعدل الإقتصادي للأعمار 15 سنة فأكثر 9ر304%[12].

رب قائل أن هذه النسب قد تكون خاطئة في تقديرها لعمل المرأة الإقتصادي، ليس فقط لأنها مبنية على المفهوم المتعارف عليه الذي يربط النشاط الإقتصادي بالإنتاج السوقي، بل لأنها تخطئ حتى في قياس أعمال المرأة الداخلة ضمن هذا المفهوم[13].

ان التقاليد والنظرة السلبية تجاه المرأة تؤدي أيضاً الى خطأ في قياس مشاركتها الإقتصادية، فان المرأة تقوم بعمل غير مأجور بوقت كامل، أو الرجل الذي قد يجيب

عوضاً عن المرأة، قد لايعلنا عن هذا العمل، على اعتبار أنه يدخل في اطار الواجبات المنزلية، أو قد تخجل المرأة بالتصريح عن عملها[14].

وعلى صعيد مماثل، فان الشخص الذي يقوم بعملية المسح، ذكراً أم أنثى، قد يقبل بسهولة اعتبار المرأة التي لاتقوم بعمل كامل خارج منزلها، كربة منزل دون الإكتراث بمعرفة ماإذا كانت تقوم بعمل جزئي أو فصلي، أو بأي عمل لايندرج ضمن إطار الوظائف المتعارف عليها[15].

عمل المرأة المنزلي :

ان نسبة كبيرة من النساء تنشغل لفترة طويلة من الحياة بدور المرأة المنجبة المربية، وذلك نتيجة بعض الخصائص الديمغرافية في المجتمع. فقسماً كبيراً من النساء هن في سن الإنجاب وأن الغالبية منهن متزوجات وأنهن ينجبن بنسبة مرتفعة، ولذا فهن منهمكات في النشاطات المنزلية والمسؤوليات العائلية.

واذا كانت المرأة تقضي شطراً كبيراً من حياتها في النشاطات المنزلية، فأننا لانجد في المقابل اعتراف بالقيمة الإقتصادية لهذه النشاطات[16]. ان الأعمال المنزلية تتضمن المساهمة في انتاج الحاجيات والخدمات التي لولا النشاط الذي تقوم به المرأة في أدائها، لاحتاجت العائلة الى أن تقوم بشرائها من السوق. كذلك فان المرأة تقوم بعملية ادارة الأعمال الإنتاجية والاستهلاكية داخل المنزل، وأعمال تنظيم افادة الأسرة من بعض الخدمات الصحية والاجتماعية، وهي كذلك تقوم ببناء واستثمار شبكة العلاقات الإجتماعية التي تؤمن للأسرة حاجياتها المادية والاجتماعية والنفسية[17].

ان رعاية المرأة للأولاد واهتمامها بصحتهم، وتربيتها لهم، خصوصاً من ناحية التأثير في توجهاتهم وتأصيل المبادئ والقيم المشجعة للعمل الجاد والانتاجية الفعّالة في نفوسهم، ان هذه المهام هي بمثابة تحضير وتطوير للموارد البشرية التي سيقع على عاتقها مسؤولية الانتاج الإقتصادي في المستقبل[18].

ان نشاطات المرأة المنزلية تتطلب بذل الكثير من الجهد، وهي تشمل أعمالاً انتاجية وادارية وخدمات ذات قيمة اقتصادية يجب اعتبارها جزءا من الإنتاج الإقتصادي. ان الإعتراف باسهام المرأة هذا في عملية التنمية يؤدي الى تفهم أفضل لدورها في هذه العملية ولامكانات تطوير هذا الدور وتكثيفه، كما يؤدي أيضاً، الى تحسين نظرة المرأة الى ذاتها والى رفع شأنها في المجتمع [19].

توصيات الفصل العاشر :

لقد خرجت الدراسة بمجموعة من التوصيات وهي كالآتي : -

1. الاعتراف بالجهد العسير والوقت المديد اللذين تتطلبهما نشاطات المرأة في الشؤون المنزلية، مما يؤدي الى تحسين نظرتها الى ذاتها والى رفع شأنها في المجتمع، بل ويجب أن يؤدي كذلك الى مطالبة المرأة بحقها في المشاركة في التصرف في موارد دخل العائلة. وأن يؤدي هذا الاعتراف الى تصحيح نظرة المجتمع الى الأعمال المنزلية بالذات وعدم اعتبارها سهلة ومفروضة على المرأة.

2. على التنظيمات النقابية مساعدة المرأة العاملة في امور مثل المساعدة على تطبيق سياسة اجتماعية تضمن للنساء امكانات وفرص عمل متساوية مع الرجل كي لايبقى حقهن هذا في اطار الاعتراف به فقط وانما يتحول الى تطبيق وممارسة دون تمييز.

3. يجب اعادة النظر في تصنيف الوظائف أو فرص التدريب على أساس الجنس، لاعطاء النساء فرص التوصل الى أنواع من التدريب، غير تلك التي تعتبر نسائية تقليدياً.

4. استحداث بنك معلوماتي يهتم بجمع الاحصاءات عن وضع المرأة والمشاكل التي تواجهها، ويتم تزويد الجهات المختصة بهذه المعلومات.

5. يجب ان تتغير نظرة الرجل العراقي الى العمل المنزلي كعمل لايلائم طبيعة الرجل ولو تدريجيا، فكما يطالب المجتمع المرأة بأن تساعد في عملية النمو

الاقتصادي وزيادة الانتاج، كذلك للمجتمع حق بأن يطالب الرجل بمـد يـد المسـاعدة في العمـل المنزلي. بذلك يكون قد أسدى خدمة كبيرة للمجتمع لنفسه ولأسرته ولمجتمعه.

6. اعادة النظر في أنماط التنشئة الاجتماعية الموروثة ومضامينها وتطويرها بشـكل يـؤدي الى تنميـة القيم الانسانية في الذكور والاناث، وعلاقات الاحـترام المتبادلـة بيـنهما، والى تخليـص المـرأة مـن الوصاية الاجتماعية، اذ لابد من أن يصبح وعيها وعقلها وعلمها الرقيب عليها.

7. ادراك ظروف المرأة الخاصة وتكييف أوقات العمل معها بشكل يجعلها توفق بين العمل وتربيـة الأطفال.

8. يجب ان يكون هناك سياسـة واضحة ومنـاخ ملائـم لـدمج المـرأة في عمليـات التنميـة القوميـة ومشاركتها في عمليات التخطيط والتنفيذ.

9. تغير نظرة المرأة لنفسها ولمقدرتها على الانتاج الفعّال والمشاركة وجعلها مهيـأة نفسيـاً لتحمل المسؤولية واعباء العمل خارج المنزل وداخله.

هوامش ومصادر الفصل العاشر:

1. القران الكريم، سورة النساء، الاية رقم (1).

2. القران الكريم، سورة لقمان، الاية (14).

3. (1)[United Nation EUN] , Department of International Economic and Soeid Affairs , skatistical office , Demographic Year book , 1971, New York , UN , 1972. .

4. انظر المصادر التالية :

– اليونسكو : الكتاب الإحصائي السنوي، 1980، 1985.

– هنري عزام، المرأة العربية والعمـل، مشـاركة المـرأة العربيـة في القـوى العاملـة ودورهـا في عملية التنمية، المستقبل العربي، السنة 4 العدد 34، 1981 ص 76 – 98.

– اللجنة الإقتصادية والإجتماعية لغربي آسيا، كشوفات البيانات الديمغرافية ومايتصل بها مـن بيانات اقتصادية واجتماعية، رقم 4، 1985.

5. انظر المصادر التالية :

– un , Department of International Economic and Social Affairs.

– Statistical Year book , 1970 and 1976 , New York, UN , 1971 , 1977.

- Escwa , The Statis tical Abstract of The Region of the economic Commission for Western Asia , 3rd.Issue .

6. UNESCO, Recent quantitve Tative Trends and projections Concerning Envolement in Education in the Arab Countries, paper Presented at : The Con Ference of Ministers of Education and those Responsible for Economic Planning in the Arab states , Abu Dhabi,7 - 16 November 1977.

7. Human Development Report 2000 , Published for the United Nations Development Programes , New Yourk, Oxford University Press , 2000.

8. هنري عزام، مشاركة المرأة العربية في القوى العاملة ودورها في عملية التنمية، المستقبل العربي، السنة 4، العدد 34، 1981، ص 76 - 98.

9. Statistical Abstract of the escwa Region, Economic and Social Commission , United Nation, New York , 2001.

10. Human Development Report 2001, United Nation, New York,U.S.A.

11. د. رواء زكي يونس الطويل، صحة المرأة العراقية واثرها في التنمية الاقتصادية، كتاب وقائع المؤتمر العلمي الخامس لكلية التمريض، جامعة الموصل،24-25 حزيران، 2008، تحت عنوان المرأة والطفل نظرة شمولية ورؤي مستقبلية، جامعة الموصل، العراق،2008، ص21-35.

12. د. رواء زكي يونس الطويل، استنباط آلية جديدة لتفعيل دور المرأة العراقية، مجلة اداب الرافدين، العدد1/41، جامعة الموصل، العراق، 2005.

13. هدى زريق، دور المرأة في التنمية الإجتماعية الإقتصادية في البلدان العربية، مجلة المستقبل العربي، السنة 10، العدد 109، 1988، ص 87 - 113.

14. R.Dixon, Women in Agriculture,Counting the Labour Force in Developing Countries,Pupulation and Development Review , Vol. 8, No. 4. 1982 , PP. 539-566.

15. Huda Zurak, Women's Economic Participption , in Frederic C. shorter and Huda Zurayk , eds , Population Foctors in Development Planning in the Middle East , New York , Population council , 1985.

16. G. Stevens and M. Boyd , The Impotance of mother, Labour Force Participation and Integrational Mobility of Women , Social Forces , Vol. 59 , 1980 , PP. 187. 199.

17. هدى زريق، مصدر سابق.

18. رواء زكي يونس الطويل، تحليل اقتصادي قياسي مقارن للأنفاق الاستهلاكي، رسالة ماجستير، جامعة الموصل، العراق،1980.

19. L. Beneria,conceptuali Zing The Labour Force,The Underestimation of Women's Economic Activity , Journal of Development Studies , Vol. 17, 1981 , PP. 10 - 20.

الفصل الحادي عشر

توسع خيارات الناس في ظل التنمية المستدامة وحقوق الانسان

مقدمة الفصل الحادي عشر:

يبقى الحديث عن حقوق الانسان والية حمايتها في الوطن العربي ناقصاً مالم يقترن بدعوة صريحة وغير قابلة للتأويل الى اصلاح او تغيير، والانتهاكات الكثيرة والموجعة لحقوق الانسان العربي وما يترتب عليها من مساس بشخصيته وكرامته وتعطيل لدوره الوطني والقومي. صحيح ان السلطة الحاكمة، اية سلطة حاكمة، تجنح بطبيعتها الى التجاوز والاعتداء على حقوق الافراد والجماعات وصحيح ايضاً ان الحكم مهمة صعبة، غير ان السلطة الحاكمة في بلدان الوطن العربي قد تجاوزت كل الحدود واصبح خرق حقوق الانسان المواطن طبيعة ثابتة لها.

لقد واصلت الدول العربية جهودها في تنمية مواردها المادية والبشرية، وشهدت الاقتصادات العربية خلال العقود الثلاثة الاولى من النصف الثاني للقرن العشرين جهوداً كبيرة في اطار التنمية والتحديث، كلاً حسب رؤيتها الاقتصادية وفلسفتها في نوع النظام الاقتصادي والسياسي القائم، فبعضها انتهج فلسفة اقتصادية ليبرالية وبعضها الاخر رأى في الاشتراكية الفلسفة المناسبة لتجاوز اوضاع التخلف والتبعية، وبما ان الالتزام بحقوق الانسان المواطن يفرض على السلطة الحاكمة واجبات محددة، واجبات ايجابية للقيام بأعمال معينة وواجبات سلبية أي الاحجام عن القيام بأعمال معينة.

وبما ان احترام الحقوق هو احد المقاييس الهامة للحكم على صلاحية السلطة القائمة فان التمادي في امتهان الانسان العربي وانتهاك حقوقه يطرح مباشرة وبصورة حادة مسألة شرعية انظمة الحكم القائمة في البلدان العربية وعليه فالسلبيات كثيرة في الوطن العربي، ولكن هذا لايعني انه لاتوجد نقاط مضيئة في الممارسة السياسية في هذا القطر او ذاك، وقد تكون ثمة دولة وقعت جميع معاهدات حقوق الانسان، ولكن بدون وجود مجتمع مدني مفتوح فانها قد لاتتعرض لضغط كافي يدفعها الى احترام التزاماتها[1].

مشكلة الفصل الحادي عشر:

ان ميدان القيم الاخلاقية اكثر اتساعاً من ميدان الحقوق الانسانية.فهناك فرق مثلاً، بين الحقوق الانسانية وبين الفضائل والمناقب الحميدة. فالفضائل التي نتمسك بها وندعو الى اكتسابها ليست كلها حقوقاً انسانية. فليس من واجبك ان تكون كريماً او شجاعاً وليس للسخاء او الشهامة او الاعتدال موقع في القوانين الوضعية، والاعمال البطوية كما نعرف هي تلك الافعال المندوبة التي تفوق نداء الواجب وتثير الاعجاب في النفوس ولكن احداً لايزعم بأن البطولة او القدسية واجب على احد او حق لاحد على احد. كما ان حقوق الانسان تختلف اختلافاً كبيراً عن المبادئ الاخلاقية والمثل العليا الاخرى مثل التضامن والاخوة والتفاني في خدمة الوطن او البشرية، فالمشاركة في وضع السياسة الاقتصادية العالمية تمثل شيئاً اساسيى في عالم يتسم بتفاوت جسيم في القوة الاقتصادية والسياسية [2]، وحقوق الانسان قد تكون شاملة للجميع ولكنها ليست مقبولة من الجميع[3].

ان حقوق الانسان بدورها ليست جزءاً هامشياً موجودة بمعزل عن علاقة الافراد بعضهم ببعض وبالسلطة الحاكمة، حقوق الانسان هي في صميم هذه العلاقة المزدوجة. وهي اولاً وقبل كل شيئ قيم اخلاقية عالمية تقابلها وتشتق منها، واجبات على الافراد وعلى السلطة الحاكمة وعلى البشرية جمعاء. وهي ذلك الجزء من القيم الاخلاقية الذي يحتل اولوية قصوى من حيث الحاجة الى الحماية القانونية المحلية والاقليمية والدولية، والواجبات والالتزامات اعراف، والاعراف تزود الناس والعناصر الفاعلة الاخرى بأسباب تجعلهم يتصرفون بطرق معينة، وبعض الواجبات والالتزامات لايتطلب من الشخص سوى ان يشرع في مسار سلوكي معين.

ان حقوق الانسان والمقصود بها الحقوق السياسية والمدنية والحقوق والحريات الاساسية او الحقوق الطبيعية اما الحقوق الاقتصادية والاجتماعية والثقافية، فقد انحدرت من سلالة مختلفة وترعرعت في فترة زمنية لاحقة.وهي بالتأكيد حقوق من نوع مختلف عن نوع الحقوق المدنية والسياسية.ان ادخال هذين النوعين المتميزين من

الحقوق في الاعلان العالمي لحقوق الانسان عام 1948 والصكوك الدولية اللاحقة، جاء نتيجة اتفاق بين ايديولوجيات تمثلها معسكرات وكتل سياسية.

ولكن هذا الاتفاق لا يلغي ما احدثه الجمع بين النوعين من خلط في المفاهيم ومن هواجس فكرية يعانيها كل من يسعى جاداً للعمل على نشر حقوق الانسان وحمايتها والدفاع عنها.ومن بين جميع التقصيرات الموجودة حالياً فيما يتعلق بحقوق الانسان تؤثر التقصيرات في المجالات الاقتصادية والاجتماعية على اكبر عدد من الناس وهي الاوسع انتشاراً بين دول العالم وبين اعداد غفيرة من الناس.

اهمية البحث:

لقد قيل وكتب الكثير عن طبيعة العلاقة بين الديمقراطية فكراً ونظام حكم و طريقة حياة، وبين حقوق الانسان في العصر الحديث وعلى وجه التحديد منذ النصف الثاني من القرن السابع عشر ـوكان للثورات الثلاث، الانكليزية 1688 والفرنسية 1789 والامريكية 1776 ولاعلانات حقوق الانسان التي رافقتها، اثر بالغ في تعزيز هذه العلاقة.وهي كما سنرى، علاقة تاريخية ومفهومية على حد سواء، وينبغي ان يكون هدف هذا القرن هو منح جميع الحقوق لجميع الناس في كل بلد.

وهناك من المفكرين من يعتقد ان هاتين الفكرتين الديمقراطية وحقوق الانسان كانتا مرافقتين نشأة وتصاعد الطبقة البرجوازية الاوربية، وهناك من يذهب بعيداً ليجد ان البروتستانتية كانت التربة الخصبة لولادة هذه الافكار المترابطة جميعها.ولا ينفك الفكر الماركسي، ومنذ منتصف القرن الماضي، عن تبيان ونقد هذه العلاقة الوثيقة والمركبة بين الطبقة البرجوازية وحقوق الانسان والديمقراطية، وبدلاً من الاكتفاء باداء رد فعل للانتقادات من الجهات الخارجية، يلزم ان تأخذ البلدان بزمام المبادرة وتعد تقييمات سنوية وطنية خاصة بها [4].

مفهوم حقوق الانسان:

هنالك فرق بين مفهومي الحقوق السياسية والمدنية من جهة وبين الحقوق الاقتصادية والاجتماعية والثقافية من جهة اخرى. ذلك ان الحقوق من النوع الاول هي حقوق بالمعنى الدقيق لكلمة حقوق اما الحقوق الواردة في النوع الثاني فهي اما ليست حقوقاً او انها حقوق بالمعنى الواسع لكلمة حقوق والمسألة لاتتعلق فقط بأولويات الحماية او الرعاية، وتوجد اسس تم على اساسها تحديد الحقوق من النوع الاول[5].

فاذا كان لانسان او مجموعة محددة من الناس او البشرية جمعاء حق فعليها واجباً مقابلاً، وان يكون لك حق انساني معناه ان على البشر جميعاً واجبات مقابلة تجاهك.وان يكون لي حق في الحياة، مثلاً يعني وجوب امتناع الناس اينما كانوا عن الاعتداء على حياتي[6]، كما ان تلازم حقوق الانسان مع الواجبات، وصلة الواجبات اهم العناصر الفاعلة المسؤولة عن اعمال حقوق الانسان.

واؤلئك الذين يتحملون واجبات فيما يتعلق بحق من حقوق الانسان يخضعون للمساءلة اذا لم يعمل الحق، وعندما ينتهك حق او تكون حمايته غير كافية يكون هناك دائماً شخص ما او مؤسسة لم يؤد واجباً[7]، ان القابلية للتطبيق هي احدى الاسس التي يتم على اساسها تحديد الحقوق الانسانية، اذ لايعقل ان تفرض على شخص ما واجبات لايستطيع القيام بها.

ونظراً الى قابليته للتطبيق فان حقه في الحياة يمكن تحويله فوراً الى حق وصفي عن طريق تثبيته في الدستور او القانون المحلي، وجميع الحقوق السياسية والمدنية تستوفي هذا الشرط[8]، ان يكون للانسان حق انساني بالمعنى الدقيق لكلمة حق فمعناه ان أي انسان اخر في أي مكان وزمان يمتلك مثل هذا الحق وذلك بغض النظر عن جنسه او لونه وطبيعته او قوميته او دينه او زظيفته. حقوق الانسان هي كلها حقوق عامة **general** وعالمية **Univers** [9].

ان الحقوق بالمعنى الدقيق، تقابلها دائماً واجبات صارمة dutiesstrict، والواجبات الصارمة هي عادة واجبات سلبية negative duties، واجبات الاحجام عن القيام بأعمال معينة [10]، بغض النظر عن الامكانات، غير المتوفرة في كثير من الاحيان فان الواجب هنا هو ليس على الناس جميعاً، انما هو محصور في مجموعة اصغر من المجتمع البشري الاسرة او الدولة مثلاً، ان الحقوق الانسانية بالمعنى الدقيق هي ايضاً امور غاية في الاهمية والالحاح وهناك فرق هائل، من حيث الاهمية والالحاح، بين الضمان الاجتماعي وبين خطر التعذيب او الاعتداء المنظم على الحياة وحريات الناس [11].

ان غياب الضمان الاجتماعي لمن هو بدون عمل او ملاذ نوع من المعاناة والتعذيب لان خطر التعذيب يتم بمجرد سن وتنفيذ القوانين والمحاسبة على خرقها (مقياس القابلية للتطبيق) من قبل جميع المجتمعات والدول (مقياس العالمية) بينما يحتاج الضمان الاجتماعي الى توفير الموارد الاقتصادية والى التنظيم الاجتماعي القادر على الانصاف في توزيعها، كما ان الحق الانساني لاينتج من الاهمية والالحاح رغم كونهما احد المقاييس التي تنطبق على الحقوق الانسانية جميعها.هذا المقياس من شأنه التمييز بين الحقوق الانسانية من جهة، وبين تلك المطالب او الحاجات التي لايتم تصنيفها حقوقاً انسانية من جهة ثانية (سواء اكانت اقتصادية او اجتماعية او غير ذلك).

مقاييس لتقييم تطبيق حقوق الانسان:

ان المحددات لظروف التحول الديمقراطي في الوطن العربي تركز على تأثير التحديات والضغوط التي تواجهها الانظمة العربية، و تأثير التغيير الحاد في بنية النظام الدولي في هذا التحول.وفي معرض تشخيص التصورات السياسية التي شهدتها بلدان المنطقة في التسعينات، يصطلح تسمية تلك التطورات بالسطحية، لكونها ظاهر بعض البلدان العربية ذات النظم الشمولية من دون ان النفوذ الى جوهرها، وتثار في هذا الخصوص طائفة من التساؤلات تستهدف كشف التجارب الديمقراطة في في بعض الدول من نوع :هل اثر تطبيق الديمقراطية في تغيير هياكل السلطة او البنى

الاجتماعية؟ الى أي مدى يمكن ان تستمر قوى المجتمع المدني في الضغط من اجل تطبيق كامل وحقيقي للديمقراطية؟ ما هي الديمقراطيات العربية؟.

وبخصوص التساؤل الاخير، يتم التوقف امام احد اهم العناصر الثقافية السياسية العربية وهو الاسلام كمحدد لنظم الحكم بغض النظر عن طبيعتها والتحفظ على قدرة الشعوب العربية ورغبتها في الجمع بين سياسات عامة تنبثق من التعاليم الاسلامية من جهة، واعتناق قيم الديمقراطية الغربية من جهة اخرى [12]، وبناءآ عليه يمكن وضع مجموعة من المقاييس **criteria** نقيم وفقها درجة تطبيق حقوق الانسان وهي:-

1- مقدار المشاركة السياسية للمواطنين ونسبة المقترعين منهم، اذ قد تحرم القوى المهيمنة في المجتمع بعض الفئات من المشاركة في الحكم، اما بسبب العنصر او الجنس او الدين او المذهب او المستوى الاجتماعي او السن [13].

2- نظام اجتماعي عادل حيث يهيئ الظروف اللازمة لامكانات ممارسة الحقوق والحريات للجميع اذا كان عادلآ، واذ اختلفت موازين العدالة في هذا التكوين فان ماقد يكون في الدستور والقوانين من نصوص تقر الحقوق والحريات قليلة الجدوى في الواقع او منقوصة الفائدة [14].

3- تداول السلطة بين الاحزاب الديمقراطية، فبقاء السلطة في يد حزب واحد مؤشر حاد لغياب الديمقراطية وحقوق الانسان اذا يعني ذلك ان الحاكم يستخدم الديمقراطية ومظاهرها لتبرير حكمه الفردي، ومالم تنتقل السلطة سلمياً الى يد المعارضة الحزبية في فترة ما، فان شبهة الزيف تواجه التجربة المطبقة للديمقراطية.

4- مقدار حيازة المواطنين للسلطة فكلما حاز المواطنين قدرآ اكبر من السلطة زادت درجة تطبيق حقوق الانسان ودرجة اقترابهم من النظام الديمقرطي، حتى اذا اصبحوا مصدرآ للسلطات فهو تعبير عن الارادة من خلال دستور

يجتمع عليه، يضم المبادئ التي يتفق عليها، ويحوي الحقوق والواجبات وينظم العلاقات بين السلطات المختلفة.

5- التعددية السياسية، وهي التي تضمن تعدد الاتجاهات لتحول دون احتكار طرف سياسي للسلطة، وعادة ما يعبر عن ذلك بوجود تشريع ينظم انشاء وعمل احزاب ذات برامج تنفيذية[15].

6- وفرة مؤسسات المجتمع المدني، كالنقابات والاتحادات والجمعيات والهيئات الخاصة، وكلما تعددت هذه المؤسسات عكست مؤشراً قوياً لاقترابها من الديمقراطية وتطبيق حقوق الانسان غير انه من الضروري ادراك ان تلك المؤسسات يجب ان تكون حرة مستقلة عن الاجهزة الرسمية للدولة او الاواصر الاجتماعية وتشكل هيئاتها بالاقتراع المباشر.

7- ضمانات للحريات العادلة، وابرزها حرية التعبير والتجمع والتنقل والملكية وبالاخص عدم تقنين احتكار اصدار الصحف او محطات البث وغيرها من وسائل الاعلام والتعامل مع هذه الوسائل كسلطة تشكل الرأي العام ولكن يبقى مصدرها الشعب كبقية السلطات.

8- استقلالية القضاء عن بقية السلطات وتأثيرها، أي لايصبح القضاء جهازاً حكومياً في نظام التعيينات او سلم الترقيات او باب الرواتب والا يحول بينه وبين المواطن حاجزاً بدءاً بالمحاكم الابتدائية وانتهاء بالمحاكم الدستورية، وان يضمن القضاء الرقابة على نفسه من سوء استغلال السلطة والانحراف بها، والا تكون نظمه الادارية معوقاً للعدالة وتحقيقها.

9- بناء دولة القانون بمؤسساتها الحديثة الذي تكفل احترام اجهزة الدولة المختلفة وكل مسؤول فيها لسيادة القانون وانقيادهم التام لمبدأ المشروعية وعدم الخروج عليها[16].

الشريعة الاسلامية وحقوق الانسان:

ان روح الديمقراطية تسري في جسم الامة الاسلامية ومنذ تشكيل اولى كياناتها السياسية، فقد سارت على نهج الرسول محمد صلى الله عليه وسلم (لافرق بين عربي واعجمي وابيض واسود الا بالتقوى)، وقال الخليفة عمر بن الخطاب رضي الله عنه :(متى استعبدتم الناس وقد ولدتهم امهاتهم احرار)، لقد سمح المسلمون الاوائل في مجتمعهم للديانات الاخرى ان تمارس كل حقوقها على المستويات كافة وقد وصل العديد من افرادها الى مستويات عليا في الدولة الاسلامية، وهذا مالم يحدث في الديانات الاخرى [17].

ان كثيراً من الاسلاميين يفهمون الديمقراطية على انها نسق ينتهي بمنح ممثلي الشعب سلطة التشريع، حيث انها حكم الشعب بالشعب وهذا فهم ماله وصف الديمقراطية بالاعتداء على حق الربوبية في التشريع، باعتبار ان الله تعالى له الخلق والامر وان الذين يضعون انفسهم في مقام التشريع يعتدون على حق الله ويعتبرون ((شركاء شرعوا لهم من الدين مالم يأذن به الله)) وهؤلاء الذين يتصدون للتشريع خلاف ما امر به الله تعالى يسميهم القرءان بشركاء المشركين (وكذلك زين لكثير من المشركين قتل اولادهم شركاؤهم)، ان الاسلام ديمقراطياً يؤمن بالشورى ويعطي لكل انسان حقه مهما كانت قوميته ولونه[18].

فالمجتمع الاسلامي مجتمعاً عادلاً وفوق الشبهات، فلم يكن فيه نظام كنظام الطوائف في الهند وامتيازات كامتيازات الطبقة الارستقراطية في اوربا ولا تسلط الحزب الواحد او المدرسة الفكرية الواحدة، وان الله عاب على اهل الكتاب عندما منحوا الكنيسة حق التشريع واعتبر ان من يمنح حق التشريع يقوم مقام الرب لانه يعتدي على حق من حقوق الربوبية (اتخذوا احبارهم ورهبانهم ارباباً من دون الله)، غير ان تعريف الديمقراطية بأنها نظام حكم ومنهج سلمي لادارة اوجه الاختلاف في الرأي والتعارض في المصالح، يسقط كل هذه التهم وما تعريف حكم الشعب بالشعب الا صيغة معاصرة لمبدأ الولاية للامة.

ان هذا النظام يقوم على مبدأ احترام ارادة الامة ورفض الاكراه وهو مبدأ شرعي يصل في الاسلام الى حد احترام الارادة في اختيار الديانة (لااكراه في الدين))فلو اختارت امة ما دين لها فلا يجوز قسرها على دين اخر، كما انه نظام يقوم على مبدأ التراضي والتعاقد بين الامة[19] فالديمقراطية في الاسلام تعطى للمرء الثقة بنفسه وتدفعه للمطالبة بحقه صراحة من اجل نيل الحقوق السياسية وحرية ابداء الرأي شريطة الا تصطدم مع الاخرين وتكون سبباً لفساد المجتمع والدولة [20]، ولقد عبر الاسلام عنه بمفهوم ((البيعة)) وابطل أي نظام حكم لايأخذ شرعيته بتراضي الامة والتعاقد معها على شكل الحكم.

وهذه حقيقة تعبر عنها تجربة الخلفاء الراشدين الذين كانت الامة تشترط عليهم العمل بكتاب الله وسنة نبيه مقابل البيعة، وما هذا الاتفاق الا شكل من اشكال التعاقد الاجتماعي وجوهر فكرة النظام الدستوري، فاذا كانت شروط البيعة تتم بشكل شفهي مختصر فما الذي يمنعها من ان تكون مدونة وبشكل تفصيلي، واذا كان شرط البيعة ان تكون الشريعة الاسلامية مصدر التشريع فهل الذين يتصدون لصناعة التشريعات يعتدون على حق الربوبية [21].

ان التصدي لمسألة التشريع ليس اعتداء على حقوق الربوبية ولكن الغاء التشريع الالهي بتشريع بشري هو الاعتداء على حقوق الربوبية والديمقراطية توفر الية لصناعة التشريعات ولا تقرر مضمونها، فالذين يستخدمون هذه الالية بامكانهم احترام حقوق الربوبية او الاعتداء عليها والالتزام بمبدأ الشريعة الاسلامية مصدر التشريع لايعني الغاء سلطة الامة في التشريع، فالقاعدة التي سنها النبي صلى الله عليه وسلم انتم اعلم بأمور دنياكم، تضع دور الامة في نصابه الصحيح بالعملية التشريعية [22].

ان التشريعات الابدية في الاسلام لاتشكل الا نسبة ضئيلة على ارض الواقع ومعظمها محصور بالاخلاق والعبادات والاحوال الشخصية والعقوبات وما جاء بعد ذلك من تفصيلات او اضافات لايتجاوز الاجتهاد البشري الذي قد يعد تراثاً غير

ملزم، وهناك قصص كثيرة، نجد منها صور مباركة ونادرة لامثيل لهافي تاريخ العالم عن عودة حقوق المواطنين وبأساليب في منتهى العدل والمساواة والحرية.

ان الكثير من الباحثين الاسلاميين يجد ان كلمة الديمقرطية ومدلولاتها اوربية وغريبة عن الاسلام ومجتمعه وهي ليست مرادفة لكلمة الشورى علماً ان الدستور في النظام الديمقراطي من صنع الشعب، وفي الشورى فان الدستور يعتمد التشريع الاسلامي وهو منزل من عند الله تعالى ومستقى من القرءان الكريم والسنة النبوية، ففي الديمقراطية النظام علماني وفي الشورى النظام ديني اسلامي، لذا يجب انضاج مفهوم الدولة الاسلامية ونظرية الحكم الاسلامي بما يميز بين دائرة الديني ودائرة السياسي ضمن الدولة الاسلامية، ويعني بدائرة السياسي مجال الشورى التي يمكن للديمقراطية ان تنمو في اطارها[23].

لقد ترك الاسلام مساحات شاسعة من امور الدنيا دون تشريع مكتفياً بمبادئ عامة كالمبادئ الدستورية، و تنظيم العلاقات السياسية والاقتصادية والاجتماعية والدولية والعسكرية والتكنولوجية والاعلامية ظلت مفتوحة للاجتهاد البشري وخاضعة لتطور الزمان والمكان وما التراث الفقهي في هذه المجالات سوى ثروة تشريعية التزمت بالمبادئ لتصوغ الانظمة وفق المصلحة الدنيوية لزمان ومكان ما[24].

ولكنها تظل غير ملزمة لمن ياتي من بعد وهو موقف اسلامي اصيل اكد الامام علي بن ابي طالب رضي الله عنه اثناء المفاوضات على الخلافة، فلقد كان الفريق المفاوض يريد تحويل التراث التشريعي الذي خلفه الخليفتان ابو بكر وعمر الى اصل ملزم في عقد البيعة، بينما كان الامام يرى ذلك اجتهاداً بشرياً يمكن الاستفادة منه دون الزام واذا كان الامام خسر الجولة الاولى من مفاوضات الخلافة فانه على رغم خسارته هذه قدم اعظم خدمة للاسلام بفضل الوحي عن التراث ولولاه لظلت تراكمات التراث عبر الاجيال تزحف على مناطق السماح وتستولي على سلطة الامة التشريعية[25].

ان العصر الحالي، جيلنا وجيل اولادنا لايعرف وسيلة في تداول السلطة ومراقبة الحكام وضمان حق الناس في التعبير عن ارائهم وضمان سلامة الادارة التي يدار بها الامر كله، ورد الامر لاصحابه أي للشعب انجع من الديمقراطية[26]. كما ان الديمقراطية من حيث هي وسيلة تتفق تمام الاتفاق مع قواعد الاسلام ومبادئه، ليس فيها من حيث هي وسيلة شيئ يخالف قواعد الاسلام ومبادئه[27].

وتتوضح الاهمية القصوى لمبدأ الشورى في تقرير امور المجتمع، ومبدأ مسؤولية الحكام، ومبدأ سيادة التشريع، ومبدأ احترام حقوق الافراد وحرياتهم والتي هي شرط للنهضة الحقيقية[28]. كما ان الشورى اوسع نطاقاً من الديمقراطية، لانها تعني ان يكون لك قول ورأي، اما الديمقراطية فهي ان يكون لك صوت، فالديمقراطية مرحلة ينبغي ان ننجزها وتنجح فيها، لكي نحقق مرادنا في تطبيق الشورى[29].

اساسيات الحياة في ظل حقوق الانسان والتنمية البشرية :

التنمية البشرية هي عملية توسيع لخيارات الناس عن طريق توسيع الوظائف والقدرات البشرية، ومن ثم تعبر التنمية البشرية ايضاً عن النتائج البشرية التي تتحقق في هذه الوظائف والقدرات، وهي تمثل عملية وغاية في الوقت ذاته.وعلى جميع مستويات التنمية تتمثل القدرات الاساسية الثلاث في ان يحيا الناس حياة مديدة وصحية، وان يحصلوا على المعرفة وان يحصلوا على الموارد اللازمة لمستوى معيشة لائق.ويوضح جدول -1- تطور معدل القراءة والكتابة بين الكبار في اقطار الوطن العربي خلال الفترة 1970-1992، كذلك تطور نسبة المقيدين في جميع مراحل التعليم لمن اعمارهم بين 6-23 سنة للفترة 1980-1990.

جدول رقم -1-

حقوق الانسان والتعليم

نسبة المقيدين في جميع مراحل التعليم (لمن اعمارهم 6-23سنة)		معدل القراءة والكتابة بين الكبار(نسبة مؤية)		القطر
1990	1980	1992	1970	
73	75	82	47	الاردن
73	44	-	-	الامارات العربية المتحدة
75	58	-	79	البحرين
62	50	68	31	تونس
60	52	61	25	الجزائر
24	19	-	-	جيبوتي
50	36	64	9	السعودية
27	25	28	17	السودان
66	60	67	40	سوريا
-	-	27	3	الصومال
62	67	62	34	العراق
61	28	-	-	عمان
78	60	-	-	قطر
-	-	74	54	الكويت
65	67	81	69	لبنان
-	-	66	37	ليبيا
66	51	50	35	مصر
37	38	52	22	المغرب
25	19	35	-	موريتانيا

تابع جدول رقم-1-

حقوق الانسان والتعليم

القطر	معدل القراءة والكتابة بين الكبار(نسبة مؤية) 1970 1992		نسبة المقيدين في جميع مراحل التعليم (لمن اعمارهم 6-23سنة) 1980 1990	
اليمن	8	40	22	43
مجموع الوطن العربي	27	51	44	61
جميع البلدان النامية	46	69	45	46
البلدان الاقل نمواً	29	46	31	32
افريقيا جنوب الصحراء	28	51	39	35
البلدان الصناعية	-	-	-	-
العالم	-	-	-	-

ولكن عالم التنمية البشرية يمتد الى ما هو ابعد من ذلك، فمجالات الاختيار الاخرى التي يعطي لها الناس قيمة فائقة تتضمن المشاركة والامن والقابلية للاستدامة وحقوق الانسان المضمونة، وهي كلها امور لازمة لكي يكون الانسان خلاقآ ومنتجآ ولكي يتمتع باحترام الذات وبالتمكين وبالاحساس بالانتماء الى المجتمع.وفي التحليل الاخير التنمية البشرية وهي تنمية الناس لاجل الناس وبواسطة الناس[30].ويوضح جدول -2- العلميون والفنيون للفترة 1986-1991في اقطار الوطن العربي، كذلك العلماء والفنيون في البحث والتطوير للفترة 1986-1989 وخريجوا التعليم العالي للفترة 1987-1990 وخريجوا الكليات العلمية للفترة 1988 -1990 في اقطار الوطن العربي.

جدول رقم -2-

حقوق الانسان كي يكون خلاقآ ومنتجآ

القطر	العلميون والفنيون (في كل الف نسمة) 1986-1991	علماء وفنيو البحث والتطوير (في كل الف نسمة) 1986-1989	خريجو التعليم العالي (نسبة مؤوية من الفئة العمرية المقابلة) 1987-1990	خريجو الكليات العلمية (نسبة مؤوية من جميع الخريجين 1988-1990
الاردن	-	1.3	5.6	25
الامارات العربية المتحدة	-	-	1.7	12
البحرين	44.7	-	1.7	52
تونس	1.4	-	2.3	36
الجزائر	-	-	0.9	42
جيبوتي	0.1	-	2.2	4
السعودية	-	-	-	14
السودان	0.4	-	2.5	3
سوريا	3.6	-	0.4	33
الصومال	-	-	4.0	13
العراق	3.6	-	-	20
عمان	6.6	-	-	24
قطر	19.6	9.3	-	13
الكويت	69.2	12.7	4.3	18
لبنان	-	-	4.2	24
ليبيا	10.8	-	2.9	-
مصر	-	6.0	-	19

تابع جدول رقم -2-

حقوق الانسان كي يكون خلاقاً ومنتجاً

القطر	العلميون والفنيون (في كل الف نسمة) 1986-1991	علماء وفنيو البحث والتطوير (في كل الف نسمة) 1986-1989	خريجو التعليم العالي (نسبة مؤوية من الفئة العمرية المقابلة) 1987-1990	خريجو الكليات العلمية (نسبة مؤوية من جميع الخريجين 1988-1990
المغرب	-	-	3.8	27
موريتانيا	-	-	1.1	-
اليمن	0.2	-	-	3
مجموع الوطن العربي	1.4	1.6	0.2	20
جميع البلدان النامية	8.8	3.2	1.2	28
البلدان الاقل نمواً	-	-	0.3	18
افريقيا جنوب الصحراء	-	-	0.3	21
البلدان الصناعية	84.9	40.5	19.2	24
العالم	25.0	12.5	3.8	24

ان حقوق الانسان هي الحقوق التي يملكها جميع الاشخاص بحكم انسانيتهم المشتركة وان يعيشوا في حرية وكرامة، وهي تمنح جميع الناس حقوقاً معنوية فيما يتعلق بسلوك الافراد وفيما يتعلق بتصميم الترتيبات الاجتماعية، وهي شاملة ولا يمكن التصرف فيها ولا يمكن تجزئتها. وحقوق الانسان تعبر عن اعمق التزاماتنا بكفالة امن جميع الاشخاص في تمتعهم بالخبرات والحريات اللازمة لكي يحيوا حياة كريمة.ويوضح جدول -3- ابسط حقوق الانسان في الوطن العربي وهي حقه في الحياة واثبات

انسانيتهم كالعمر المتوقع وتطوره للفترة 1960-1992 وتناقص معدل وفيات الرضع للفترة 1960-1992 من جميع اقطار الوطن العربي.

جدول رقم-3-

حقوق الانسان بحكم انسانيتهم

معدل وفيات الرضع (لكل الف مولود حي)		العمر المتوقع عند الولادة (سنوات)		القطر
1992	1960	1992	1960	
37	135	67.3	47.0	الاردن
23	145	70.8	53.0	الامارات العربية المتحدة
12	130	71.0	55.5	البحرين
40	159	67.1	48.4	تونس
62	168	65.6	47.0	الجزائر
113	186	48.3	36.0	جيبوتي
31	170	68.7	44.4	السعودية
100	170	51.2	38.7	السودان
40	135	66.4	49.8	سوريا
123	175	44.4	32.3	الصومال
50	139	65.7	48.5	العراق
30	214	69.1	40.1	عمان
26	145	69.6	53.0	قطر
15	89	74.6	59.6	الكويت
35	68	68.1	59.6	لبنان
70	160	62.4	46.7	ليبيا
58	179	60.9	46.2	مصر

تابع جدول رقم-3-

حقوق الانسان بحكم انسانيتهم

القطر	العمر المتوقع عند الولادة (سنوات)		معدل وفيات الرضع (لكل الف مولود حي)	
	1960	1992	1960	1992
المغرب	46.7	62.5	163	70
موريتانيا	35.3	74.4	191	118
اليمن	36.4	51.9	214	107
مجموع الوطن العربي	55	61.4	270	64
جميع البلدان النامية	46.2	63.0	149	69
البلدان الاقل نموآ	39.0	50.1	170	112
افريقيا جنوب الصحراء	40.0	51.1	165	101
البلدان الصناعية	69.0	74.5	35	13
العالم	53.4	65.6	128	60

وتشير وظائف الشخص الى الاشياء القيمة التي يمكن ان يفعلها او يكونها من قبيل تغذيته تغذية جيدة وعيشه حياة مديدة ومشاركته في حياة المجتمع وقدرة الشخص ترمز الى التوليفات المختلفة من الوظائف التي يمكن ان يحققها الشخص.ومن ثم فان القدرات تعبر عن حرية تحقيق الوظائف والتنمية البشرية بهذا المعنى هي الحرية.وحقوق الانسان تنتمي لجميع الناس، وجميع الناس يتساوون فيما يتعلق بهذه الحقوق باحترام حقوق الانسان لاي فرد كان او لعدم احترام حق أي فرد اخر، فهو ليس افضل او اسوأ تبعآ لجنس الشخص او عنصره او اصله العرقي او قوميته او أي شيئا اخر.ويوضح جدول-4- ابسط اساسيات الحياة الواجب اشباعها مثل حق

الحصول على حياة مأمونة ومقارنة ذلك للفترة 1957-1980 مع الفترة 1988-1991 في جميع اقطار الوطن العربي، كذلك حق الانسان في الحصول على السعرات الحرارية اليومية للفترة 1988-1990.

جدول رقم-4-

اساسيات الحياة الحاجات الواجب اشباعها

القطر	نسبة السكان الذين يحصلون على مياه مأمونة (نسبة مؤوية) 1957-1980	1988-1991	امدادات السعرات الحرارية يوميا كنسبة مؤوية من المتطلبات 1988-1990
الاردن	-	99	111
الامارات العربية	-	100	151
البحرين	100	100	-
تونس	35	99	137
الجزائر	77	70	118
جيبوتي	42	86	-
السعودية	64	93	120
السودان	-	45	83
سوريا	-	73	126
الصومال	38	66	81
العراق	66	91	133
عمان	-	79	-
قطر	-	-	-
الكويت	-	100	130
لبنان	-	98	129

تابع جدول رقم-4-

اساسيات الحياة الحاجات الواجب اشباعها

القطر	نسبة السكان الذين يحصلون على مياه مأمونة (نسبة مؤوية) 1957-1980	1988-1991	امدادات السعرات الحرارية يوميا كنسبة مؤوية من المتطلبات 1988-1990
ليبيا	87	93	140
مصر	75	88	133
المغرب	70	-	73
موريتانيا	-	70	109
اليمن	-	-	93
مجموع الوطن العربي	-	74	115
جميع البلدان النامية	36	70	109
البلدان الاقل نمواً	21	45	91
افريقيا جنوب الصحراء	25	45	29
البلدان الصناعية	-	-	-
العالم	-	-	-

وحقوق الانسان غير قابلة للتصرف فليس من الممكن ان يسلبها اخرون ولايمكن ان يتنازل عنها طوعاً. ويقيس دليل التنمية المرتبط بنوع الجنس والانجازات من حيث نفس الابعاد وباستخدام نفس المتغيرات التي يستخدمها دليل التنمية البشرية [31]، ولكن يراعى فيه التفاوت في الانجاز بين المرأة والرجل، فكلما زاد التفاوت بين الجنسين من حيث التنمية البشرية الاساسية كلما انخفض دليل التنمية المرتبط بنوع الجنس لاي بلد بالمقارنة بدليله التنمية البشرية منخفضاً، او معدلاً تعديلاً انخفاضياً مراعاة لانعدام المساواة بين الجنسين.ان حقوق الانسان غير قابلة للتجزئة بمعنيين.اولاً

:لايوجد ترتيب هرمي بين مختلف انواع الحقوق، فالحقوق المدنية والسياسية والاقتصادية والاجتماعية والثقافية ضرورية على قدم المساواة لكي يحيا المرء حياة كريمة. ثانياً: لايمكن قمع بعض الحقوق تعزيزاً لحقوق اخرى.

فالحقوق المدنية والسياسية لايمكن انتهاكها لتعزيز الحقوق الاقتصادية والاجتماعية والثقافية، ويمكن قمع الحقوق الاقتصادية والاجتماعية والثقافية تعزيزاً للحقوق المدنية والسياسية.ويشير مقياس التمكين الجنساني الى ما اذا كانت المرأة قادرة على المشاركة بنشاط في الحياة الاقتصادية والسياسية، فهو يقيس انعدام المساواة بين الجنسين في مجالات المشاركة وصنع القرار في الميدانين الاقتصادي والسياسي الرئيسية.

ويختلف مقياس التمكين الجنساني بتركيزه على الفرص المتاحة للمرأة في الساحتين الاقتصادية والسياسية، عن دليل التنمية المرتبط بنوع الجنس الذي يمثل مؤشراً لانعدام المساواة بين الجنسين في القدرات الاساسية، وقد يعرف الفقر البشري على أن الفقر من حيث ابعاد متعددة، هي الحرمان من حيث ان يحيا المرء حياة مديدة وصحية من حيث المعرفة ومن حيث الحصول على مستوى معيشة لائق ومن حيث المشاركة، وعلى العكس من ذلك يعرف فقر الدخل بأنه الحرمان من حيث بعد واحد هو الدخل.لأنه من المعتقد اما ان هذا هو الفقر الوحيد الذي يهم او ان أي حرمان يمكن اختزاله في شكل قاسم مشترك.

اما مفهوم الفقر البشري فهو يعتبر انعدام الدخل الكافي عاملاً مهماً في الحرمان البشري، ولكنه ليس العامل الوحيد ولا يمكن كذلك وفقاً لهذا المفهوم اختزال الفقر كله في الدخل فاذا كان الدخل ليس حاصل جمع حياة الانسان فان نقص الدخل لايمكن ان يكون حاصل جمع الحرمان البشري.ويقيس دليل الفقر البشري اوجه الحرمان من حيث التنمية البشرية.

فبينما يقيس دليل التنمية البشرية التقدم الاجمالي المحرز في بلد فيما يتعلق بتحقيق التنمية البشرية يعبر دليل الفقر البشري عن توزيع التقدم ويقيس تراكم اوجه الحرمان التي ما زالت قائمة وقد بني دليل للفقر البشري للبلدان المصنعة و قد استنبط دليل

مستقل للبلدان المصنعة لان الحرمان البشري يتفاوت تبعاً للظروف الاجتماعية والاقتصادية في المجتمع، وللاستفادة من توافر البيانات بدرجة اكبر عن هذه البلدان.

حقوق الانسان وتقرير التنمية البشرية:

يؤكد التقرير الصادر عن برنامج الامم المتحدة الانمائي، على الصلة التي لاتنفصم بين التنمية وحقوق الانسان، ويقدم طائفة من المقترحات لبلوغ هدف "اعمال جميع الحقوق للجميع" وتقرير التنمية البشرية لعام 2000 يشير الى ان الاصوات الانتخابية وحدها لاتضمن حقوق الانسان. فالاغلبية المنتخبة ديموقراطياً يمكن ان تسحق الاقليات، ويصر على ان الفقر قضية من قضايا حقوق الانسان لاتقل اهمية عن قضية الاعتقال التعسفي، ومع ذلك فان تعذيب شخص واحد يثير سخطاً، بينما تمر وفاة اكثر من 30000 طفل كل يوم نتيجة للاصابة بامراض معظمها يمكن الوقاية منه دون ان يلحظها احد، ويحذر من ان تزايد اوجه انعدام المساواة وطنياً ودولياً يهدد بتأكل المكاسب التي تحققت بشق الانفس فيما يتعلق بالحريات المدنية والسياسية.

ويحث التقرير الهيئات الدولية، بما فيها منظمة التجارة العالمية، على الاهتداء بمبادئ والتزامات حقوق الانسان في عملية صنع القرارات وذلك لتهيئة نظام اقتصادي عالمي عادل وشامل للجميع، ويقول للشركات العالمية ان تحقيق ارباح لايكفي: فعليها مسؤولية ان تحترم حقوق الانسان كذلك، ويؤكد التقرير ايضاً على ان الحكومات يجب ان تأخذ مركز الصدارة فيما يتعلق بحماية حقوق الانسان- ولكنها لايمكن ان تتوقع تركها بمفردها تقوم بالمهمة المطلوبة " ففي عالم العولمة يعتبر نموذج المسألة المتمحور حول الدولة فيما يتعلق بحقوق الانسان نموذجاً تجاوزه الزمن. فالمطلوب هو منظور عالمي لحقوق الانسان، وما دون ذلك غير مقبول.

وينصب التقرير عى الصلة بين النضال ففي سبيل الحقوق الاقتصادية والاجتماعية والكفاح في سبيل الحريات المدنية والسياسية- "وهما وجهان لعملة واحدة". وتقول ساكيكو فوكودا -بار مديرة مكتب تقرير التنمية البشرية،" عندما تكون للناس حريات مدنية وسياسية يصبح بامكانهم المطالبة بالحقوق الاقتصادية والاجتماعية.وبدون الحقوق الاقتصادية

والاجتماعية يحرم الفقراء- والفقيرات على وجه الخصوص- في معظم الاحيان من التعليم ومن ادراك ماهية حقوقهم وخياراتهم.ويصبح التمييز والتجاوزات متوطنين عندما يكون حرمان من المعرفة ومن سبل الانتصاف". وحتى في بيئة قانونية منظمة قد يكون العدل بالنسبة للفقراء بعيد المنال[32].

وتقول فوكودا -بار " ان حقوق الانسان ليست محكومة بالثقافة.فكل شخص يريد ان يتمتع بسبع حريات اساسية -هي التحرر من التمييز ومن الفاقة ومن الخوف ومن الظلم ومن الاستغلال، وحرية تنمية امكاناته وحرية المشاركة في صنع القرارات ".وهي تؤكد ان دعوة ماري روبنصون مفوضة الامم المتحدة لحقوق الانسان في تقرير التنمية البشرية الى منح جميع الحقوق لجميع الناس، يمكن تحقيقها بدون وجود نوع ما من البنية الاساسية للرعاية الاجتماعية يكون كبيرآ وباهظ التكلفة"[33]. ومع ان تغييرات اخرى، مثل ادخال التعليم الابتدائي العام والرعاية الصحية العامة وتدريب القضاة وافراد الشرطة تدريبآ افضل، تستلزم موارد، فان التكاليف ليست هائلة بحيث يصعب تحملها وهي تشير الى ان" هذه هي قضايا العدل الاجتماعي وكرامة الانسان والحرية التي يطالب بها جميع الناس في جميع الثقافات.فحقوق الانسان لم تعد قضية الغرب ضد بقية العالم.ولا ينصب الجدل على ماهي حقوق الانسان بل على كيف يمكن اعمالها".

توصيات الفصل الحادي عشر:

لقد خرجت الدراسة بالتوصيات التالية:

1. تقويم الخلل الراهن في العلاقات الاجتماعية ورفع الاستغلال المتحكم فيها وازالة الظروف التي تؤدي الى ذلك، وتحقيق تكافؤ الفرص بين المواطنين والتوزيع العادل للناتج الاجتماعي بما يتناسب مع اسهام الفرد او الفئة الاجتماعية في المجتمع، او بكلمة اخرى تحقيق الحرية الاجتماعية التي تفتح الطريق امام الحرية السياسية.

2. اعطاء الاهتمام الاكبر لنشر ـ الوعي الاجتماعي والسياسي لـدى المـواطنين ومحاربـة الاميـة لتستطيع اخذ زمام المبادرة في العمل السياسي، وتسقط بذلك الظروف الموضوعية التي كانـت تتيح للقوى المتسلطة الاستغلال والتلاعب. ان أي انجاز ايجابي في أي جانب من هذه الجوانب سيدفع دوماً باتجاه الخروج من دائرة العجز التي تهيمن على الساحة العربيـة انظمـة وقوى وجماهير، وسيكون خطوة باتجاه اطلاق الطاقات الخلاقة لدى القوى الشعبية العربية وارضية سليمة للممارسة السياسية الديمقراطية الصحيحة.

3. اعادة الاعتبار للانسان العربي واحترام قيمته الانسانية وكفالـة حقـه في الحيـاة وتقريـر المصـير وعدم اخذه بجريرة غيره وضمان حقه في الدفاع عن نفسه امام قضاء نزيه وفق قـانون عـادل عند اتهامه، وذلك بغض النظر عن موقعه الطبقي او انتمائه السياسي.

4. العودة الى احترام القيم العربية الايجابية الاصيلة التي ترسخت في المجتمع العربي عبر التطور التـاريخي للامـة العربيـة، واعتبـار هـذه القيـم فـوق الاوضـاع الطبقيـة والمواقـف السياسـية والانتماء المذهبي.

5. اطلاق حرية الكلمة والتعبير والمعتقد كمقدمة اولى لاغنى عنها لممارسة الديمقراطية، وبالذات لابد من توفير حرية الرأي المعارض والبناء والمبني على الاسس الموضوعية التي اشرنا اليها فيما سبق. ان تعدد الاراء وتفاعلها هما الطريق الاسرع الى كشـف الحقيقـة التـي توحـد الجميـع، وعملية النقد البناء والمعارضة الايجابية هي التي تكشف الخطأ والانحراف وتصححها.

هوامش ومصادر الفصل الحادي عشر:

1. تقرير التنمية البشرية لعام 2000، الامم المتحدة، ص59.

2. Human Development Report 2000, U.N.A, p.85

3. H.D.R ,2000, p.112

4. Human Development Report 2000, U.N.A, p.113

5. سعيد زيداني، الديمقراطية وحماية حقوق الانسان في الوطن العربي، الطبعة الاولى، مركز دراسات الوحدة العربية، بيروت،1994، ص181.

6. هذا يعني ان حقي في الحياة يفرض واجبات على جميع الناس واجبات سلبية، أي عدم المس بحياتي او صحتي.وهذا قابل للتطبيق فوراً، لان الواجب المفروض هنا هو واجب احترام وليس واجب القيام بأعمال محددة.

7. H.D.R, ,2000, p.24

8. علي هلال واخرون، الديمقراطية وحقوق الانسان في الوطن العربي، مركز دراسات الوحدة العربية، الطبعة الرابعة، لبنان،1998، ص29.

- د.برهان عليون واخرون، حول الخيار الديمقراطي، مركز دراسات الوحدة العربية، لبنان، بيروت،1994، ص180.

9. من هنا ان اجازة مدفوعة الراتب او مخصصات البطالة لايمكنها ان تكون حقاً عالمياً.. اجازة مدفوعة الراتب تنطبق على مجموعة من الناس (طبقة العمال المأجورين) وليس على جميع الناس.

10. مثل عدم الاعتداء على حرية فلان او ملكه الخاص او حياته. اما حق التعليم للولد او البنت في البرازيل، مثلاً، فلا يفرض علي واجباً صارماً او حتى واجباً من نوع اخر. لا استطيع التسليم بأن علي واجبات لتعليم الاولاد في الهند او توفير اجازات مدفوعة الراتب او اشغال للجميع.

11. كما ان اجازة سنوية مدفوعة الراتب، او اجازة ولادة، تقل في اهميتها والحاحها عن حظر ادانة البريء في محاكمة سرية وصورية.

12. **David Garnham and Mark Tessler (eds) Democracy, war and peace in the middle East, (Bloomingtob, IN:Indiana University press, 1995). Xv.294 p.(indiana series in Arab and lslamic studies).**

13. غير ان اشكاليتين كبيرتين في هذا الصدد، الاولى :عندما يتاح لغالبية المواطنين حق الاقتراع وتتزايد نسبة الممتنعين عن ممارسته فهذا مؤشر على ان هناك ازمة ثقة بالنظام الديمقراطي، والثانية: عندما يصبح المواطنين اقلية بين اكثرية سكانية وافدة، فان الديمقراطية تتحول في مثل هذا المجتمع الى ديمقراطية صفوة او ((اوليغارشية)).

14. ابو بكر السقاف، الدولة الحديثة والمؤسسة القبلية، صوت العمال، عدن،1993، ص8.

15. وفكرة الاحزاب الديمقراطية هي غير ذلك الذي عرفته التجربة العربية للاحزاب، فما شهدته الساحة العربية خلال منتصف القرن الماضي من احزاب قومية وماركسية ودينية هي في حقيقتها حركات تغييرية انقلابية، لاعلاقة لها بالنظام الديمقراطي طالما انها تعمل لحيازة السلطة والاحتفاظ بها ونفي غيرها.

16. د.محمد احمد المخلافي، الحماية القضائية لحقوق الانسان في اليمن، صنعاء، 2001، ص22.

17. لقد نجح الاسلام في حين فشلت الاديان الاخرى بخرج الايمان العميق والتسامح الديني والتعايش السلمي ليس فقط من غير المسلمين والكفار بل

وداخل الفكر الاسلامي عندما سمح بتعايش عدة مدارس فكرية جنباً الى جنب في الدولة الواحدة.

18. د.محمد جابر الانصاري، الديمقراطية ومعوقات التكوين السياسي العربي، مجلة المستقبل العربي، السنة 18، العدد 203، 1996، ص4-12.

19. د.وليد عبد الحي، التحولات الديمقراطية في الوطن العربي، مجلة المستقبل العربي، العدد 267،5/، مركز دراسات الوحدة العربية، بيروت، لبنان،2001.

20. أ.د. دريد عبد القادر نوري، حقيقة الديمقراطية، كلية الاداب، جامعة الموصل، العراق،2004، ص20-21.

21. اسماعيل الشطي، الخليج العربي والديمقراطية، مركز دراسات الوحدة العربية، بيروت، لبنان، الطبعة الاولى، 2002، ص134.

22. وقد امتاز النظام التشريعي السياسي في الاسلام بتحقيقه الحقوق والحريات العامة والشاملة لرعايا الدولة الاسلامية دون تفريق بين فرد واخر، كما اقرت الشريعة الاسلامية الحرية الكاملة للجميع بحيث يشعر فيه المواطن انه في امان وانه في ظل العدل والمساواة.

23. فاذا كانت الديمقراطية اخذ وعطاء ولا تكون الا برضى الاطراف المعنية كافة حاكمة ومحكومة، فان من اهم الشروط التي يجب ان تلزمها القوى المجتمعة والاطراف الشعبية المشاركة، القبول بشروط العملية الديمقراطية كافة، سواء مع السلطة، او فيما بينها، والالتزام بعدم استخدام الديمقراطية مطية لاحتكار السلطة باي شكل كان.

24. علي خليفة الكواري واخرون، نحو رؤية مستقبلية لتعزيز المساعي الديمقراطية، مركز دراسات الوحدة العربية، بيروت، لبنان،2002، ص134.

.25 اسماعيل الشطي، مركز دراسات الوحدة العربية، بيروت، لبنان،2002، ص135.

.26 د. رواء زكي يونس الطويل، متطلبات الممارسة الديمقراطية والتغيير والاجتماعي، مجلة الدراسات الدولية، العدد 27، مركز الدراسات الدولية، جامعة بغداد، بغداد، نيسان/2005، ص13-26.

.27 د.محمد سليم العوا، الاسلام والديمقراطية:حوار مع الدكتور محمد سليم العوا، ادارة اسحق الفرحان، حوار الشهر، 13، منتدى عبد الحميد شومان، عمان،1998.

.28

- د. احمد كمال ابو المجد، رؤية اسلامية معاصرة اعلان مبادئ، دار الشروق، القاهرة، مصر،1991.
- د. رواء زكي يونس الطويل، التنمية البشرية وحقوق الانسان، مجلة اداب الرافدين، جامعة الموصل، العراق،2009.

.29 د.فهمي هويدي، الديمقراطية من منظور المشروع الحضاري، مجلة المستقبل العربي، السنة 24، العدد 269، بيروت، لبنان، تموز .2001

30. 30- H.D.R, 2000, libd.

.31 ويقيس دليل التنمية البشرية متوسط الانجازات في أي بلد من البلدان من حيث ثلاثة ابعاد اساسية للتنمية البشرية- هي ان يحيا المرء حياة مديدة وصحية، وان يحصل على المعرفة، وان يحصل على مستوى معيشة لائق.ومن ثم فان دليل التنمية البشرية باعتباره دليلاً مركباً يحتوي على ثلاثة متغيرات : هي العمر المتوقع عند الولادة والتحصيل التعليمي (معرفة القراءة والكتابة بين البالغين ونسبة القيد الاجمالية في التعليم الابتدائي والثانوي والعالي معاً) ونصيب الفرد من الناتج المحلي الاجمالي ويدرج الدخل ضمن دليل التنمية

البشرية باعتباره كناية عن مستوى معيشة لائق وكناية عـن جميـع الخيـارات البشـرية التـي لاتنعكس في البعدين الاخرين).

32. ويشير التقرير الى الهند حيث كـان يوجـد، بسـبب نقـص القضـاة، تـراكم هائـل مـن القضـايا المعلقة بلغ 5000 قضية لكل قاض، بينما بلغ ذلك التراكم في بنغلادش اكثر من 2000 قضية).

33. وهي تلاحظ ان تغيير قانون الطلاق التمييزي وغيره من القوانين التمييزية يمكن ان يكون بـلا تكلفة تقريباً.